硅谷精英的创业秘籍

龚雅雯 _ 著

中信出版集团 · 北京

图书在版编目（CIP）数据

硅谷精英的创业秘籍 / 龚雅雯著 . -- 北京：中信
出版社，2018.5
ISBN 978-7-5086-8729-2

I.①硅…　II.①龚…　III.①企业管理－经验－美国
IV. ① F279.712.3

中国版本图书馆 CIP 数据核字（2018）第 044957 号

硅谷精英的创业秘籍

著　　者：龚雅雯
出版发行：中信出版集团股份有限公司
　　　　　（北京市朝阳区惠新东街甲 4 号富盛大厦 2 座　邮编　100029）
承 印 者：中国电影出版社印刷厂

开　　本：880mm×1230mm　1/32　　印　张：10.75　　字　数：222 千字
版　　次：2018 年 5 月第 1 版　　　　印　次：2018 年 5 月第 1 次印刷
广告经营许可证：京朝工商广字第 8087 号
书　　号：ISBN 978-7-5086-8729-2
定　　价：40.00 元

目 录

创业：选择在最好的时间，坚持做最正确的事情

龚雅雯是我认识的女孩儿里很出色的一位。她年轻有为，写了这本关于创业的书籍，其中提及了 20 位《福布斯》（*Forbes*）排行榜上年轻的成功创业者，请我作序。关于这个话题我很感兴趣，故欣然应允。我从她的创业历程中看到了自己创业的身影，想起最初创业的艰辛，以及走向成功的经历。她的这本书也让我浮想万千，回忆起自己当时的创业历程。

1999 年，我大学刚毕业，正好赶上互联网的第一次浪潮。那会儿的偶像已经不是比尔·盖茨了，而是孙正义、杨致远这一批人。我也跟随着我的梦想，踏着浪潮，进入互联网这个大行业当中。

当时大家对于互联网的需求已经很大了，但是却没有多少人提供。基本上你凭借着个人实力，就可以做一个网站。我就是在这样的背景下，做了我的第一个创

业项目——易域网，然后在 2000 年的时候把它卖掉了，赚到了人生的第一桶金。之后我又开始了我的第二个创业项目，跟别人合伙做了学大教育。我们从一开始就是朝着上市的方向去的，所以我们也始终在用一流的水准去经营。2010 年，学大成功在美国上市。可以说，它算是中国做一对一个性化课外辅导最成功的企业了。2005 年，我做了第三个创业项目——58 同城，去年也在纽约证券交易所上市了，股价到现在翻了一番。做 58 同城已经 8 年多了，但我还会一直坚持做下去，要做得更大更好。

作为一个创业老兵，我也期望借此机会与大家分享一些我的心得和感悟，结合书中各位"过来人"的经验感受，希望能够帮助大家少走弯路，给大家一些启发。

首先，关于选择。我这里说的选择包括两个方面：一是要不要创业，二是创业项目。如果你不确定自己要不要创业的话，那么问自己两个问题："我是不是享受创业的这种生活状态？""我创业的初衷是什么？"我记得贝索斯，也就是亚马逊的首席执行官，在普林斯顿大学的典礼上曾说过这样一句话："每个人的选择不同，所过的生活也就不尽相同。你是选择随波逐流，还是选择不后悔？"

创业是一种完全不同的生活状态。为别人打工，可能大部分时间你只要尽到自己的岗位职责就行，而创业的话，你要考虑企业发展的方方面面。另外，当你创业的时候，你就很难再有一个清晰的时间划分——工作时间处于工作状态，休息时间还要处于工作状态，基本上没有完全放松的时候，就算你在度假也要想很多事情。所以，如果你热爱创业这种生活方式，你会享受其中；如果你只是把创业当成一种工具或者手段，那么即使你的企业做得再大、再成功，你也会觉得非常痛苦。

对待创业的态度也很重要。现在很多人创业，并不是因为有了一个理想、真心想去改变一些东西。很大一部分人只是为了改变生活状况，还有的人觉得自己之前的工作不够体面，还有的人是因为找不到工作。这些因为对自己现状不满意而选择创业的人，很容易去追热点。什么热就追什么，我认为这样的创业心态是不好的。

如果你下定决心选择了创业这条路，那你将面临创业项目的选择。我觉得至少有四点需要你去思考。

第一，选择一个正确的行业。对一个创业者来讲，选择一个正确的行业是非常关键的。如果一个行业在走下坡路，创业就会比较难，毕竟你不能违背行业发展规律。所以，要选择一个高速发展的行业，即使现在它的规模还很小，但随其发展，市场空间会越来越大。通过不断得到正向反馈去坚定信念，认准了就一路走下去。当然，你也肯定会有非常寂寞的时候，可能你没有资金，而且所有的人都不看好你，但只要坚持下来了，当这个行业真正发展起来的时候，机会也就到了。寂寞不是坏事，它会促使你更踏实地做事情。

第二，寻找用户痛点。你可以从你的行业、你的身边，或者你的上下游开始，找到一个痛点，想象一下五年甚至十年以后，你做这件事情的方法还是现在这个样子吗？如果不是，我觉得那就存在创业的机会。

第三，做别人做不了或者不愿意做的事情。你在创业的时候，可以选一个行业大佬们不愿意做的事情——他们觉得做这个事情很难受，觉得是一个包袱。我说做大佬不愿意做的事情有两种情况：一是这件事情大佬可能没有看清楚，他不愿意做，但是你看得比他清楚；另外一种情况，是他既有的商业模式和架构决定了他不愿意颠覆自己，这种时候你做这个就是一种优势。

第四，选择一个点切入。你可以选择一个细分的点去创业，然后你把它做到极致，做到比谁都好。以58同城为例，一开始我们做的是租房。既然是做租房，就得跟与租房有关的所有人打交道。还有就是，各地的方言也不一样，比如北京的"板楼""塔楼"这些名称，外地的人可能就不知道，这些你都得搞清楚，然后尽可能做得让用户满意。因为对于普通用户而言，大家关心的是你的某项服务好不好用，只有好用，才会继续使用。

其次，关于团队。当你选择了一个创业项目之后，你需要快速找到和你志同道合，跟你一样认可行业发展的人。我创业十多年了，每隔一年，我对这点就会有更深一层的理解。我自己是做互联网站长出身的，一个人去开发程序上传到服务器，自己做美工、做服务、做市场、做销售……统统一个人，最终把易域网做到了中国域名交易领域的第一，后来我把它卖给了万网。

做58同城的时候，我还是相信自己是全能的，我可以一个人搞定。于是前几年的时候，所有人都是围着我转的——程序怎么开发、用什么语言、怎么排期，都是我来决定；网站标识怎么设计，我来负责；整个市场推广，比如投什么广告、不投什么广告，也是我来定夺。

我个人其实不擅长演讲，我习惯把门关起来，自己开发一个网站传上去，最后在网上搞定所有的事情，所以前五年我基本上很少出席各种活动。后来我很快发现，当公司从最开始的 58 个人，涨到一两百人的时候，很多事都是失控的，包括你的竞争理念，一开始的领先位置等。我开始怀疑自己了，意识到很多事并不是我自己一个人就可以干成的，而是需要一个很好的团队。于是我就开始到处找人。最好的产品在哪里，最好的技术在哪里，最好的运营人员在哪里，我就去哪里找他们，然后把他们一个一个挖过来。直到现在，如果提起公司高管团队，我脑海里还会浮现出当时的那个场景：我们是在哪里见的面，电话怎么打的，谈判了多少次……因为很多高管都是我一个一个地拜访，有的甚至长达一年时间，最终说服他们加入 58 同城的。那会儿最重要的武器，就是理想。事实证明他们当初的选择是正确的，到现在，他们也都有了很好的回报。有时候，要他们加入是要给期权的，有的会直接说要股份，如果董事会说不能给股份，我就把我个人的股份分给他。创业者除了理想以外，确实需要组建一个很强大的团队，并且自己成为这个团队里面核心的一员。

再次，关于坚持。选定了创业项目，找到了创业伙伴，接着你就要朝着你的目标、朝着你的理想坚定不移地走下去。只要你的方向正确，并且愿意持之以恒地去做，时间一定会把你带到你应该去的位置。

创业是一件非常不容易的事情，所以当你选择创业的时候，一定要做好长期抗战的准备。2005 年，58 同城进行了第一轮融资，当时投资人问我，这个项目需要多长时间上市，我说三年。因为那会儿，这个事情已经在美国被证明是成功的了，而我们又比美国晚了三年，所以这个项目在中国很可能三年就做到 IPO（首次公开募股）的规模。但实际上，三年后，我只是把 58 同城做到了每天 100 万用户访问量——58 现在的访问量日均过亿，100 万也就是现在规模的 1%。所以说，创业注定是一场持久战，对创业者来说，做好长期奋斗的准备很重要。

即使再困难，也要坚持挺过去。从我最开始做 58 同城到现在，十多年的时间里，就有这么一段非常困难的时期。那是 2008 年，恰好赶上了金融危机，我们的收入很少，成本很高，也没找到人给我们投资。有几个月我们实在发不出工资了，我就回家跟我老婆说了，我老婆当时就把银行卡拿了过来。然后我从银行卡里面取了一大笔钱给员工发工资，让员工开开心心地回家过年。过了春节回来，我们的收入成倍地增长，成本还跟以前一样，就这样度过了那段最艰难的时期。所以对创业者来说，很重要的一点就是坚持，当你觉得快要撑不下去的时候，你就想想自己创业的初衷，你就看看自己现在获得的一些成就——比如说你的用户越来越多了，你的流量越来越高了，你的用户又在表扬你了……总之要永远看到希望。如果连你自己都没信心、没毅力的话，你的员工肯定更能够感受得到，这会影响你整体的创业进度。即使你觉得自己很苦，在下属面前还是要很积极乐观，你要坚持下去，你要相信很快就会有转机。

坚持还意味着要禁得住诱惑，"不忘初心，方得始终"。因为58同城是一个生活平台，我个人也好，公司也好，都面临着很多诱惑，例如市场中出现很好的模式，我们要不要去跟进。后来我们团队探讨的结果是，继续坚持做平台，把58同城这个大的平台做好就可以了。事实也证明，不要放弃你的理想，最开始的想法往往就是最好的想法，也是最值得坚持的最正确的想法，所以不要妥协，专注于你想做的事情。

然后，关于决策。有好的项目、好的合作伙伴，也做好了长期奋斗的准备，其实我们已经成功了一大半。但是为了把事情做得更好，我们还需要把握好节奏，在适当的时机做适当的事情，决策要果断。

最后，关于融资。大家在创业的过程中，不可避免地要面临融资的问题。其实融资本身是一件非常美好的事情，如果你处理得好，还会得到更大的回报。这里就我个人的融资经验，给大家提供一些参考。

一、选准最佳的融资时机。一般而言，好的机会有两个：一个是市场最热的时候，比如当下就是市场最热的时候，最近我投资了几家企业，三五个月内，市值翻了一倍。如果你在市场不好的时候融资，那结果显然不好。另一个就是在你最好的时候，资本会为你锦上添花。

二、妥善处理与投资者的关系。跟投资者的关系，应该像兄弟，一荣俱荣。其实投资者很被动，他把钱投给你就没有主动权了，此时你的成功就是他的成功。而且投资人的资源为你敞开着——在公众场合，他们会帮助你；当你怀疑自己的时候，他们还会鼓励你。处理和投资人的关系，我的方法是保持高密度互动，他给你投了钱以后，只有从媒体渠道了解你，如果你三个月不跟他互动，就很容易产生误解，进而关系恶化。所以我会跟投资人保持私信、微信互动，没事儿就会翻开电话簿给他们电话，把每一次进步都告诉他们。你要让他知道你在干什么，这样才不会产生误会，他们才会继续支持你，甚至在下一轮融资时进行领投。一般情况下，创业者跟投资者不和的话，创业失败率很高，而和投资者保持好的关系却有很多益处。

三、尽可能多地融资，并且速度一定要快。你可能会发现，无论用什么价格去融资，最后都会觉得自己亏了，而且越到后来越亏。但是如果不融资，连撑到最后的机会都没有。所以融资一定要快，不要因为担心自己亏本而不融资。

希望大家可以享受你在做的每一件事情，我也衷心祝福各位成功。

58同城创始人兼首席执行官　姚劲波

　　贾德·阿帕图是我最钟爱的喜剧家，他曾创作幽默文集 Sick in the Head（《脑袋有病》）。书中记录了贾德对数位知名喜剧演员的采访，其中包括杰瑞·宋飞、亚当·桑德勒等知名演员。其中深意，是了解他们的喜剧生涯、成功秘诀及成功的切实措施。如此一来，贾德即获得了喜剧行当的要诀，并能将其与世人分享。我现欲效法贾德，探究商业之奥秘。

　　我首先想到的公司创始人是埃隆·马斯克、马克·扎克伯格及史蒂夫·乔布斯。阅读几位的传记后，我认为，几位人士创办公司已是十几年前甚至更久远之事，所以，他们的成功实难在当下仿效，可调用的资源、市场情形亦今非昔比。于是，我决定研究时下的创业者，为现在的创业提供指导。十年之后，我们这辈人中将会出现下一个马斯克、扎克伯格或是乔布斯，而要在十年后的竞争中脱颖而出，应学习当下成功人士的经验。

　　2016 年 1 月，我注意到脸谱网上的一些好友登上了《福布斯》杂志 "30 位 30 岁以下青年才俊榜"，便向这些好友询问了创业的相关问题。此后，我多次参加初创企业活动，发现关于创业，很多人亦有同我一样样的疑惑。因此，我决定请教近年来的成功创业者，他们现居于不同地方，背景也不尽相同。为使他们的答复更有针对性，我设置了 13 个方面的问题，并请求他们回答其中至少两个方面。

1. 关于如何创立公司。

2. 关于资源、经验和优势。

3. 关于联合创始人、团队伙伴和精神导师。

4. 关于如何实现财务自由及精神满足。

5. 关于产品。

6. 关于竞争和趋势。

7. 关于生产、运营和管理。

8. 关于筹资和商业模式。

9. 关于可拓展性及发展。

10. 关于销售和市场营销。

11. 关于签证及法律流程。

12. 关于应对失败。

13. 关于价值观、自我提升及建议。

我是一个有创新意念和成功欲望的人。毕业以后，之所以在硅谷扎根多年，就是力图创业、力图创新、力图获取成功！

我在个人发展规划的实现过程中，有许多困惑，也失去了不少机会。我看到一批批精英走向了成功，更看到了许多有理想、有抱负的年轻人与成功擦肩而过。所以，拿到一把打开成功之门的钥匙，不但是我所憧憬的，也是许许多多创业者的梦想！因此，通过此书，我在尝试探索、梳理成功者的经验，并与有创业梦想的年轻人们分享、共同体会。真心希望这本书能够对大家有所启发，也希望它能给大家带来分享的快乐！

第1章　创业思维

安德鲁·朔伊尔曼
——艾奇公司联合创始人兼首席执行官

每个创业者在最初都非常迷茫。在做出创业决定的那一刻，也许放弃了别人十分羡慕的工作；也许家人和朋友很不支持这个决定，认为这和丰厚的薪水背道而驰；也许大家都很支持，但他们盲目地期望创业者变成下一个乔布斯或比尔·盖茨；也许你只剩一点存款，找不到自己很心仪的工作，又不愿将就，用自己的人生实现别人的梦想。读完这一章，你可能会对自己有些新的认识。在和安德鲁接触后，我发现他的故事可能反映了很多读者都有的踌躇。这一章中分享的很多资源和他的创业历程值得当下迷茫的我们学习，可以让我们避免一些不必要的损失，并且少走一些弯路。把这段故事介绍给大家，是希望大家能够学到一些硅谷创业者的思维，学习他们怎么组建自己的团队，建立自己的创业好友圈，找到导师，把一个想法变成一个有商机的产品。这章还介绍了创业方面的书籍，是很多硅谷创业者的必读书，希望大家能从中得到启发。

人物简介

安德鲁·朔伊尔曼（Andrew Scheuermann），艾奇公司（Arch）[前"鼎好科技"（WellDone Technology）]联合创始人兼首席执行官，负责开发、连接工业"物联网"设备。过去十年里，智能手机应用程序开发简单而功能强大，而艾奇公司的目标是使智能基础设施建设简易而强大。在创立艾奇之前，安德鲁对电力、能源设备进行了长达十年的研究，且研究范围十分广泛，从单分子机器、大功率开关、核能源，到氢燃料电池、太阳能电池，以及集众多功能于一身的人工光合作用电池，这种电池可直接将太阳能转换为化学制品和燃料。

2012年至2014年间，安德鲁作为早期团队成员，协助创立了斯坦福大学创业加速器"X起始"（StartX）。作为顶级创业加速器，"X起始"在世界享有盛誉。"X起始"创立者已筹集了超过20亿美元的资金，截至2016年第四季度，已向200家公司投资近1亿美元。安德鲁亲自创建了"X起始"硬件程序，推动斯坦福大学参与，并创建了名为"导师实验室"（Mentor Labs）的早期孵化器，该孵化器已服务了70多家企业。2015年，他参与创建一家名为"刻意"（Deliberate）的创业公司，以视频聊天的形式，将来自40个不同国家的人们聚集起来，共同探讨气候变化、社会公平等全球性问题。他取得了佛罗里达大学化学学士学位和经济学学士学位，随后又取得了斯坦福大学材料科学与工程专业的硕士和博士学位。他参与合著了18本科学出版物，其中一部分作品在《自然材料》上发表，他提出了一种新的漏电容理论，并将其应用于人工光合作用，实现了硅光阳极效率值世界最高的创举。《福布斯》杂志将其列入2016年能源领域"30位30岁以下青年才俊榜"。虽觉事业才刚刚起步，资历尚浅，但安德鲁仍愿分享他对创建杰出公司的想法。

如何创建公司

让我们先来谈谈想法。好想法是创业的核心要素，是吗？不是！一家好的创业公司只需具备两个基本要素——人和热情。

职业生涯初期，我曾有幸在硅谷帮助数以百计的个人和团队走上创业之路。我自己也曾创立过数家公司，体验过失败和成功，最终与我现在的公司艾奇携手共进。十年前，甚至是五年前，我都从未想象过我会有今天这样的成就。那么，到底应该如何创立公司呢？如果非要说我在这一过程中学到了什么，那就是在意识到想要创建公司之前，早已开始了创业之旅。许多创始人都说，他们一开始并未打算创建公司，这一言论曾让我十分困惑，甚至质疑，直到后来我也经历了同样的过程，才开始慢慢相信他们的话。

创业第一步：意识——企业家身份为你而留

2011年，我22岁，还在攻读研究生时，搬迁到了旧金山湾区。由于我的父亲在海军和航天工业领域供职，所以我从小便辗转于美国南部的亚拉巴马、得克萨斯、新墨西哥和佛罗里达几个州的不同城市，而湾区是我的第九个居处了。当时，我的专业是材料科学，虽然还不确定下一步的计划，但我渴望学习更多知识，并早已在一次参观中对斯坦福大学的氛围深深着迷。材料科学并不是现在的创业活动中最常见的专业，而且，我刚到斯坦福大学时，还对创业一无所知，这一点将在后文详述。

当搬迁事宜全部处理完毕，我发现自己沉浸在了一种创业的文化氛围中。这种文化无处不在，焕发生机。意识到这一点后，我便想参与到创意经济①之中，并竭尽所能贡献自己的力量。我参加了各种各样的活动，读了许多专业书籍，学会了如何"谈论创业"，也能够与人更加深入地谈论创业领域的话题。最重要的是，我学会了如何"感受创业"，因而时常钻研一些看起来好的创意直至深夜，这种思考让人上瘾。但一次又一次尝试后，真正的灵感从未到来。

以下是我推荐所有创业者阅读的书目。

前三名

《创新者的窘境》（*The Innovator's Dilemma*），克莱顿·克里斯坦森（Clayton M. Christensen）著。在创业之前，可以先读读这本书。

《从 0 到 1：开启商业与未来的秘密》（*Zero to One: Notes on Startups, or How to Build the Future*），彼得·蒂尔（Peter Thiel）、

---

① 创意经济也称创意产业、创新经济、创意工业、创造性产业等，指那些从个人的创造力、技能和天分中获取发展动力的企业，以及那些通过对知识产权的开发来创造潜在财富和就业机会的活动。

布莱克·马斯特斯（Blake Masters）著。这是一本创业者的必读书，我当初也只是借阅，而不是购买后摆在自己的书架上。

《精益创业：新创企业的成长思维》（*The Lean Startup: How Today's Entrepreneurs Use Continuous Innovation to Create Radically Successful Businesses*），埃里克·莱斯（Eric Ries）著。

传记与自传（谨记：每个人的经历不尽相同）

史蒂夫·乔布斯的传记。

菲尔·奈特的传记。

杰夫·贝佐斯的传记。

讲述人与世界现状的书籍

《正义之心：为什么人们总是坚持"我对你错"》（*The Righteous Mind: Why Good People Are Divided by Politics and Religion*），乔纳森·海特（Jonathan Haidt）著。这是我最钟爱的作品之一。

荣格等心理学家的著述。

关于民主和决策理论的书籍。

关于世界各宗教的书籍，强烈推荐《圣经》。

《科学革命的结构》（*The Structure of Scientific Revolutions*），托马斯·库恩（Thomas Kuhn）著。

专业提示：阅读那些最令你恐慌的书籍，这些书籍往往会挑战你擅长的领域或是固有的想法。

策略书籍（当你了解工作内容后，如何将工作做到最好）

《如何赢得友谊与影响他人》（*How to Gain the Friendship and Influence Others*），戴尔·卡内基（Dale Carnegie）著。这是一本经

典之作。

《联盟：互联网时代的人才变革》（*The Alliance: Managing Talent in the Networked Age*），里德·霍夫曼（Reid Hoffman）、本·卡斯诺查（Ben Casnocha）、克里斯·叶（Chris Yeh）著。

《哈佛商业评论之如何激励员工》（*Harvard Business Review on Motivating People*），布鲁克·曼维（Brook Manville）、斯蒂夫·科尔（Steve Kerr）著。

《启示录：打造用户喜爱的产品》（*Inspired: How to Create Products Customers Love*），马蒂·卡根（Marty Cagan）著。

《基业长青》（*Built to Last*），吉姆·柯林斯（Jim Collins）、杰里·波勒斯（Jerry Porras）著。

《从优秀到卓越》（*Good to Great*），吉姆·柯林斯（Jim Collins）著。

我还记得第一次想出新奇创意的那天。当时，我在校园里组织了一个小型群体活动，加入的人和我一样喜欢材料科学和能源技术。这个活动的主题是利用太阳能电池电解或分解如二氧化碳一样的废气，并将其转化为有用的化学原料，实现温室气体的回收利用。活动结束后，我感到精力充沛、精神焕发。我很困惑，为什么此前聚集起有共同职业兴趣的人如此困难？在与我的朋友约翰深入讨论后，我们意识到，可以搜寻科学出版物，基于关键词列出相关专家名单，也许这样会帮助我们找到兴趣、技能相仿的人，从而开办类似活动。甚至，可以将该做法在世界范围内推广。世界各地的人们一定都希望能够与志趣相投的伙伴联系，无须借助大型、复杂且常常枯燥乏味的会议就能共同探讨他们感兴趣的话题。

我们花了一整天的时间思考并制订计划，然后召集了我们认识的为数不多的投资人，并倾听了他们的想法。一天结束后，我们认为这个想法还不够成熟，不值得立即辍学来实施。我们甚至认为，辍学只会让自己的故事看起来同以往的创业故事一样老套。但是，我们比以往任何时候都渴望继续探索。

创业第一步要点分析

创业的第一步是意识。企业家身份将为你保留！直至搬到硅谷中心，我才幡然醒悟，意识到这一点，但对你而言，也许只需读这本书足矣。意识具体包含关键的两点，即动机和一套基本技能。你要学的东西很多，但只要坚持不懈，你的学习效率会让你自己都感到惊讶。

意识仅仅是创业之旅的第一步，如果你还没有达到这个境界，也无须感到挫败。很多个夜里，我都紧闭双眼，期盼能有灵感突然降临，但却从未实现。有时候我感觉灵感来临时，却未做好去执行的准备。我曾认为我需要天降财富，而财富迟迟未来，我的热情也随之消逝。下面，我们将更多地来谈谈创业所需的两个基本要素：人和热情。

创业第二步：试验——发现问题，组成团队

第二个步骤是最令人兴奋的早期步骤之一，但也可能会让你陷入举步维艰的境地。在此期间，你需要努力寻找某个存在的问题而非创意，并尽量与杰出人士相处。

何谓专注于问题而非创意呢？以我的第一个创业想法"科学聚会"为例，当时我优先考虑了具体的实施方法（查找科技论文，搜索关键词），但忽略了我想要解决的潜在问题（如导致聚会难的一些原因，我甚至没有准确定义我面临的问题）。结果，当有人指出一些漏洞时，我选择了放弃而非继续寻找新的解决方法。创业者从不放弃，但他们并非像人们常说的那样，仅仅从一个出色的想法中就获得如此大的毅力。相反，他们比任何人都更加深刻地了解自己想要解决的问题，并坚信，这一问题除了他们自己，无人能解。

因此，创业第二步的第一个关键要素就是找到并培养解决问题的热情。

当我的事业发展至该步时，我还未曾遇到一个能让我彻夜思索的难题。然而，我却发现了一群了不起的人，他们已在着手解决某个难题，而这一难题也深深地影响了我今后几年的发展。

2012 年，我有幸加入了斯坦福大学的学生俱乐部，俱乐部的目标是建立一个更好的创业社区。俱乐部的活动后来演变为一场非营利运动，俱乐部即以"X 起始"为人所知。"X 起始"现在已成为世界顶尖的创业加速器之一。它的成功依靠四大支柱：共享基础设施资源、体验式教育、导师制度，以及创始人社区。

加入这个群体后，我碰巧找到了创业第二步的另一个关键因素：寻找杰出的人并使自己置身其中，他们日后会成为你的联合创始人、合作伙伴、投资人、导师或是团队成员。

接下来的两年，在斯坦福大学继续学习材料科学的同时，我利用空余时间帮助"X 起始"建立创业社区，为其他公司创始人提供帮助。得益于此，在这短短两年里，我观察和学习到的经验比我想象的还多。无论处于哪一阶段，"加速学习"都是创业的基本原则，总是经得起考验。你必须知道该如何突破你的学习方法，并以异于常规的方式做事。如果你与别人学习同样的技能，在同样的地方耗费时间，观察同样的事物，那么当你用与他们相同的思考方式想不出更好的创意时，就没什么可奇怪的了。

就我自己而言，我在第二步上花费了很长时间。或者说，在"X 起始"团队工作的时间都处在第二步。第二年的时候，我发现了一个令我非常感兴趣的问题，即怎样帮助还是学生的最初期创业者，而不仅仅是帮助那些已经毕业的人。当时，有一大批在校学生都想加入"X 起始"这一项目，但我们却没有足够的资源和导师为他们提供帮助。

问题明确后，我建立了一个由志愿者组成的小组，准备做一些大事。太多的学生想要孵化器或加速器的帮助，但我们没有足够的导师，这就成为一个明确的市场问题。我们通过网络进行搜寻，找到了一个由 100 多位导师组成的团队，他们早期在谷歌团队中工作。当时他们已经独立发展，并正好面临着与我们相反的问题：导师数量过多，学生数量不足。因此我们便携手合作，成立了导师实验室，为 70 多家处于第二步（试验）末期向第三步（全情投入）过渡时期的早期企业创始人提供了服务。

创业第二步要点分析

要积极地寻找问题而非创意。不要将注意力放在具体的想法上，而要关注你想要解决的潜在问题。要比别人更懂这一问题，睡前、起床后都要仔细考虑这一问题，并贪婪地阅读，要致力于成为这一问题的世界级专家。

专业建议：选择的问题要切合实际，不要过大，否则无法获得该问题的专业知识。要循序渐进，从小问题出发，再寻求可控问题，最后再到改变世界的问题，像登阶梯一样，一步一个脚印，坚持下去。

使自己置身于卓越的人群之中。召集团队之后，大家共同验证想法，以解决这一问题。如果失败，一定要沉住气。就像爱迪生所言，你只是又找到了一个无法解决问题的方法，而总体上，你却向最终能解决问题的伟大方法迈进了一步。你会从中收获很多乐趣。只要你对你的问题始终保持热情，对身边的人保持专注，那么你的成功指日可待。

创业第三步：全情投入的节点——继续还是放弃？

全情投入新的创业项目是一个复杂的决定，它取决于生活中的许多其他投入，例如金钱、时间、人际关系等，但有了一个伟大的创意，不代表我们就要完全投入其中。

你可能会想："真的吗？你是在告诉我，我现在仍然不用去考虑那个伟大的创意吗？"

对！这正是我要告诉你的。事实上，在你的公司规模迅速扩大时（第五步），你都难以确定该想法是否可行。甚至，当你之后回头看，并能够将每一步、每个点联系起来时（第六步），你可能仍然无法确定这一想法。当你在进行项目试验，需要决定是否要完全投入该项目时，你也根本不会知道你的想法是否会奏效。你能知道的是，你已成为一个特定问题的专家，你不得不去解决它，并且你已经召集了最好的团队，前行在看似黑暗的道路上，为新的可能性带来光明。记住：你需要的是人和热情。创业者们常说，"管理好自己的心理状态"是他们最大的挑战之一。一直坚持一个尚未明了的想法是很疯狂，但你若知道这是你必须要做的事，或许就会感到一些慰藉。

我仍记得我几乎倾尽所有创建艾奇公司的那一天。我得意扬扬地回了家，并向我的未婚妻宣布，我已投入半生积蓄，来重新定义下一次的计算机浪潮。

对于这个决定，她一开始并不开心。事实上，这让她心烦意乱。我本该在做出这一重大决定前征求她的意见。我希望在这一点上，你能比我做得更好。但我的决定也表明了我对亟待解决的问题的坚定决心，体现出我们团队的坚定意志。我们从未后悔。

创业第三步要点分析

在想法得到证明之前，要有坚定的决心。跨越这道门槛需要很大的勇气。不去投入的理由很多，但是等待好的创意绝不应成为踌躇不前的借口。

因为人和热情而坚持。当你对某个问题的热情终日驱使着你前进时，当你找到喜爱并尊重的伙伴，且他们与你有着同样的热情时，你就已经准备好了。放手去做吧！

创业第四步：加速——转动精益创业的曲柄

欢迎来到你的初创公司，现在有趣的事才真正开始。初创公司实际上是一种精益化、迭代式的工具，并注定要成为一家企业。你的任务是知晓你的业务所固有的风险（包括团队风险、产品风险和市场风险），并以最少的代价逐步消除风险。而拥有资本就是为了让你有更多的时间且可以多次尝试降低企业风险。

每次消除重大风险后，企业的商业价值就会急剧上升。在风险投资领域，连续消除风险往往与各轮融资直接相关。种子轮融资的关键是要组建一个好的团队，并确定初步的概念，通过广泛的市场热点和基本的产品概念来消除团队的风险。A轮融资的主要任务是降低产品风险（风险解除后，顾客喜爱产品，开始销售）。B轮融资则与市场有关（产品销售态势良好，套装销售收益更高）。后续融资则类似于往运转良好的机器中注入燃料，以便更高效地将资本转化为更多资本。除风投企业外，风险规避原则适用于任何企业，它能指导创业者思考自己需要什么样的资源，以实现企业的可持续发展，从而为世界创造源源不断的价值。

我将第四步命名为"加速"，部分原因是创业加速器的兴起，它们致力于帮助创业公司真正降低风险。如果你还没有读过埃里克·莱斯的《精益创业》，那一定要尽快看看。这本书讲述的是软件领域的创业，但其所论述的原则适用于任何领域。即使你不会去开发软件，但当你有一个难得的创新机会时，你同样需要知道如何成为一名精益的创业者，我们在艾奇就开发过精益电子产品。

在艾奇，我们参与了多个加速器项目，包括乡村资本（Village Capital）、伯克利天台（Berkeley Skydeck），当然还有"X 起始"。这些加速器启动了我们自己的社区，并加速了我们的学习进程。与筹资类似，这些项目并非是为了帮你建立公司，只是作为一种融资资源，它们可加快你的创业公司迈向成功的步伐。我们在"X起始"的时候，与许多创业者进行了联系，他们都曾成功地开展了第一批试点项目，找到了第一批忠实的企业客户，并从顶尖的投资人那里筹得资金。信息是闪闪发光的金子，拥有一个值得信赖的团队，则是你获取这些信息的宝贵门票。

我们当时有很多疑问：第一个试点项目的注意事项有哪些？怎么跟微软这样的公司打交道？对我们这样的产品，业内的产品技术经理（或其他客户团体）的预算是多少？那些公司的内部决策过程是如何分级的？当你想要销售产品时，应该什么时候和一个大企业的研发部门交涉，而不是和该企业的产品部门沟通？哪些投资者会像对待平等的伙伴一样对待我们?

当我们完成加速器项目并设法降低初始概念的风险时,我们已有多个试点项目初具成效。我们在坦桑尼亚乡村的水井处连接多项设备,以监测多达 1 万名当地居民的水源。我们入选 2016 年《福布斯》"30 位 30 岁以下青年才俊榜";我们与 50 多家潜在创业公司和企业的顾客交谈并与一些人达成合作;此后,我们从硅谷顶尖投资人那里获得种子轮融资。

这里的每一项成就都曾经历过激烈的加速期,我们一次又一次地尝试着,尽可能快地去做,以便失败后也可以尽快尝试其他方法。例如,我们最初的商业融资几乎完全依赖于硬件业务模式,随后就遭到了质疑。

在某个周末,我们挤在白板旁,列了一个令人难忘的清单,上面是所有可能帮助我们解决现有问题、应用于我们已有技术的潜在商业模式。我们首先把它们分成两组:"无商机"(不可行)和"有商机"。虽然我们最终一致放弃了那些不可行的"无商机"想法,但这个过程却十分艰难。并不是你由衷青睐着某些方法,它就能在现实中施行。

然后,我们将"有商机"类别中的想法分为"风险投资支持的商机"与"风险投资不支持的商机",并集思广益,寻找每一种可行的融资方式。最终,我们选择了一条无须冒险就能成功的路,一条我们可以自食其力的路,虽然通过风投确实可以更快速地获得大量收益。事实上,如果你想走风投路线,这就是你的商业模式。如果你的创业项目只能通过从外界获得大量资金才能启动,那这可能是一项亏本生意。

勿轻言放弃，要为可行的商业模式而奋斗。如果你所做的事情拥有真正的价值，你必须能够将这种价值传递给你所要服务的人，实现共赢。一旦你小有成就，每个人都会支持你。

创业第四步要点分析

初创公司需要连续消除风险。写下所有阻碍你持续向顾客提供价值的风险。以"最有可能让你破产"为标准将其从大到小排序，并先着手处理最危险的一项。找出最省钱的方法减少风险，且一次只专注于解决一项风险。

加速期是以最省钱的方式尽可能多地尝试降低风险的方法，就这一点而言，创业社区确实大有帮助。与卓越的人为友，会帮你加速学习进程。要尽你所能丰富自己，贡献你的才智。一定要考虑加入创业加速器项目中，但要记住，它们只能作为资源使用。要知道，你已经走出校园，步入社会。完成一个项目本身并无任何意义。要像对待投资人那样对待加速器项目，它们将会成为你创业之旅中强有力的伙伴。这是你必须走的一条路——你要降低初创公司的风险，使其成长为一家大企业，从而为世界提供源源不断的价值。

创业第五步与第六步：建立与执行

第四步"加速"与第五步"建立"的交叉部分，可用"产品与市场相匹配"这一表述来体现。第五步是一个神奇的阶段，此时，许多已知的固定用户会很喜欢你的产品，并愿意花大价钱来购买。更好的消息是，这些用户代表着可以扩展的大市场，且产品此时已有客户群体，可进行大规模扩张。清楚将来会发生什么并完成规划，这一点很重要。

一旦公司实现了产品与市场的匹配，理想情况下，你就可以将资本投入到整个运作系统中，并实现初创企业的腾飞。随着公司的快速发展，其面临的主要挑战有文化建设、流程规范、人员体系构建和价值主张。差的企业将权力紧紧抓在手中，由于效率低下而举步维艰；良好的企业则会少量放权，但保持对权力的控制；而伟大的企业则会组建运作协调的团队、打造企业文化，以使其资源、流程和价值主张和企业本身一同得到快速发展。至于应如何建设强有力的企业文化，建议读读吉姆·柯林斯的《基业长青》和《从优秀到卓越》。

伟大的公司在向世界推广其价值主张时，能够保持惊人的运作效率。最终，增长率会逐渐变小并呈线性。此时，创业公司（通过不断学习和反复调整使产品与市场相匹配的运营体）就演变成了企业（通过已实现的、互利互惠的产品–市场匹配机制持续为股东创造价值的运营体）。此时企业已充分了解市场，并为市场提供数量可观的产品和服务，从而获取巨大利益。其价值以可量化（通常是线性）的模式增长，因此，可通过并购或上市，更合理地进行交易、购买和出售。

创业第五步与第六步要点分析

产品同市场相适应。你早期的创业目标是创造顾客喜爱的产品。同时，你必须锁定那些能代表巨大潜在市场的客户，这样一旦你的产品适合客户，那就也适应了市场，你的公司就可以开始赢利了。

伟大的企业追求连续的"曲棍球棒"式增长，它们拥有阶梯式的产品发展指标，可以在其陆续掌控更大市场的同时，依然实现产品与市场相匹配的互惠模式。通过建立这样的路线图，你可在扩大视野的同时，仍然关注你的第一个价值主张。创业公司并非死于"饥饿"状态，而是典型的"消化不良"，也就是说，它们想要的往往太多！专注，一定要保持专注，专注于真正的价值和真正的客户。这样，或许在你自己意识到之前，你已手握资源与机遇，在创业之旅中独自前行，追求更高的增长。

你处于哪一阶段？

也许你现在还在学校学习特定领域的知识，尝试开发第二步里的项目以成立一家创业公司。又或者你现在已到达第六步的企业阶段，保持着持续的线性增长，且你已经开始注意到一个从未有人满足的巨大市场需求，并考虑投入这个新的项目。无论你处于哪一阶段，现在就是你开始创业之旅的最好时机。

快速指南——处于哪一步，如何选择下一步

第一步：深入了解一些核心技能并对存在的问题保持热情。参加你周围的创业活动（例如周末的创业见面会等），广泛阅读（参见本章的阅读推荐）。养成每天观察的习惯：注意某些问题出现的迹象和发展动向，探寻巨大社会问题的根本原因，关注一些具体事例，这样你就可以了解受影响的客户，从中吸取经验和教训。

第二步：不要过分沉迷于你当前的想法。相反，你应热衷于成为你所发现的问题的世界级专家。要置身于卓越的人之中，他们能够赏识你的才能，并以与你不同或互补的方式看待世界。当你能够随时随地从自身的经验和知识出发，与旁人专业地探讨某个问题时，你就正在向成功迈进。

第三步：放手去做。对于一个问题，如果你比任何人都更懂，没有其他人会来解决它，且你身边已经聚集了一群优秀的伙伴来将想法付诸行动，那么就放手去做吧。这个世界需要你去冒险，你绝不会后悔的。

第四步：快速、高效地采取措施。要知道，你的工作就是要持续规避创业公司的风险，并使你的产品契合市场需求。尽你所能，使你用于降低风险的资本取得最大的效益。考虑加入

创业加速器和社区组织，你会需要它们的帮助。

第五步：放下你手中的书，去扩大公司规模吧！回到曾帮助过你的创业社区中，并给予回报。你的建议非常宝贵，你也许会借此建立关键的人际关系，进而帮助你扩大业务规模，甚至开始新的初创企业。

第六步：积极关注你身边未被满足的需求，也许是时候着手新的计划了。开始用新的动力和技能再次丰富自己（参见第一步），每天观察你周围人的需要，并与可能的团队成员分享你的见解（参见第二步），然后考虑再次深入吧！你可以发起内部倡议，也可以考虑建立衍生公司。与时俱进，永远不要让自己满足现状。

多次尝试，展望未来。让这个世界在你的手中变得更加美好。愿"创业时代"繁荣不衰。

如何面对失败

你是否也曾听说过这样一句话："失败不是一个选项。"我听过！

事实上，我在佛罗里达州的卡纳维拉尔角附近上学时，校园的教室和走廊墙壁上全都贴着这句话。它引自电影《阿波罗13号》，很符合美国国家航空航天局的文化，也是美国文化和世界上一些其他文化普遍的情感基础。我们害怕失败，崇尚完美。从"全优生"到完美套圈，再到完美投球、完美照片，我们总在追寻完美。如果失败不是一个选项，你又怎敢冒险尝试？如果你不能承担任何风险，你怎能从事任何需要点儿野心的事情呢？

害怕失败是创新的克星。老实说，我一生的大部分时间都很害怕失败。我是一个优等生，按照迈尔斯－布里格斯性格类型指标①，我属于直觉情感型。我拼命地想让别人相信我的生活是完美的。我善于交际，乐于尝试，也算温文尔雅，但除此之外，我还是一个缺乏安全感的人，渴望得到他人的关爱，也渴望为世界做有意义的事情。

对失败的恐惧与我们的自我认同和归属感紧密相连。我还记得我的祖父母第一次到佛罗里达州看望我们时，他们见识到了我父亲建立的事业。我的祖父出生在密西西比河岸边。虽然他和祖母都很贫穷，但都是聪明且善良的人。祖父很有数学天赋，每当不需要照看农场或粉刷房子时，他就到当地的高中教授微积分和物理。他将知识传授给我父亲，并激励他到达了新的高度。后来我的父亲离开了小镇，加入海军并念完大学。他夜以继日地工作，最终成为一名在国际空间站工作的火箭科学家。从许多方面而言，父亲的工作都是一项科学壮举，是国际合作与人类探索的象征。

谈谈美国梦。就如刚才提到的，来自伊利诺斯农村的祖父母第一次来到佛罗里达州，看着他们儿子的成就。在我父亲指着国际空间站的气闸舱并解释着他参与设计的组件和系统时，我看着

---

① 迈尔斯－布里格斯性格类型指标（MBTI）表征人的性格，是美国心理学家凯恩琳·布里格斯和她的女儿伊莎贝尔·布里格斯·迈尔斯制定的。该指标以瑞士心理学家荣格划分的8种类型为基础，加以扩展，形成四个维度。

他们在肯尼迪航天中心的一个大房间里四处观望。他们情不自禁地哭了出来，那一刻真的无法言表。在场的我们都被深深地触动了。我一直试图对抗的对失败的恐惧似乎在我耳边喃喃低语着："你能做些什么来让你的父亲感到自豪呢？"我也被触动了。

对失败的恐惧感如此顽强，我终日与之抗争。

硅谷的秘方

蒂娜·西利格是斯坦福大学的创业学教授、创新理论大师。她是我的导师，也是朋友。早些时候，她曾与我分享过难以为人理解却简单有力的硅谷秘诀：像拥抱数据般拥抱失败。

创新就要进行实验，而实验并不是每次都会成功。事实上，最有趣的实验是虽然以难以预料的方式失败了，但却能揭示世界上一些真正新奇和有趣的事。就像著名的青霉素的发现，这改变世界的抗生素竟始于一个偶然发现的被污染的培养皿！

但愿大家都能以这种方式看待生活中的失败。

就像鼓励其他人那样，蒂娜也鼓励我，并建议我创建"失败简历"。你是否也和我一样，需要花上几个小时来更新一份简历，即便如此，也永远不会满意。但我的失败简历却并非如此。当我开始做这件看似奇怪的事情后，我一页一页地写，讲述我的缺点，这份简历的长度竟是我普通简历的三四倍。这种方法可以宣泄情绪，并给人启发。

如果你把失败看成一份资料，一份可以获知哪些方法不可行的资料，那么你的生活会如何改变？你是否会更快、更有力量成为一个更完美的人呢？爱迪生曾说过："我没有失败，只是发现了一万种行不通的方法。"来到硅谷，向蒂娜这样杰出的导师学习后，我逐渐能够接受这一新的现实。事实上，正如克里斯·布拉德福德所说："世界上没有失败，只有不再尝试。"

枢轴

对初创企业而言，"发现此路不通，并做其他尝试"这一概念可以用"枢轴"一词概括。在篮球场上，当防守者迫使持球者停下，持球者会以某只脚为重心脚，整个身体围绕重心脚转动，以甩开防守者，进行投球或是传球，这样一来，就离进球的目标更近了一步。生活也是一样，不论是建立人际关系，还是达成创新或创业的个人目标，许多障碍都会将你前行的道路堵得严严实实。你可以放弃，但也可以找到枢轴，并绕其转动。记住：真正的企业家永不放弃。

有人认为，围绕枢轴转动只是"放弃并尝试新事物"的遮羞式说辞，这是不正确的！在篮球场上，被逼停继而晃动身体根本不是放弃。想象一下篮球在入网前的运动路径，你会发现这条路径是曲折的，甚至往往背向篮筐！但请放心，这可不是球员忘记了进攻目标。周旋甚至背离篮筐的传球，可能是投篮命中的关键一步。

就我个人而言，无论是带领公司，还是在生活中，我都曾多次"绕枢轴转动"。但自始至终,我都对自己最关心的事情多加留意。我最开始是想通过提高人们的可持续意识,来帮助大家理解和对抗气候变化。我初到斯坦福大学时,就大胆地告诉我的教授说,我将会创建另一家通用电气公司,以应对气候变化。我想他当时一定努力憋着不笑出声来。最初,我确信影响可持续发展的最佳方式是成立一家能源储备公司。我投入了几年的时间研究相关技术。然而,放眼望去,并没有公司愿意资助这项研究。读博时,我取得了许多科学性突破,为这个领域做出了新的贡献。然而,在创业层面上,我的研究并没有立即为我带来商机。在耗费了如此多的精力后,我感到挫败不堪,便另寻其他机遇。

大约在同一时间,我有幸结交了一群充满活力与激情的朋友,他们致力于为早期创业者创建一个更好的创业社区。他们当时正在斯坦福大学建立一个独立的学生俱乐部,想要做一番大事。他们称这个组织为"加速器",以将其与世界各地大学中常见的"创业孵化器"区分开来。一方面出于对该计划的兴趣,另一方面也被他们的才干所吸引,我加入其中成为早期成员,也有幸帮助建立了今天的"X 起始"。在"X 起始"团队中,我把对可持续和创新的热情投入到了一个新的领域。

我曾思考过这样一个问题:"为什么成立一家硬件初创企业如此困难,比如我最初想要创建的能源储备公司?"我开始质疑隐性激励、资金结构和现有市场,这使得创新成为可能。我们试图成立"X 起始—能源"来解决这些问题,并在这个极其重要的领域驱动创新,但我们的很多努力都功亏一篑了。

我们一次又一次地失败，不断地调整方向，但我们坚信自己可以创造真正的价值，带来一些改变。最终，我们在"X起始"成立了"硬件项目"，并尽力帮助更大范围内的公司。在所有这些公司中，我最愿帮助的是那些处于物联网新浪潮中的公司，这些公司主要制造可联网的传感器和自动化系统。我在这里所学的东西在我创办艾奇的道路上起到了关键作用，但在当时我还未意识到它的重要性。

在帮助建立"X起始"的两年里，"X起始"为许多早期公司，尤其是为硬件项目的创始人提供了咨询帮助。随后，我决定再次调整我的方向。我当时想，之所以在可持续发展领域建立硬件公司如此困难，或许是因为人们大多都不了解可持续性的重要性。如果大部分人都不能意识到气候变化和可持续资源管理的重要性，那么在一个民主国家，我们又怎能期待政府适当激励这类企业，帮助它们更好地投资并落实这些想法呢？

顺着这个思路，我采取了激进的措施，与同事凯尔德合力创立了一个政府科技项目，我们称之为"刻意"。我们的新任务是促进有关气候变化等重要问题的社会讨论，以便团结更多受过教育的人来支持能对未来产生重大影响的事业。

同以前一样，我在这个新的方向上尝试了很多想法，每次失败后便不断调整，重新开始。尽管招聘了一些新的团队成员，聚集了一批信任我们的导师和支持者，但我未能成功获得资金，最终没能完成我们的宏伟计划。

创新的火花：永远不会是你所期待的

2015 年 1 月 7 日，法国发生了一起枪杀案。该恐怖事件被称为"《沙尔利周刊》恐怖袭击事件"①。由于我的女朋友萨拉（现在她已成为我的妻子）来自穆斯林家庭，我被此事深深震撼了。

我对这种愚蠢的暴力感到迷茫，并在推特上寻找案件发生的原因。那天，我在推特上看到了不堪入目的画面，以至于我一页一页地翻推文，希望这只是一个巧合。经过统计，我发现超过 90% 的推文都充满了仇恨和误会，而非我所认为的充满爱和和平的声音。那一整天我都为我们生活的世界的这种状态感到沮丧，感叹我们这一代人没能做得更好。我迫切地希望能与世界上那些和我一样能感受痛处、摒弃仇恨的人取得联系。

突然间，我问自己，为什么不去联系呢？

在此之前，我和凯尔德花了几个月的时间思考并做理论总结，探讨如何将人们聚集到"刻意"，以讨论重要事件。这个"枢轴"式的契机让我们开始采取行动。事实证明，有行动才会有收获。我们给新项目定名为"世界对话"，并尝试将来自不同国家的人聚集在一起，用在线视频聊天的方式来讨论世界上的紧迫事件。这个项目和我过去的关注点联系不甚密切，但毫无疑问，我对此

① 当地时间 2015 年 1 月 7 日，法国《沙尔利周刊》位于巴黎的总部遭武装分子袭击，导致 12 人死亡。根据法国内政部 2015 年 1 月 11 日公布的统计数据，全法当天共有多达 370 万人走上街头纪念系列恐怖袭击的死难者，创下法国史无前例的纪录。

充满激情，而且，世界各地发生的事件促使我们去做一些切实的事情。我们在斯坦福大学和硅谷传播我们的想法，并且得到了鼓励和支持。我们的赞助人既有著名的民主思想家，如拉里·戴蒙德和詹姆斯·菲什金；也有一些技术专家，如特里·威诺格拉德，他是谷歌 PaperRank 算法的发明人之一，也是谷歌创始人拉里·佩奇和谢尔盖·布林的博士生导师。我们做了一个简单、刚好可行的项目，并联系到了世界各地的辩论俱乐部。几个星期之后，我们签约了 40 多个国家的年轻人，就教育、人类健康、气候变化、恐怖主义和政府监督等问题进行了网络视频会议讨论。工作很辛苦，需要大量人工操作。为了联系不同的人，我们做了很多无法具体量化的事情，例如，我们不断向相约网（Meetup.com）发送邮件直到被禁发。

最终，我们吸引了多样化的观众，与以前素不相识的人们进行了许多激烈的视频讨论。三个月后，我们接受了两个著名的创业加速器项目，并获得了高达 10 万美元的承诺融资。

当准备接受投资者的资金投入时，我们进行了慎重的考虑：我们是否能够立即接受资金，并从这样一个平台上立即获得金钱回报。

可以理解，投资者更希望我解释，我们如何能吸引世界各地的注意力，并从中获利。

我们提出了几个想法，通过新媒体审议产品并进行杠杆化市场调查，但深入了解后，我知道这不是我们原本想要做的。从根本上说，我已经开始试图使我们的世界变得更具有可持续性。首先，我认为我要开一家能源储备公司；然后，我想鼓励别人在关键资源、食品、水及能源领域的创新；后来则开始帮助硬件企业，接着开始帮助人们了解此类企业的重要性；最后演变为将人们联系起来，共同探讨重要的世界性议题。那么现在，我们要决定是否应创建一家视频社交公司来获取利益。

我怎么会要做这种事情了呢？

抽身事外后，我做出了痛苦而艰难的决定：将这个项目列为"无法进行"。由于取得了初步进展，所以我不能确定后退是否是正确的决定。然而，我的目标从来不是为了创业而创业。最终，我意识到这不是我想要到达的地方。

重回发展轨迹

后来，我决定拒绝潜在投资者的投资，并将此消息告知他们。第二天，在这一事件发生还不到 24 个小时后，一名同事邀请我领导一家由他刚刚创立的公司，这家公司在互联网协议领域享有较大的国际影响力。有时候，一旦下雨即是倾盆大雨。我们永远也无法理解这种现象，有时你可能数月甚至数年等不到鱼儿上钩，然而其他时候，机遇却如同滂沱大雨般降临，你必须时刻准备着。这一次，我采取的策略是暂退一步。我与自己的各位导师及该领域的创业社区人士交谈后，深入思考了我该如何更好地利用自己已经掌握的技能，如何利用创业社区给我的支持，如何深挖自己内心深处对于创建一个更好的可持续社会的热情，以期成就一番伟大的事业。

三个月里，我仔细筛选了30多个特征各异的机遇，以便找到下一个中意的机会，然而我绕了一大圈，还是回到了自己的好朋友、舍友蒂姆身边。蒂姆曾经和我一起在斯坦福大学攻读博士学位，四年间我们同住一间宿舍，每日共享彼此的挣扎和胜利，我们也时常思考如何改变世界，让它变得更好。一直以来，我都在参与推动创业公司加速器"X起始"发展的工作，这就是在"绕枢轴转动"。同时，蒂姆和我共同领导一家叫作"鼎好科技"的非营利机构，负责设计互联网连接的遥感器。鼎好科技的宗旨在于为发展中国家提供更加清洁的水利基础设施。然而，鼎好科技意识到，在外部机构兴建的基础设施之中，40%已遭破坏，所以无人从中受益，鼎好科技处境艰难，假如存在一种在经济上可以承受的方法来监控这些基础设施，那么，短期内，这些基础设施可得以修复，长期来看，则有助于改变激励政策，促成行业可持续发展。

然而蒂姆意识到，在当前条件下，他们无法提供经济上可负担的监控手段，因为市场上难以购得稳定、经济的技术。于是，他勤勉工作，试图开发模块化电子设备框架，以大幅削减这些遥感器的成本和缩短其进入市场的时间，进而解决上述问题。然而，十分不幸，他无法筹得充足的资金来进行大规模研发工作，所以无法完满地达成他的目标。

某天，我和蒂姆正在探讨如何真正地突破该技术，此时，我在帮助众多物联网新浪潮中的公司时积累的经验，开始发挥其应有的作用。那段时期，这些公司负责供应遥感和自动化技术，但主要涉及健身、睡眠或健康等与消费者相关的领域，这些领域的重要性不言而喻，却并非我要研究的方面。与蒂姆交谈时，此中联系和机遇逐渐明了。我看到了蒂姆这项研究的前景，以及它将如何彻底改变这些公司的发展蓝图，使其不断壮大。另外，蒂姆在开发电子设备时采用的方法，完全适用于资源行业，包括食物、水和能源。

在如此多貌似不相关的调整和重新定位后，我经过四年突然回归正轨。我在能源行业开展的调查是关键所在，在"X 起始"项目中帮助硬件企业创业者的经历则是基础，在自以为毫不相关的行业（物联网）中积攒的洞察力和见解如今也变得至关重要，我在之前失败项目中四处筹资的经历如今却让我做好了应对前方旅程的准备，也催生了我的下一次冒险活动，只不过这次准备更加充分，我也更加激情四射，内心坚定无比。

爱是克服失败的关键

几周以后，我们深入计划，成为合作伙伴，并全身心投入艾奇的工作之中。回家后，我告诉未婚妻，自己刚刚将毕生积蓄的一半投资到艾奇。她非常吃惊，当然这在我意料之中，因为我本该事先与她商量。最终，她明白了，我从 15 岁开始便尽己所能地存钱，就是为了有朝一日能够像今天一样冒险，因此，她最后决定全身心支持我。然而，可怕的是，艾奇在获得外部投资之前，就已经花光了这笔钱。但我们并未止步不前。在如此勇敢前行但悲惨的日子里，妻子的支持是我前进的动力。我在前面阐述了，对失败的恐惧与我们的自我认同和归属感紧密相关。在我看来，世界上没有哪一件事物如同一位爱你、全身心支持你的伴侣或伙伴一样，能够让你正确看待未来可能出现的失败，让你直视它、藐视它。我的妻子萨拉和商业伙伴蒂姆便是这样的人，他们的支持和帮助是我坚持做正确的事情的关键。

一年的时间如白驹过隙，艾奇作为一家由创投资金支持的公司，已迅速开发出诸多可实现云连接的设备；同时，在大企业客户的帮助下，我们开发了新一代产品；另外，我们拥有一支不可思议的早期创业团队，每天不辞辛劳，设计出下一波计算机应用，引领风潮。我们在坦桑尼亚应用了这些设备，实现了对当地农村地区洁净水源的监控，算是对蒂姆先前工作的承继，我们因此位列 2016 年《福布斯》能源领域"30 位 30 岁以下青年才俊榜"，这进一步鼓励我们推动物联网的普及。这仅仅是一个开端，是冰山一角，然而，却是我人生中迄今为止一段不可思议的旅程。

我尚且无法告诉你这段旅程的终点在何处，它是否将成为伟大事业的前奏？对于每一个伟大的想法，它产生的问题总会多于它能给出的答案。每一次伟大冒险总会带来更多的机遇。失败可以转化为值得我们学习的经验，自从我改变自己的完美主义思路，并且大胆尝试一些明显超出自己能力范围的伟大事业，我已经积累了大量经验。

在艾奇工作期间，我们仍会不断遭遇微小的失败，进而进行工作调整。我们不得不重新定义客户和市场策略；我们必须重设产品的基本技术选择问题，以应对不断变化的行业状况；我们不得不痛苦地重新选择某些导师和顾问；而且，当市场状况急转直下时，我们不得不调整自己的团队，当我们意识到自己无法培养成功的团队时，我们必须重新构建团队文化。

我们从未放弃。每一天，我们都在不断地发展壮大，而且更加专注于自己当前在艾奇从事的工作。你是否知道，监控和自动化的真正前景在于彻底颠覆当前的资源管理方式。自动化让我们的工作更加高效，不过，监控的作用则完全不同。通过监控，我们能够了解远近地点内真实的工作过程，实现核心工业流程透明化。而这些核心工业流程能推动我们的经济发展。透明化使得当前只能通过快速更新产品来获益并产生大量废物的经济，转换为一种基于可持续基础设施的服务型经济，在这种经济模式下，人们在未来几年间的工作将能够保持可靠和高效。不论是从经济效益，还是从地球的健康状况来考量，其潜在影响都将十分巨大。为了这一目标，我们每天起床时，内心都比前一天更加坚定，因为我们意识到，假如不能完成这一风投项目，我们不确定谁还会这样做。

请向自己提出同样的问题：除你之外，是否还有其他人能够完成这一风投项目？假如别无他人，那么，这就是你的使命。如果你当前的工作没有奏效，请找出导致其无效的原因，尝试一万种其他方式，即使不能成功，也决不放弃。失败，是你获得相关数据的途径。失败之后绕枢轴转动，再失败，继续获得更多数据，然后再一次调整。你必须持续推进，不断前行，因为我们每一个人都拥有完成伟大事业的潜能，你只需要暂时放下自己的恐惧，想象自己可以留给后世的财富。请相信，如果此刻你正在读这本书，这本书就成了你的财富。将恐惧和担忧暂放一边，来加入我们吧，投入到创业的洪流中来吧。我们诚邀你的加入。

第 2 章　市场趋势

玛丽·乔·玛达
——艾德智网站资深编辑

创业中两个重要的问题是，怎样找到人们的痛点去解决真正的问题，以及以怎样的心态面对竞争对手。在和玛丽交流后，她分享了自己创业时遇到的种种困难，比如在刚创业时也许你年复一年、日复一日投入不可解决的问题中。也许你解决了一些"大部分"人认为应当解决的问题，其实会花钱买你产品的主体用户并不在意这些问题。玛丽分享了她当时犯过的一些错误和吃过的亏，所以读者们可以在读完这一章后避免犯同样的错误。同时，她分享了自己对竞争对手的态度。也许你在看本章前认为自己要对竞争对手敬而远之，选择闭门造车，玛丽却有着不同的看法。将这章收入本书中，是希望大家可以从中学到如何化竞争为合作，将自己的对手变成互利的合作伙伴。

人物简介

玛丽·乔·玛达（Mary Jo Madda）是艾德智（EdSurge）的资深编辑。艾德智是一家在线教育的社群网站，旨在帮助学校寻找、选择和利用相关技术，向所有学习者提供支持与帮助。她曾经在"为美国而教"（Teach for America）（休斯敦集团，2009年）、休斯敦"知识就是力量项目"（Knowledge is Power Program，KIPP）和洛杉矶大主教管区教授中学数学和科学，其间她也担任行政人员、课程协调员及十项全能运动教练。结束教师生涯之后，她加入麻省理工学院的媒体实验室 ScratchED 团队，并在哈佛大学创新实验室"教育创业伙伴"（Education Entrepreneurship Fellow）任职，同时，她还领导一家教育媒体创业公司。玛丽·乔拥有哈佛大研究生院的教育学硕士学位、西北大学的文学学士学位。她入选了2016年《福布斯》教育领域"30位30岁以下青年才俊榜"。

如何应对竞争

乍一看，"竞争"一词会引人抱怨，勾起我们的不安全感，而且，无论自己的想法是多么有见地，"竞争"都会让我们感到恐惧。因为它告诉我们，总会有人和我们一样，已经认识到某一具体问题，并且在设法解决。

然而，令人欣慰的是，任何创业者都必须面临竞争，竞争是创业过程中必要而自然的过程。与你的导师和同事相比，你的竞争者更能迫使你进步——无论是创业初期、赢利阶段还是之后，皆是如此。

2013 年夏，我应邀加入一家教育技术媒体创业公司——艾德智，负责寻找受众。如今我已经入职三年半，帮助该公司的网站流量增加了 300% 以上。虽然这份工作让我成功地入选 2016 年《福布斯》"30 位 30 岁以下青年才俊榜"，但是，当我尝试创立一家公司，又以失败告终时，我才真正理解创业精神。

加入艾德智之前，我与别人共同创立了一家名为"教育娱乐"（EDUtainment）的教育技术公司，虽然这家公司最终倒闭，但是这段创业经历让我学到了识别和应对竞争者的五件事情。

创业早期开展市场调查，找到目标受众

早在 2012 年，我和我的联合创始人首次探讨创办教育娱乐公司的初衷时，我们希望解决的是美国学生在 STEM（科学、技术、工程和数学）考试当中的糟糕表现，我在教授六年级科学课时，就已经认识到了这一点。我当时想象着，可以为 K-12（美国学前教育到 12 年级，即基础教育阶段）学生制定高质量的教学内容，至于标准，可以参考《校舍摇滚》(*Schoolhouse Rock*) 及《比尔教科学》(*Bill Nye the Science Guy*)[①] 节目主持人比尔·奈的科学和数学教学视频及视频配套课程，借此，可以让孩子们重新专注于学习 STEM 教材。然而，我和我的团队最终没有实现这一目标。

所有优秀的企业家都会建议你去了解受众群，这是绝对的真理。假如你的产品没有明确的定位，以明确表示在某一行业你的解决方案能够发挥作用，那么，你的产品将一文不值。在多数情况下，当我与创业者们交谈时，他们都坦言希望开发某一种产品，因为他们相信这便是人们需要或希望的产品。然而，你又怎么知道人们需要或希望什么呢？你确切知道吗？果真如此吗？难道你比这些人自己更加了解他们的需要或希望吗？

无论是在教育娱乐公司，还是其他任何公司的创业案例中，开展市场研究，获取定量或定性数据，以帮助了解受众需求，其必要性毋庸置疑。虽说公司的一名或多名创始人本身也属于市场

---

① 《比尔教科学》是由迪士尼与美国国家科学基金会联合推出的科教节目，在美国自 1993 年起开播，共播出 5 季，每季 20 集。

调查的目标人群，但是仅仅一个或两个数据点不能成为研发产品或推出倡议的根本理由。

市场调查无须花费特别高昂的成本，但需要做民意调查，召开圆桌会议探讨问题，买些比萨吸引与会者出席。同时，在你的社交圈中挖掘潜在受访者。迄今为止，我们最成功的一次市场调查只有以下元素——比萨、教师群体，以及几次定期会面，探讨如何提供优质的教育内容。

创业之初即研究竞争形势

无论是消费者技术、电子商务，还是我所从事的教育技术领域，每一行业的初创企业都面临竞争。

过去这些年，教育技术领域的发展日新月异，突飞猛进。自2010 年起，投资者对那些专注于美国 K–12 市场的创业公司的投资额度已超过 20 亿美元[①]。随着资金大量涌入，创业公司的数量也大幅增加，2011 年以后，更是出现了 14 个以上专注于教育科技的加速器项目。对于刚刚崭露头角的创业者而言，挺进教育技术领域面临的挑战可能有些令人恐慌。我给他们的第一条建议是：创业之前，你必须了解自己所在的行业，至少必须了解你正在投资的项目及当前需要解决的问题。

---

① 参考艾德智投资状况报告，查询网址 https://www.edsurge.com/research/special-reports/state-of-edtech-2016/funding。

在构思创立教育娱乐公司的过程中，我们做了尽职调查[①]，了解到了其他教育内容提供者在 STEM 领域所从事的活动。我们调查了全球老牌出版商如培生集团，新晋企业如可汗学院，以及其他像我们一样鲜为人知的初创公司。

一路走来，我们发现了一些可以大幅降低市场调查难度的资源。像天使名单（AngleList）这样的创业咨询中心及创业来袭（VentureBeat）这类某个领域的专业资源网站，都对我们很有帮助。另外，通过一些孵化器，如 K12 想象力（ImagineK12）和习得创业（LearnLaunch），我们了解到业内哪些公司正在加速发展。同时，和其他许多事一样，某些优质、可信赖的人际关系网也提供了帮助，比如，我们获得了哈佛大学创新实验室的导师的帮助，他们分享了如何定位愿意提供资金的群体，以助力产品推广。不过，我们不应只将调查研究局限于那些当前经营良好的创业公司，还应去咨询那些与自己的公司规模相仿，但已经倒闭或者曾经遭遇困境的创业公司。通过分析倒闭公司的案例，我们可以学习总结其失败的原因，并有意识地避免这些错误。这一点经验，是我从教育娱乐公司的破产总结出的教训。

---

① 尽职调查是指中介机构在企业的配合下，对企业的历史数据和文档、管理人员的背景、市场风险、管理风险、技术风险和资金风险做全面深入的审核，多发生在企业公开发行股票上市和企业收购及基金管理中。

尽早找出"超级用户"

并非所有人都会喜欢你的产品，因此，有些人可能会转而购买竞争对手的产品，但这不会影响大局。没必要试图招揽你见到的每一位顾客，你需要做的是，找到那些与你当前正试图解决的问题有明显关联的早期产品采纳者，然后将他们发展为你的拥护者。

在创业早期阶段更是如此，这些"拥护者"或"产品代表"，对构建品牌、打入目标受众至关重要。寻找产品拥护者的优势在于：当他们与你的产品建立"共生"关系后，你们可以互相帮助，增强业务能力，或者互相打造彼此的好名声，你可以完成竞争对手无法完成的任务——找出与你的产品紧密相连的独特人群。

在教育娱乐公司工作时，我们并未急于寻找产品的拥护者，相反，我们希望首先打造自己的平台，获得一定的知名度，然后再选择、挖掘这些超级用户。但现在回首往事，我们本该加快脚步确定产品拥护者。当时，众多教育科技公司成功地应用了"产品代表"的概念，其中包括谷歌认证教师项目（Google Certified Teacher）、瑞曼德（Remind，教师-父母通信软件），以及其他类似的创业公司。瑞曼德的做法是，在教育工作者的推特个人简介和领英荣誉项中添加使用清单。同样，我也看到有创业公司雇用这些拥护者为它们的兼职员工，让他们担任社交媒体协调人、内容创作者或品牌策略师，与用户分享他们对产品的想法。

打造这些拥护者时，无须严格参照制订"产品代表计划"或雇用一名社交媒体人的流程，然而，无论你选择怎样做，最好尽早地思考具体的实施办法。

亲自联系你的竞争对手，可能会发现你们的发展轨迹并不趋同

过去几年间，我学习到的最重要的一点就是亲自面见竞争对手，使彼此的关系更加和谐。在教育领域，大家几乎不会费尽心思地创建一家公司，最终目的只是为了打倒其他公司。通常，每个人都希望获得成功，而集体的智慧远远大于个人。因此，亲自面见你的竞争对手，谈谈本行工作，更多地了解他们的工作或者未来规划，这是应对竞争的一个核心要素，同时也有助于改善自己的公司。

教育娱乐公司团队实现了这一点，具体体现在两方面。首先，为了了解与我们类似的其他小型创业公司，我们参加了当地的现场活动和会议，包括在哈佛大学创新实验室举办的"教育科技夜"，以及习得创业举办的会议，因为在这些地方，我们知道自己可以与其他内容提供方接触。

然后，为了了解某些更大的公司，我们利用已有的人际关系网，通过电话与他们交流，向他们学习，同时寻找共同合作的机会。以前，我的一位朋友曾经与一家名为CK-12的开放式教育资源网站合作，当她听闻我在教育娱乐公司之后，马上为我们和CK-12的首席执行官尼鲁·科斯拉牵线搭桥。在与科斯拉通话期间，我们探讨了在某些情况下，将教育娱乐公司部分视频内容使用权授予CK-12的可能性。尽管最终未取得实质性成果，但我们

通过这一机会更多地了解了 CK-12 的需求，这使我们意识到一个重要真理：任何一家公司都无法解决所有问题。

在与竞争对手的多次交谈中，我意识到，他们的目标与教育娱乐公司略有不同。虽然不是与竞争对手的每一次对话或者每一段关系都融洽，然而避免与竞争对手交谈却是一个并不明智的选择。既然身处同一行业，你们之间必会产生交集。你至少应该表现出自己的热诚，否则就会错过某些有用的信息或与别人建立关系的机会。

不要过分看重竞争对手的优势或劣势

如上所述，竞争是创业游戏的一部分。之所以称其为"游戏"，是因为某些创业公司可以存活进而获胜，而某些创业公司最终却以倒闭、失败告终。创业之初，教育娱乐公司便要面对自己的竞争对手，直到我们倒闭时，竞争对手依旧存在。其他创业公司亦是如此，在公司创建之初便拥有竞争对手，年复一年，还将继续遇到新的竞争对手。这是创业者们必须参加的一场游戏。

假如你时刻都过度惦记自己的竞争对手，那么你将很快忘记自己的工作方向，忘记利用自己掌握的技能和调研结果去创造的初衷，甚至于你可能完全放弃自己最初的想法，反而去模仿竞争对手的所作所为。我们要保持清醒的头脑，这一点十分重要。要时刻保持警醒。我认为，只需要默默记住你的竞争对手是谁，他们又在做什么。

爱国者软件公司的创始人兼首席执行官迈克·卡佩尔曾多次创业，他曾写道："不要低估你的竞争对手，尤其是那些小家伙。"作为初次创业者，你可能就是那位"小家伙"，但是，可能还有更小的家伙们对你虎视眈眈。竞争对手对于创业者而言，是不愿遇见却也难以避开的，而接受这一事实，是打入拥挤不堪的市场的第一步。

如何将资源、经历和优势转化为资金，如何应对劣势

和大家所认为的不同，我并不是一名联合创始人。过去三年半，我在教育技术媒体创业公司艾德智担任编辑一职，负责报道教育技术市场的趋势。其间，我见证了一些与创业者有关且经过反复验证的有趣事实，包括：每一位创业者——无论他们的融资多寡，无论他们在人际关系网中是否享有特权，他们都有自己的优缺点。利用好优点，创业公司可以赢利，增加公司客户群，实现持续发展。然而，如果无法清晰了解且有效地克服缺点，就可能导致创业失败。

然而，我对这一事实的理解，并非仅仅源于我的报道工作，因为我曾经亲身体会过，特别是经历了创业过程中的失败。总结过去，我意识到，当时有多个关键资源，如果利用好，应该是可以促使我的团队成功的。

以下我列举了自己所总结的内容。

资金越多，问题越少

时间若能倒流，创业伊始，我肯定会筹集更多资金。2010 年，我担任六年级科学课教师，沉迷于为学生们制订精细的课程计划，并负责一些项目。每周日下午，我都会埋头苦干，制订教学计划，但《比尔教科学》却一直萦绕于我的脑海之中。虽然这份工作非常辛苦，其成果却值得我为之付出努力。当工作越深入，我越意识到，我渴望为全国其他 STEM 教师制订更加丰富多彩、学习标准统一的内容。

2011 年，搭建在线媒体和课程平台的想法逐渐在我心中成型。教育者在 STEM 课堂中使用该平台，这也许会使全世界规模虽大内容却很糟糕的教科书遭到残酷的冲击。在平台上，我创造了一个科学人物——MADD 博士，让他担任媒体"主持人"。我编写了脚本和教案，同时在 2012 年启动了一项众筹活动，目标是筹集 3000 美元。

回忆往事，我并不知道自己为何希望完成这一所谓的"项目"。其实，拿到这 3000 美元，我们仍然什么也做不了，在种子轮融资阶段更是如此，但当时我认为 3000 美元足以构建我的平台，录制 10~15 个高质量的视频，同时研发一些产品。我当时可能有些愚蠢和天真。

当大力践行你的想法，或是听从内心，获得天使投资以启动某项目时，将自己的目标设定为稍高于可能的结果并非坏事。如果你的社群在初次了解到你的想法时表现出激动之情，则要充分利用。

在初始阶段，我认为自己可以以低成本完成项目，然而自己因此遭遇的困境远远超出想象。研究生最后一年时，我便已着手做实验、做产品，虽然这起到了缓冲作用，但由于面对助学贷款的还贷压力，而且缺少工资收入，资金问题一直是笼罩于我这个创业者头顶的乌云。

导师的重要性

时间若能倒流，我会寻找一名经验丰富的导师。2012年夏，我的众筹项目已经启动。我当时正准备前往研究生学院领取硕士学位证书，在那里，我将遇到一些对教育感兴趣的人，而且他们显然也有志于创业。那年7月下旬，我遇到了两位有意参与该项目的人，其中一人开始将我们所做的项目称为"创业公司"。8月底，除我之外，另有四人加入创业团队。虽然我对此有些吃惊，然而，看到其他人对此想法的兴趣和信任，我感到非常激动。

我们完成了一些视频制作及其他工作，获得了"为美国而教"、《波士顿先驱报》颁发的一些荣誉称号，而且哈佛大学创新实验室因此许可我们使用其资源。同时，我们正式将此创业项目命名为教育娱乐公司，尽管我后来才知道该名称在教育和游戏界其实代表负面含义。然而在此之前，我全身心地投身于创业公司的工作之中。

此时出现了难题——如何重视每个人的观点，同时又不会过分偏离我最初的愿景？我不断地质问自己："我的愿景是否能够帮助这个项目取得成功？"对于领导一个团队，我当时尚未准备好，况且，这个团队只有我一名女性。

此时此刻，一名导师，尤其是一名曾经参与教育技术创业的女性，是必须获得的资源，然而，当时我凭借自己的资源却无法找到。即便哈佛大学创新实验室的人际关系网已经相当广，但大多数导师都在纯科技领域工作，而且我们只能每隔六个月与他们见面一到两次。

而且，我们的难题不仅仅在于关系网不够广，还有当时我并未意识到自己迫切需要教育娱乐公司之外的人给予我指导和建议。然而，多年之后我才意识到，这貌似只是锦上添花的事实际上是雪中送炭。

以我当时的处境，一位导师可以发挥的作用无可置疑。尽管我们可以从大量的网络资源、书籍及 YouTube 视频网站访谈中获得创立公司的整个过程中应该关注的诸多事宜，然而这仍无法代替与一名经验丰富的导师的面对面交流，即便只是以网络形式。虽然我发现很多针对创业者的良言都强调了"我"的重要性，然而，如果拒绝向他人学习，我们根本无法在创业道路上取得成功。

人们真的想要这个产品吗?

时间若能倒流,我一定会通过用户测试和市场调查来平衡自信心。当时,我们团队无法就少数几个关键事项达成共识,教育娱乐公司的工作一度陷入僵局——最初几年,我们是否应该将重心限于 STEM 教材呢?是否应该在开始时,允许观众免费观看我们发布的教育内容,随后再寻找适当方法收取费用?谁该担任首席执行官?产品尚未落地时,我们是否已准备好讨论首席执行官职务的归属问题?

当时,许多问题归根结底都与产品相关。我们觉得只有自己的团队才能研发出该产品。我认为自己在教学方面已经积累了足够经验,因此,自己可以决定产品应该具备哪些内容。后来,我们面向首批用户进行测试,通过媒体向教育者发布教育内容,并邀请他们分享自己的想法。我们很快发现,对于这些内容,他们并未感到欢欣鼓舞。

第一批用户体验立即让团队陷入了"反应—惊恐"的模式。有些团队成员希望彻底改变产品提供的教育内容,而有些成员则希望继续坚持。处于核心领导位置的我却不知所措。诚然,如今回想起来,我们几乎没有真正地开展市场调查,我们当时的反应几近滑稽。

用户测试对于产品开发而言至关重要。有时候,即便最少量的用户反馈,都可能导致创业团队成员彻底失去对产品的信心和信念。此时,一名强有力的领导比任何时候都更加重要。虽然我的领导力到今天已有些许进步，然而，当时我却未准备好担负起此等重责。

2013 年夏季，我们的团队失去了三位创始人，创业项目的重心转移到一款完全不同的产品上，而我在感情上却无法认同它。最终，我意识到自己无法继续完成此事业，因此，我于 2013 年下半年终止了此项目。

失败并非坏事

回到 2011 年，我的确未准备好创建公司，或者领导一个团队，我甚至不知道如何定义创业者。我只知道，自己希望为那些苦于伏案数小时准备教案的教师提供一些高质量的教学内容。

至今我仍未放弃该梦想，MADD 博士仍旧存活于我的内心深处。虽然我在此文中侧重于强调当时资源的匮乏，然而，我内心依旧坚守这一想法，这是一种力量，也许是一种最重要的力量。

关于创业，网络上盛行的那些由行话和流行语书写而成的文章毫无新意，然而，我不得不认同其中一个观点——在创业过程中，失败并非坏事。失败是正面的，因为即便你失败了，你却可以从中学到经验教训。假如失败之后的你依旧相信自己能够将想法付诸实践——虽然这听起来有些痴心妄想，那么，你实际上比之前更接近成功。

第**3**章　商业模式

施卢蒂·沙
——鲁特搬迁联合创始人

YC（Y Combinator）对于很多创业者来说并不陌生，它是最著名的创业孵化器。施卢蒂创建的公司就曾参与 YC 孵化项目。在和施卢蒂聊天时，我问了她如何进入 YC 孵化器，在 YC 中她曾经学到了什么。和她的交谈让我感触颇深的是，创业时不要嫌弃事情小，而要让每一个客户都无比满意。找到 10 个爱你产品的用户比 100 个喜欢你产品的用户更重要。如果在看这章的你目前身在国外或者今后想要到国外创建公司，我特地问了施卢蒂，她通过什么软件注册公司，怎么找到律师事务所，怎么找到合适的会计公司；在 YC 毕业后，她是怎样融到第一桶金，以及今后怎样确定或研究出自己的商业模式。如果你已经经历过一些初始阶段的困惑，那么我问了施卢蒂，她是怎样进行公司扩张，怎样从仅有 4 个创始人做到拥有 200 余名员工且分公司遍布几个城市。我将这章放入书中，是希望大家可以学到一些美国孵化器的培养思维。也许你认为创业生活很潇洒，在读完本章之后可能会有新的认识。

人物简介

　　施卢蒂·沙（Shruti Shah）是鲁特搬迁（Move Loot）的联合创始人兼首席运营官。由 YC 支持的鲁特搬迁是一家线上一站式二手家具交易服务平台。施卢蒂·沙位列 2016 年《福布斯》零售和电子商务领域"30 位 30 岁以下青年才俊榜"，并且由于在重新审视资本方面做出的贡献，被阿斯彭研究所评选为"阿斯彭思想节①学者"。施卢蒂在鲁特搬迁的工作成果被众多媒体报道，包括《福布斯》《彭博商业周刊》（Bloomberg Businessweek）及科技博客网站（TechCrunch）等。在创建鲁特搬迁之前，施卢蒂是美国巴尔的摩"为美国而教"组织成员，并在当地教授二、四、五年级学生。施卢蒂获得了北卡罗来纳大学教堂山分校政治学学士学位，同时辅修创业学。另外，她在美国约翰·霍普金斯大学获得了教育学硕士学位，主修城市教育。

---

　　①　阿斯彭思想节（Aspen Ideas Festival），发起于 2004 年，举行地位于美国中西部的科罗拉多州的阿斯彭，被业界誉为"美国的达沃斯论坛"。

如何创建公司

关于创建公司的建议和指导充斥着这个世界——相关课程、书籍、博客和文章等，仿佛提供了一张路线图，指引我们创建下一家谷歌公司。此外，旨在通过税收激励、拨款补助及培训等措施，实现创业简单化的非营利项目和政府倡议同样为创业提供便利。虽然这些资源提供了一些实用工具，帮助我们启动商业项目，但是它们往往忽略了一条关键信息——创业与个人情况息息相关。

创业有风险，最终极有可能以失败告终。根据美国小企业管理局的统计，在美国每年新创建的大约 700 万家小企业中，半数企业的寿命不足 5 年，只有 1/3 的企业可以生存 10 年及以上。承担此种风险，需要创业者坚信自己的想法，同时制订清晰的计划。

志向远大的创业者应该思考：

> 我当前正在解决哪个问题？
>
> 当前为何必须解决此问题？
>
> 为何我和我的团队是解决此问题的合适人选？
>
> 我愿意承担多大的风险？

假如商业计划无法成功，我是否在思想和心理上做好了准备？

提出这些问题十分重要，因为创办公司将耗费巨大精力。下班并不代表着工作结束，因为你会时刻挂念自己的公司。有时候，创始人和企业之间可以画等号，因为作为公司创始人，你必须十分坚信自己的想法，并且不惜倾己所有使其成功。

此部分描述了我和我的联合创始人创建鲁特搬迁的过程。首先，我们有了某种想法，再吸取技术，然后筹集资金，最后推出产品。然而，由于每个人面临的情况不同，创业并没有定律，所以，勿将我们的经历看作一张"行动路线图"，而是将它视为一份各种可能性事件的集合。我们并没有做到事事完美，同样，你也不能保证每件事都没有纰漏。

鲁特搬迁的开始

2013 年夏，我结束教学工作后，立即前往旧金山，尝试与三名朋友一起创办公司。这次搬家几乎横跨了整个美国，我意识到一个问题，如果将我的物品从东海岸搬到西海岸，花费的成本和时间高于我所搬运的物品的总值。所以，我选择在搬家之前设法卖掉自己的家具，至于无法卖掉的东西，则放到路边。抵达旧金山之后，我在宜家购置了新的家具，却发现与自己丢弃在路边的家具无甚差别。因此，我感觉整个搬家过程既浪费金钱又浪费资源。我开始与三位朋友——比尔、珍妮和瑞安谈论这段经历，他们从东海岸搬到西海岸时，也遇到了类似困扰。他们三个就是后来公司的联合创始人。

在接下来的数月里，我们不断地探讨这一问题，随后开始调查市场：人们如何出售二手家具？如何购买家具？买家和卖家都感到头痛的问题是什么？被人们遗留在路边的家具后来去了哪里？

分析后我们发现，人们既有的选择方案欠佳——价格高昂、耗时且破坏环境。扔在路边的废弃家具往往被丢进垃圾填埋场，而家具是垃圾场数量第二多的废物，仅次于食物垃圾。

因此，我们开始思考是否可以让人们更加便捷地出售家具，从而鼓励循环利用，而非直接进行废物处理？如果有一家信誉良好的公司上门服务，打包你的家具，并且帮忙出售，是不是一个很好的主意呢？或者说，我们是否可以让人们更加方便地装饰新家，或是添置新沙发呢？如果将装饰方案陈列在某一快捷的在线网站，是否可行呢？

我们的策略

我们让更多的朋友、家人一起检验了这个想法，并举办了几次小组讨论会。就我们的商业模式展开数次辩论之后，我们决定，要使我们的创业项目成功，首先需要筹措资金租赁仓库，然后注册为合法公司。我们在 Indiegogo 众筹平台上推出了鲁特搬迁，从朋友和家人处筹资 15 000 美元，租下第一间仓库。为了顺利地实现我们的商业模式，我们需要一间仓库作为存放点，放置我们从卖方取来的家具，随后将这些家具运送至那些通过我们的在线交易平台购买家具的买方。卖方按售价的一定比例抽成，而买方可以购买高质量的二手家具。同时，买方不必通过分类信息网站向个人卖家发送电子邮件，从而避免在沟通交易事项时的麻烦。然而，通过合法手段进行商业运作之前，我们必须创建企业实体。

注册公司

创业过程中有些步骤不那么令人兴奋，但对于公司的长期良好发展而言极为重要。创业初期，应抓住时机，以合适的途径成立企业实体。为此，你通常需要咨询律师的意见。除此之外，许多在线网站，如 Stripe Atlas 和 Clerky，也可以帮助你完成成立公司的基本文书工作。提交公司注册文件以后，还有些关键步骤需要进行——开设商业银行账户及办理保险。对于具体跟哪家银行或保险公司合作，最好的判断方法是与多家银行和保险经纪人交谈，了解他们的专业能力，评估他们是否与同类公司实体有过合作经历。而当你开始雇用员工时，你必须要制定工资体系和财务系统。

筹集启动资金

如前所述，通过律师事务所完成公司注册所需的文书工作之后，我们决定借助 Indiegogo 众筹平台筹集资金。人们可以通过这个平台出资，以期获取相应所得。首先，我们拍摄了一段视频，嵌入到我们的筹资计划页面，然后将其发布。我们向朋友和亲戚们群发电子邮件，把我们刚刚起步的商业活动告诉他们。同时，在社交媒体上发布信息，描述我们当时正在开展的业务。在两个月时间里，我们筹得了 15 000 美元。此后，我们在旧金山多哥帕奇社区找到了一间仓库，面积为 100 多平方米，每月租金为 2000 美元。我们需要填满这间仓库，而此时距离我们推出自己的网站只有四周。

商业模式

要处理家具的人是否愿意把家具交给我们来获得我们承诺的收益呢？我们在多家第三方家具出售平台上联系到了一些欲销售家具的人，然后验证了这些想法。我们告诉他们，我们将上门抬走他们的旧沙发，然后出售。事实证明，这种方法成功了。消费者们非常高兴由我们处理这一过程，他们选择冒险相信我们这家新公司。

我和其他联合创始人从搬家公司租了一辆卡车，驱车跑遍旧金山，到各个家庭中取走他们的家具。我们在狭窄的楼梯间搬运沙发，穿过狭窄的门廊将餐桌抬到室外。由此，我们了解到搬运家具是多么艰难、多么令人沮丧的事情。然后，我们与同样对买卖家具感到苦恼的消费者交谈，来了解如何让买卖家具的过程变得更加轻松。两周之中，我们的仓库内堆满了家具。我们花费数天，每天工作很长时间，给所有家具张贴标签，拍摄专业水准的照片，张贴宣传材料，为网站上线做最后的准备。

2013年10月1日，我们自己的网站上线了，接下来就是等待。在第一周即将结束时，有人希望买一张桌子。他不确定自己是否应该使用我们的网站，所以他询问我们是否可以送货上门，他将会支付现金，我们同意了。我们从卡车上卸下桌子，搬到消费者家里。交易做成，我们几个创始人在屋外的人行道上举手击掌、互相拥抱——终于有人购买我们出售的家具了！

在接下来的数月里，我们遭遇了更多挑战。我们忙于搬运家具、升级网站、管理后勤及安排取货和送货，感到焦头烂额。所以我们决定雇用专业搬运工，但是这些搬运工收费不菲，这迫使我们做出了一个关键决定——我们必须拓展业务。这需要资金支持，而我们并没有这些资金。那么，要解决这些问题，我们是否应该向银行贷款？是否要放缓业务发展步伐？是否要寻找投资者？

接触 YC——筹集资金时应考虑哪些事

情急之下，我们向 YC 提出了加入申请。YC 是一家位于硅谷的科技加速器，向初创企业提供资金支持，并且提供为期 12 周的培训。数周之后，我们收到一封邮件，告知我们将与 YC 创始团队面谈。我们来到山景城，坐在 YC 创始团队面前，激情洋溢地介绍我们的业务。十分钟面谈结束之后，我们返回旧金山。不确定面试结果如何，我们一下午的时间都在北海滩散步、喝茶。晚上，当我们在屋内看电影时，我的电话铃响了。YC 的联合创始人保罗·格雷厄姆在电话另一头，称我们获得了加入 YC 2014 冬季孵化项目的机会。

　　加入类似于 YC 的初创企业加速器并非开拓业务的唯一途径，但在当时，这条路完全行得通，因为我们处于一个规模巨大的市场，而我们面临的难题可以借助科技解决。否则，我们必须获得大量资金及科技投资者的支持。虽说如此，加速器并非创业的唯一方法。许多成功的公司都是自力更生，它们并没有筹集大量资金，而是以更缓慢的步伐发展，持续壮大。有些公司的创始人则选择银行借贷。一旦生产出的可行产品已经达到可销售的最小量，并且已经得到了一定消费者的支持，请认真思考你希望发展何种类型的业务，以及你认为最快多久可以扩展规模，为融资类型的选择提供参考。

　　作为公司创办者，你要思考，为了实现业务发展，如果要出让股权的话，你愿意分割多大比重的股权，这一点也至关重要。获得投资者的资金支持，意味着你必须出让部分股权，在许多情况下，这也意味着你必须在较快期限内实现业务量的增长，否则就要承担某种后果，此种金融结构并非适用于所有公司创办者或者所有类型的企业。另外，条条道路通罗马，所以确定哪一条道路适合你，以及你当前正在发展哪一种类型的业务，对公司的长远发展至关重要。

在 YC 的帮助下，我们更专注于做为自己正名的事情，我们也很清楚这样做的原因。同时，它向我们提供了必要资金，为我们节省了时间，如此一来，我们得以发展业务，证明自己推出的产品和服务正是人们希望购买的。在 12 周的时间里，我们在工作时间拜访 YC 的伙伴，参加周二晚宴，同时分析公司营收增长（每周增幅大概为 10%）。我们还在投资者面前洋洋洒洒宣传鲁特搬迁。两周之后，我们收获了 280 万美元的种子轮融资。借此，我们有能力租下另一间仓库，继续扩张我们的业务，并就此开启了一段困难、惊险、疲惫但又精彩且愉悦的旅程。

重要建议

创业过程既激动人心又令人满足，同时充满风险，令人身心疲惫。假如你愿意投身创业，那么，你应该做到以下几点：

（1）清晰地了解该特定问题和市场，包括市场规模和潜在竞争对手；

（2）开发、测试产品；

（3）与消费者交谈，基于其反馈对产品或服务进行调整；

（4）找出适合业务发展的最优路径。

如何思考公司的规模性发展及业务拓展

2013 年，YC 加速器的联合创始人保罗·格雷厄姆写了一篇名为《做未成规模的事情》的文章，与 YC 合作的一些创始人们后来学习和吸收了这一理念。根据这篇文章，在一家公司的初步成长过程中，某些最重要的部分必须"人工"完成，机器人无法取代。对于我们而言，做未成规模的事情意味着我们必须不断同用户交谈，想尽办法取悦消费者，搬运家具，摄影，安排行程和路线，提供消费者支持服务等，直至当我们拥有足够的客户而自己无法继续单独完成上述工作。作为公司创办者，这让我们得以更好地了解人们如何使用我们的产品，并最终找到合适的产品市场。

在鲁特搬迁创办初期，当我们把物品运送错误或者货车晚点时，我们会及时解决问题。我们就是搬运工，我们要驾驶仓栅式货车搬运新沙发、油画或餐桌；我们要拍照，在仓库空间内布置临时摄影室，搭配白色背景，拍摄时尽量凸显二手家具；我们安排每一次行程，每天花费数小时规划高效的提货和交货路线。而当消费者的体验并未超出预期时，我们会竭尽全力感激他们的宽容，或是赠送纸杯蛋糕、鲜花，或是写感谢纸条。

在业务发展的初级阶段，完成这些任务令人筋疲力尽，有时候甚至令人难以承受。我们都未接受过家具搬运、拍照或客服等相关培训。然而，做这些看上去不重要的事情，让我们知晓消费者如何使用我们的产品，借此，我们知道了他们的好恶，了解了应该如何持续改进自己的产品和服务。做这些尚未成规模的事情，反而使自己的业务不断扩大规模。

扩张

扩大公司规模并非易事，或许比创办公司还要艰难。即使公司已经起步，初始资金也已到位，但要说成功还为时尚早，创始团队需要做的事还很多，要走的路还很长。

种子轮融资结束大概六个月后，就在我们第一个仓库所在的那条街上，我们另找了一个大些的仓库，还聘用了运营助理、客户支持、工程师及市场专员，组建成一个小团队。在与投资者探讨之后，加上公司在旧金山发展很好，我们将目光投向北卡罗来纳州的罗利市，决定在那里进行第一次扩张，进军新市场。我们的团队成员也增加了，从 16 人增加到 26 人。由于彼此之间会有时差，所以我们需要着手优化跨团队沟通流程。

我们尝试了很多办法，如频繁举行例会、全员大会，制定沟通规范，以及用各种各样的方法设定目标。随着公司规模进一步扩大，我们又进驻北卡罗来纳州的夏洛特市，几个月后又进入佐治亚州的亚特兰大市，公司团队愈发壮大。每次扩张我们都觉得之前建立的流程又被打破了。

这一年半的时间里，我们的团队人数从 16 人发展到 205 人，业务扩展到 7 个城市。在筹得种子轮融资之前，我们长时间待在仓库里，觉得每天都很漫长。但等到公司步入正轨，我们总觉得一周 168 小时都不够用。身为创始人，我们要协调跨团队沟通，尽可能让所有人达成共识，让每个人感受到公司的支持；我们要解决空间不够的问题，处理消费者服务中的问题，还要不断应对阻碍公司持续发展的技术及非技术流程问题。

我们的团队在不断地学习，就像我们这些创始人一样，不断地去适应职务变化。公司处于成长阶段，员工的职务往往会频繁变换，他们会因为其他地方人手紧缺而不得不放弃原来的项目。在成长阶段，公司显得很不稳定，变化频繁，大家难免觉得左支右绌。

因而，在成长阶段，创始人应考虑为员工营造一个开放的空间，好让他们谈谈公司的变化。在鲁特搬迁，我们要求地区经理筹备团队活动，让每个办公室的员工能抽时间聚一聚。我们每月还召开全员大会，不仅让每个人能从管理层那里获知组织调整的最新动向，还能就未来的规划进行提问。我们的管理团队会鼓励跨部门合作，动员全公司员工参与各类项目的协作。这类流程或活动并非十全十美，实际上，改进的空间还很大，但它们能使飞速成长的公司更有凝聚力。

作为创始人，公司规模扩大意味着我个人的工作重心会发生变化。我不再单打独斗，相反，我既要给公司提供战略方向，又要指挥团队把战略落到实处。我的生活被无数会议、签到及出差填满。学习如何管理两百多人的团队是一项技能，而这项技能的提高是需要时间的。当然，为了掌握这项技能，我也犯过很多错误，但我从错误中总结出了一些经验，以下是公司进入快速发展期后需要注意的几点问题。

创始人要明确知道自己能够及应该以多快的速度来扩张公司。

公司扩张速度决定你吸收额外投资的时机，一旦你决定开始扩张公司，请思考这对你个人而言可能意味着什么：是不是得管理一个更大的团队？每天的生活会发生什么改变？需要了解哪些你尚未知晓的事物？如何才能减少知识盲区？由此可见，有一个能支持你的导师或能训练你的培训师是很重要的。

公开讨论公司规模扩大一倍、两倍、三倍甚至更大时可能带来的变化。

此时，公司成员的角色分配可能发生变化，部分团队成员可能要承担更多的责任，每个成员可能不认识其他同事。跨团队合作虽然很重要，但可能会变得更加困难。因此，我们应倾听团队的建议，找到减少过渡期困难的办法，与其他创始人探讨，向他们学习行之有效的应对之策。

形成团队传统（如每周进行"快乐一小时"活动或举办团队聚餐），建立跨团队沟通规范。

传统与规范能让每一个人觉得自己属于同一团队，哪怕他们工作地点不同。例如，我们用通信软件 Slack 来分享文章、照片和行业相关信息，让各团队都能掌握公司和行业的动向。

致力于不断改进。

应对频繁变化的事物，犯错在所难免。把"不断改进"打造成企业文化，让大家乐于承认错误并直面挑战，这能让你更自如地应对每一天，专心经营公司，使其更好更强。

第 4 章　产品测试

帕特里克·斯莱德

——赛欧尼克公司联合创始人

这章非常适合技术型创业者阅读，当然，非技术型创业者也可以从中看到技术型创业者是怎样思考并与非技术型创业者合作的。很多技术型人才决定创业是因为他们研发了某种颠覆性的技术，或者大幅度改良了已有技术，想将其产品优化并创立自己的公司。帕特里克的公司制作了假肢手，价格比市场价格低很多。很多技术型创业者都有独一无二的技术，但怎样把这些技术转化成人们会购买的产品？怎样将产品商业化？怎样找到自己的市场？怎样在不找投资人稀释股份的情况下继续进行产品的研发？这些都是他们所面临的主要问题。帕特里克不但通过参赛获得了大量商业奖金，而且得到了斯坦福大学和美国国家科学基金会的支持，我特地询问了他是如何从一个学生转变为一个成功的创业者的。希望正在上学的读者、技术型创业者和非技术型创业者都可以从这章学到怎样将一项技术变成成功的商业化产品。

人物简介

帕特里克·斯莱德（Patrick Slade）是赛欧尼克公司（PSYONIC）的联合创始人。赛欧尼克公司是一家生物科技初创企业，致力于开发低成本的精密假肢手，为世界各地的截肢患者服务。帕特里克位列 2016 年《福布斯》卫生保健行业"30 位 30 岁以下青年才俊榜"，是科扎德新创业大赛（Cozad New Venture Competition）的获胜者，也是三星创新奖（Samsung Innovation Prize）的获得者。他的发明提高了世界截肢人群的生活质量。目前，他在斯坦福大学攻读硕士学位，专业是机器人学与机器研究，其研究不仅得到美国国家科学基金会的支持，也为其赢得了斯坦福大学的奖学金。

如何创办公司

不同公司的创始人有着不同的背景，具备的商业经验有多有少，其中有些人和我一样，是产品导向型的创业者，我们先在实验室里发明某样东西，或有了新的发明灵感，然后才试着把东西或灵感做成产品，投入到市场中。对一个几乎不懂得如何创办和运营公司的年轻人而言，最重要的是要持开放态度，乐于接纳和学习新事物。

与客户建立联系

明确公司目标定位，首先要做的是同其他人联系和交流。创办公司并非难如登天。无论是谁，只要有几百美元，并会使用互联网，就能够创办一家公司。难点在于找出急需解决的问题，为你的产品或服务创造有效的市场，也在于联系同样感兴趣并能与你组建团队的人，还在于调查将产品打入市场的实际方法。

你能做的最重要的事，特别是在公司成立初期，就是找到那些在你感兴趣的领域工作的人并与之交谈。在我们参加的第一节创业速成课上,我们列出了一个40人名单,都是假肢行业的人。他们要么会直接购买我们的产品,要么能帮助我们开发假肢手。因为我们致力于革新技术,所以,列出的名单上囊括了临床医师、修复学家、截肢患者及能大量销售假肢的公司。为了找到这些人,我们几乎将各大网站翻了个遍,列出了一张长长的清单,记下查阅到的一切信息。多亏这项调查,我们找出了全国各地有名的修复学家和上肢门诊。我们动用所有资源,把自己推荐给名单上的那些人。有人引荐固然是好,但我们发现,对于名单里的大多数人,除了发电子邮件或打电话联系外,我们别无他法。

我们加快搜索和电访,在一周内完成了任务,虽然一开始并不容易,但那段时间成为公司至关重要的转折点。通过调查,我们确定了患者和修复学家使用现有装置存在的问题,从而确定了发展重心。此时,我们发现了新的市场需求,这和我们最初的思路完全不同。于是,我们对业务安排进行大刀阔斧的改革,并转移了技术工作方向。一开始,我们想销售的假肢手是由肌肉控制的,成本极低,可使用3D打印,现货出售,定价在200美元左右。但打了那40通电话后,我们发现,虽然低成本假肢手的确有市场,但市面上的假肢使用不耐久,3D打印出来的假肢手耐久度还不如市面上的产品。

明白这一点后,我们调整了产品定位:还是低成本,但上调至同类产品成本的10%,而不是最初设想的1%;假肢材料选用硬橡胶和塑料,以便提高抗冲击强度和弹性顺度,功能更接近人肢。做出调整后,我们发现人们对我们产品的兴趣和支持度大幅提高,因为这些产品的特性是他们真正需要的。此外，无论是与相对耐久的高级假肢手还是充当假肢手的廉价钩子相比，我们的产品都有相当强的竞争力，所以产品受众也变得更为广泛。定位一经调整，市场反响特别强烈，我们收获了一批客户，他们希望我们能在产品上市时通知他们。

致力于开发最简单的产品和业务

既要乐于接收新信息，又要学会把注意力集中在"核心问题"上，以使产品能满足终端客户的最低需求。人们常常给产品添加不必要的元素，并不去改变产品的功能或目的，尽管这些冗余的元素可以带来些许利润，但最终会耗费更多时间，分散你的精力，使你无法迅速检测和重新设计产品，延缓产品上市的时间。在拨打最初那 40 个电话时，我们有很多灵感，想给产品嵌入各种感应器，加一些酷酷的附加装置。想想看，如果给假肢手加些钢铁侠般的装置，配置尽可能多的小工具，多诱人啊。可我们很快就意识到，加上这些额外的元素会花费不少时间，但能从中获益的患者却不多。由此可见，在听取他人建议的时候，要学会分辨哪些建议才符合终端客户的需求，哪些建议才能解决他们面临的主要问题。

考虑公司的发展方向时，还有一件事同样重要，即设定具体目标。你得选择要创办哪种类型的公司，决定组建何种顾问委员会，联合创始人又如何分配股权等，这一切都不容易，如果你没有经验，那就更棘手了。有了创业的念头后，我们做的第一件事是参加初创企业集训班。这些课程讲述了史蒂夫·布兰克（Steve Blank）推广的"精益商业模式"的基本原则。课程节奏很快，鼓励人们投身实践，亲力亲为。我们觉得很不错，所以直接把这种模式引入公司。课程开始一个小时后，我们把画着商业模式的便条纸贴得满墙都是。参加周末集训班的好处在于可以咨询导师，从他们那里得到一些反馈，并弄清楚公司要如何才能让终端客户接受产品，持续赢利，获取材料，与雇员互动，以期在短时间内达成目标。除了这类课程，你还可以从很多地方学到这些：你可以在优达学城（Udacity）①等网站找到类似的免费课程，可以购买相关书籍，可以利用周边学校或城市的课程或夏令营，还可以直接联系有经验的商业导师。请谨记很重要的一点：不要畏惧与他人接触。

无论是进行陌生电访给产品做宣传，还是向专业人士寻求商业或某种技术建议，在我用礼貌而有趣的方式提出问题后，人们表现出来的友好与热情总是出乎我的意料。在发邮件或电访时，我们会先自我介绍，再告诉对方我们正在做研究，想开发价格低廉的假肢，造福全球各地的截肢患者。这样的热情和宗旨使我们获得了莫大的帮助，我们由此收到了很多建议和支持。当时有位行业顶尖的修复学专家来到公司所在地发表非正式讲话，我们就去找他谈了谈，结果正是这次接触，使我们得以与一个非营利性

---

　　① 优达学城是由塞巴斯蒂安·特伦创立的营利性教育组织，提供大范围网络开放课程，现已入驻中国。

的修复学团体合作，并多次与该团体前往厄瓜多尔开展大量测试工作。虽然与该团体接触的上肢截肢患者并不多，但它很欣赏我们的想法和热情，所以帮我们联系患者和测试资源，以便我们验证自己的设想。

创造性地解决问题

起初我们把产品当研究来做——为了尽快获得初始模型，我们一股脑儿扎进开发和迭代①过程中。但到了检测和生产阶段，简直成了噩梦。为了生产一批数量超过 1000 的假肢手，要购买注塑模具，也就是说，我们需要投入 5 万美元——这几乎要用掉我们手头的所有资金。而且买了模具后，为了保持损益平衡，我们就必须售出至少 1000 只假肢手，然而我们当时根本不具备如此强的生产能力，所以我们转寻更灵活的办法。

在与一些设计工程师和机械师探讨之后，我们决定以室内生产为主，用橡胶成型零件亲自制造产品，借助成型技术来实现产品的小规模生产。这样一来，虽然生产初始成本增加了，但模具产生的间接成本几乎为零，而且生产数量可以是任意的，无论生产 1 只还是 1000 只，成本保持不变。虽然这个办法未必适用于所有公司和产品生产过程，但关键是我们学到了十分重要的一点：

---

① 迭代是重复反馈过程的活动，其目的通常是为了逼近所需目标或结果。每一次对过程的重复称为一次"迭代"，而每一次迭代得到的结果会作为下一次迭代的初始值。

做调查时要去多条街道走访，根据市场情况调整计划。如果要销售 100 万件产品才能赢利，那么这个初始目标的风险未免太大了。把初始目标设得简单些，你就能更快地进入市场，观察产品销售情况，再决定是否要投入大量资金进行大规模生产。

总结

虽然无论在什么行业，要把一个想法变成一家公司都不简单，没有一蹴而就的方法，但通常情况下，其过程是大致相似的：接触在同一领域工作或可能使用你产品的人，找出他们真正的需求或困难，想出若干解决方案，进入迭代过程，继续与他人接触，检验方案的可行性，最后着眼于最根本的问题，将设计做到最简。

就创办公司这一点而言，最关键的是要接触他人，善于利用网络资源，咨询导师，参加周边学校或城市提供的相关课程。这些训练能教会你如何找出最适合的商业模式、公司结构、创收方式等。公司逐渐步入正轨后，你仍需要执行这一系列步骤——接触他人、验证设想、学习商业知识、进行产品迭代，直到找出将产品打入市场的最佳方案。

怎样开发产品

市面上不乏由肌肉控制的高端假肢手，但价格通常都在 3 万到 4 万美元，而且，如果患者不认识行业顶尖的临床医师和修复专家，也没有渠道可以购买。而我们的假肢装置可以利用机器学习算法，识别患者残肢肌肉的不同活动模式，因而能够实现市面产品的所有功能。此外，我们采用的机械设计简单而不失稳健，使产品具备和普通人手一样的握力、速度、大小及重量。但和市面产品不同的是，我们的产品使用的零件和生产流程成本低廉，因此，售价仅在 3000 美元左右，恰好不超过大多数公共医疗保险机构的最大保额。另外，我们将推出能反馈感觉刺激的假肢手，而且允许买家直接从市面购得，这可是此行业破天荒的第一次。我们赛欧尼克公司的创新产品将颠覆假肢市场的现状，减少假肢的排斥率及舍弃率。

需求发掘

确定"产品"最常见的方法是进行需求挖掘。我们在伊利诺伊大学厄巴纳－香槟分校做研究时，创造了我们的第一代假肢手。在查阅研究论文时，我们发现世界上有 1140 万人遭遇了上肢截肢，其中 80% 居住于发展中国家，而这些国家的假肢获取渠道十分有限，质量也十分堪忧。想象一下，作为一名残疾人，你的生活充斥着各种不便，明明知道可行的解决办法是存在的，却因买不起而不得不放弃，这是多糟糕的处境！所以我们将目标锁定在买不起假肢的人群，设计了价格低廉、可由肌肉控制的高端假肢手。我们精心挑选材料，避免购买价格高昂的定制部件和花费不必要的成本，随后不断改善设计和样品，检测不同版本，确保产品能满足目标客户的一切日常需要。通过这些工作，我们开发出"资源开放式"假肢手，客户可以从网上下载模型，使用 3D 打印，仅凭一只手就能把现货部件组装成假肢，而所有部件的成本仅为 100 美元。无论你在哪里，只要拥有 3D 打印机或能接收邮件，都可以独立制作高级假肢手，无须任何外力帮助，即便是截肢患者本人也没有问题。

接触关键市场参与者

虽然 3D 打印产品满足了我们在研究中发现的客户需求，但很多客户并不买账。要想让我们的技术在市场中掀起大波澜，我们认为最好的办法是将产品商业化，并学习传统医疗设备的销售方式，即让专业临床医师——修复专家来推荐产品。正如前文所提及的，挖掘市场需求的最好方法是和人交流，因此，我们给数十位修复专家和截肢患者打电话，询问他们使用和安装假肢遇到的最大难题。而在这个过程中，直接询问患者的日常生活和假肢的使用方式使我们收获最大，因为这类问题打开了受访者的话匣子，无须我们把话题引到自己臆测的需求上，他们就会自发谈及遇到的最大麻烦。我们由此得知产品需要如何改进才能真正帮助这些人，基于这一点，可以想出真正让人心甘情愿立刻掏钱的方法。

进行详尽的基层研究至关重要，所以不要害怕打电话给陌生人或发邮件给目标市场人群，虽然和陌生人接触会让我们感到不自在。最初我们试图通过现有资源来与人联系，但得到的谈话机会不多。我们很快改变策略，开始给名单上的那 40 个人群发邮件，在接下来的几天里，只有不到 20% 的人回复了我们。鉴于这种方式过于被动，我们开始采取更加积极的策略，在工作时间给人打电话，如果对方方便我们就会与之交谈，或是请求对方给我们五分钟时间面谈。一开始，这个过程并不顺利，特别是电话接通伊始，十分尴尬。

我们成功地和许多人进行交流——无论是打电话还是发言简意赅的电子邮件，这些人甚至包括知名专家。邮件的模板如下："我是伊利诺伊大学厄巴纳－香槟分校的研究人员，目前正在开发成本低廉的肌电假肢手。我们正与芝加哥康复研究所合作，由于您在制订假肢修复方案领域美名远扬，所以该所的研究人员向我们推荐了您。我们想请教您上肢修复学的一些重要问题，想来您对解决这些问题也很感兴趣，不知您是否方便接听电话呢？我们只占用您十五分钟的时间。"在邮件里提及你的工作目的和希望达成的目标，只要是志同道合的人就会很乐意与你交谈。另外，赞美对方在这方面的建树也有帮助。要记得提及你知道他们很忙，很感谢他们能抽空同你交流；要清楚你自己探讨的是什么，准备好具体问题或话题。

大多数情况下，和许多人交谈像是一种练习，能提高我们与陌生人交流的自信。我们发现与陌生人交流的诀窍是：让他们知道，他们的回答能直接帮助我们造福患者。

一旦我们表现出对他们的兴趣，让他们知道我们细致地了解过这个领域，他们就会更投入、更积极，交谈也就能持续一个小时甚至更久。多亏了这个策略，我们成功联系上了名单外的25人。最初的这批陌生电访帮助我们确定了具体要开发哪种产品，直到现在，我们还会抽出时间进行更多电访，确保自己能不断接收新信息，使产品紧跟客户需求。

简化解决方案

找到问题后，要尽可能找出最简单的解决办法，并迅速用不同想法来反复检验这一办法的可行性。一击即中，找出最佳解决方案的可能性几乎为零，所以在不断检验方案的同时，要确保不会在某种行不通的产品上耗费太多时间。现在我们的假肢手已经是第6代了，从第1代到第6代经历了两年时间。作为一个坐在电脑前，夜以继日地设计和用3D打印技术打印模型的人，我知道对倾注了心血的产品产生感情有多容易，但就算你开发出各方面都令自己满意的产品，也请切记整个团队想要什么样的产品，如果团队想要的和你开发出来的有差距，你就要调整心态去适应团队的要求。比如，我打心眼儿里不想用软橡胶做手指或手掌，觉得橡胶在设计和重复生产方面难度太大，更别提产品检测了。然而，截肢患者、临床医师甚至是整个团队都认为这是最好的选择，所以我放弃了之前数十小时的心血，开始做相应的调整。

不同产品开发所需的时间显然是大不相同的。你只需要明确一点，即和团队所有成员达成共识，设定现实的短期目标，使产品开发能保持一定的节奏，按时达成长期目标。对我们的工作而言，安排好开发时间意味着要给每种手部零件设定开发截止日期，以便产品的最终版本能尽快投入检测。

在进行机械工作时，我们会估算出解决某个问题需要的设计时间，比如手指与手掌协调工作的问题。我们还留出了制作原型的时间，预计了两次会议，一次大概在开发中期举行，另一次在完成调整后。因为开发假肢手时我们身在学校，所以时间表经常变动，参与项目的人员也是每几个月变动一次，这些外部因素让我们不得不扩大团队规模，吸收全能型人才，以便满足各种职能需求。同时，要求工作必须在截止日期内完成，否则会受惩罚。管理时间并不容易，但要尽可能高效地利用资金和资源，这项能力是不可或缺的。

我们发现，让患者参与产品故障排除和测试，花费的时间远大于预期，一般要花两倍的时间，所以现在我们把这个因素也加进时间表中，确保在承诺生产或测试下一代产品之前，这一代产品能有足够的时间进行安全检测、分析和改进。一旦你完成设计，开始购入生产模具和零部件，一份精确的时间表就变得不可或缺了。要让进入市场的产品安全高效，我们需要更多的测试和质量保证工作，这可不是简单迭代一次性模型的工作量可比的。

不让出股份的同时筹集资金

项目融资时期，我们既想筹集资金，又不想让出股份，所以参加了各种初创企业竞赛，也申请了各种补助金。通常来说，初创企业竞赛末等奖有小额奖金，冠军则能获得大额奖金。我们之所以对商业计划、技术演示和现场宣传方式进行优化，参加多场竞赛，一方面是为了改善商业计划，另一方面是想筹集资金。在比赛过程中，我们从许多商务专家和技术专家那里得到反馈，极大地改善了商业计划，优化细节，提高了定位准确度。我们还赢得了大约4万美元的奖金，有了这笔初始资金，我们可以支付各项费用，如租用实验场所、雇用员工、支付法律费用及进行技术开发等。

现在，我们争取的是更大额的补助金，我们期望能筹资25万美元。这类补助金包括美国国家科学基金会补助金、美国国家卫生研究院小企业创新研究基金补助金，资助的对象大多是研究技术开发的小企业。我们之所以利用补助金来筹资，是因为补助金是非稀释性的，也就是说，不以出让公司股份为条件。如果我们和风投资本家或天使投资人合作，他们会索要部分股权（部分股权即企业的"一部分财产"），而且会在一定程度上迫使公司转移发展重心，让公司创造更多价值，最终将公司卖出，实现投资赢利。然而，比起只在美国和欧洲市场推出一款吸引眼球的产品后迅速把公司卖出的做法，我们更想一步步发展公司，提高其全球影响力。我们的技术有望在提高数百万人生活质量的同时，为公司带来些许利润。如果将目光放到发达国家高收入截肢患者这一市场上，公司能够实现利润最大化，但我们志不在此，我们想要让更多人买得起假肢，继而独立生活，尽情做自己想做的事情。

第 4 章 产品测试

总结

对于初创公司来说，首款产品不成功便成仁。为了提高消费者立即接受产品的可能，增加产品受众，你需要找到大多数人真正迫切的需求，因此，这个需求不能是从你自己的日常生活中找出的表面问题，而必须具有相当大的市场潜力，即必须是许多人所忧心的问题，这样人们才有欲望购买你的产品。找出这么一个问题，尽可能多地去联系那些受此影响的人，或是那些研究解决办法的人，从而确定该问题是否有市场。

当你开始思考怎么解决问题时，不要在一个解决方案上停留太久，要保持开放的心态，时刻了解你联系的那些人的真正需要。要小心，因为你的直觉或对某个方案的偏好可能会阻碍产品开发，甚至偏离原型产品定位。在谋划筹资和生产策略时也要遵循同样的原则：善于倾听不同的解决方案，并和比你更清楚门路的人打交道。

最后，请记住一点，这一切都是为了提高人们的生活质量。

077

第5章　融资管理

布赖恩·鲍尔斯
——腾珀包装公司联合创始人

在读完前几章后，我们可能对创业有了更加完善的认识。你决定开始创业，你又不太可能长期脱产成立公司，那么你将面临这章讲述的第一个问题，怎样拿到投资。在和布赖恩聊天时，他分享了他融资的套路和他的秘密融资战略模版。阅读这一章后，希望你能够了解创业者融资的秘诀，加以参考并形成自己的融资方案。

人物简介

布赖恩·鲍尔斯（Brian Powers）是腾珀包装公司（TemperPack）联合创始人。他成长于美国马里兰州大学公园市，还在幼儿园时，他便喜欢向同伴兜售去月球的机票，此外，他还有两个爱好：足球和篮球。布赖恩的语言治疗师为了能让他正确发出"r"的音，教他读"entrepreneur"（企业家）这个单词。自那以后，在还没学会读这个词之前，布赖恩就坚定了当企业家的决心。他有十分支持自己的父母，还有一个出色的姐姐，在他们的影响下，布赖恩在圣约翰高中推出了名为"清道夫"的垃圾清理服务。他还和朋友（也是现在腾珀包装公司的合伙人）詹姆斯·麦科夫（James McGoff）一起成立了"纸飞机"摇滚乐队。高中毕业后，布赖恩前往宾夕法尼亚大学沃顿商学院学习金融，并在莫里斯公司（Moelis & Company）做了一年的银行投资，后来回到"现实世界"，与詹姆斯和同学查尔斯·文森特（Charles Vincent）合伙，一起启动了大学项目腾珀包装公司，并开始在该公司全职工作。公司总部位于美国弗吉尼亚州的里士满，负责设计和生产可持续隔热材料，替代原先的泡沫塑料，以包装电子商务食品和生物制药品。布赖恩现在住在里士满（Richmomd），经过大量练习，他已经能够正确发出里士满一词中的"r"音了。

布赖恩·鲍尔斯位列 2016 年《福布斯》餐饮业"30 位 30 岁以下青年才俊榜"。

怎样筹集资金并建立自己的商业模式

进行了数十场产品路演，打了数十通电话后，我们发现专业人士和首次投资者都对初创企业情有独钟，无论我们一场持续30秒的推销是否成功，这些听众都鲜有厌烦，于是我们明白了很重要的一点：可以向大众宣传我们的初创公司。人们不会因为你在让他们出钱而感到厌烦，相反，他们很可能会把你介绍给其他感兴趣的人，而那些人可能就会给你需要的资金。

如果人们觉得我们的包装公司很有意思，那么无论我们打算做什么，他们在经过一番对比后，可能都会觉得相当诱人，毕竟我们公司是在包装行业，而这行业并不十分有吸引力。腾珀包装公司是我和詹姆斯·麦科夫和查尔斯·文森特两位材料工程师一起创办的，公司的产品是可持续隔热材料，能让食物和生物制药品在运输过程中保持低温。具体而言，我们回收了纸板盒中的植物纤维，并用纤维制成的材料替换泡沫塑料的低温容器。在展示过程中，我们开玩笑说，"觉得自己跳出了盒子"，之后我们就没有任何笑料了，然而投资者还是认为值得花时间听我们讲完。虽然跟人"要钱"难免让人觉得可笑，但最终我们还是克服了这种感觉。

或许是为了弥补没有投资我们的包装产品的愧疚感，一部分人用另一种方式帮助我们——引荐。几乎每一位和我们谈过的投资者，哪怕没有投资，也会把我们引荐给其他人。简而言之，我们和别人说得越多，和我们说话的人也就越多。虽然我们公司当时刚起步，但是每做一次宣传，公司就得到了一次发展——我们要做的仅仅是向他人宣传自己。

关于筹集资金，你需要知道的第一件事就是不该筹资。筹资和自断双臂求生没什么区别，都是通过牺牲部分来拯救主体。你要做的是把开支降到最低，想方设法保全双臂——你可以和父母一起住在家里，让顾客预付产品，多与成立较久、愿意资助你研究和发展的公司合作，等等，只要是能避免不必要的开支，你就可以去做。因为你蛰伏越久，公司所获的牵引力就越大，你要牺牲的手臂部分就越少，你得以存活的概率就越高，你不会再失去双臂，更不会死去。

终有一日，你的公司会陷入因缺乏资金而举步维艰的处境。筹资没有折中的法子，你必须想尽一切办法，并做出必要的牺牲。无论是密友还是点头之交，都是我们筹钱的对象，甚至我们还会认真考虑向前任借钱的可能性，怕就怕前任真的会把我们的双臂剁下来。

第一位投资者往往是最难找到的。许多初创企业希望早期能获得大额融资，但真正可行的是，找到一个信任我们的朋友，得到一小笔初始资金，有了这片小雪花，我们很快就有了滚雪球的资本。跟投资者说"我们希望你能和其他投资者一样投资我们"

要比说"现在还没人答应投资，但是你能改变这一点"强得多。一旦你得到第一个投资伙伴，你就可以以此为媒介，向每个人甚至他们的母亲推销自己的公司。还是那句话，投资者都喜欢听推销，所以不要担心向别人展示你的梦想，即你的公司，会给他们添麻烦。投资者是不可预测的，再好的推销也未必能成功，所以要提高成功率，你的推销对象基数要尽可能大。你做的推销越多，你的收获就越多，公司就能获得更好的发展。

到目前为止，我们学到了两点：第一，投资者喜欢听你推销，所以没必要觉得筹钱不自在；第二，应该向每一个人推销自己的公司，因为你没办法知道谁会真的投资，而且每次推销都能让你和你的公司得到发展。

那么，你要怎么推销公司，推销的内容又该是什么呢？答案是：从产品解决的问题开始。你要把世界描述得又可怕又糟糕，而一切都是这个问题引起的。投资者听完就可能会想："对的，有道理，这个问题太严重了。"紧接着，你就开始推销自己的公司，解释为什么你的公司能够解决这个问题，或者为什么能大幅度降低这个问题带来的影响，然后向投资者抛出一系列事实、数据、图表，以及消费者反馈，证明你的办法确实有效。推销的主要部分应该限制在6~8张幻灯片，每张幻灯片的字词要相对简洁。

然而，你要准备的材料得比幻灯片里的内容多得多，这样一来，如果投资者动真格的，跟你玩"猫和老鼠"游戏，你就能应对自如了。一般来说，事情的走向是这样的：你直截了当陈述问题、解决方案和重要事实证据，投资者听完开始感兴趣了，但是因为有些细节你没提及，他们会觉得方案有漏洞，于是身为创业者的你陷入了两难：为了引起投资者的兴趣，你要简洁明了地描述问题，可为了简洁明了，你不得不省略一些重要细节，而缺少了这些细节，投资者会质疑那些晦涩的相关论据，这个时候附录就派上了用场。附录是个好东西，如果投资者说："我喜欢你的想法，但你没有提到如果什么（具体场景）发生了要怎么解决，我觉得这样会引起很大的问题。"然后你回答："这位先生，如果你跳到附录的第四十三张幻灯片，可以看到我们提供的数据，或许您会感兴趣。"没有什么比这种应答更让人印象深刻了。同样的数据，如果放到主要部分去展示，就会让投资者觉得应接不暇，然而放到附录里，你就能跳出两难的境地，既可以简洁地推销，又能保留所有必要的细节。

把该讲的都讲完后，表达一下你有多珍视这次机会，不用说得太复杂，却往往能取得出乎意料的效果。简明列举作为公司创办者的你曾做过哪些牺牲，未来又愿意做哪些牺牲，比如，这份工作薪酬不高，你拒绝过一份特别好的工作等。这种乐于牺牲的精神能赢得投资者的支持，因为无论是你还是投资者，都在为公司的长期发展暂时牺牲自己，这比投资者直接给你钱的意义大多了，毕竟钱不是给你的，是给公司的，钱和你一样，作用都是为公司谋发展。

如果你还年轻，正在寻求种子融资，那么你的资金来源可能是朋友、家人和天使投资人，也就是说，和你打交道的不只是金融专家，所以，你提供的证券越简单越好。我们当时的分股方式很简单，就是直接股权。但是如果你真的想发行可转换债券 ①，请确保能三言两语解释清楚，太复杂的话会把早期投资者吓跑。不过事情总有变复杂的一天，但到那时候，只要将分股方式理解透彻，你就能想办法跟投资者解释清楚。

你终于赢得了投资者的信任，筹到了资金，得以发展自己的公司，如果你没有责任感，那就马上把公司丢进各种严重非法的活动里去，榨干公司最后一点利用价值，然后卷款跑路。但对于那些有责任心的人来说，我的建议是：至少以某种方式庆祝一下。我们的某个早期顾问曾说：庆祝具有传染性，能为我们带来更多值得庆祝的机会。

庆祝之后，请时不时问自己："要怎么提升股本价值，让投资者拿到投资额 20 倍的回报？"这种思考角度往往比"怎么让自己更有钱"更让人有动力。随着你包揽公司的一切事物——从最枯燥的工作到最高级别的决策——你会发现，仅仅为了让自己更富有而奋斗，会有种莫名的荒谬感。

我要以推销的方式来总结本部分，告诉你该怎么推销，为了强调，可能说法会有些夸张。

社会上存在一个很可怕的问题，那就是，首次创业的人因为太害羞，无法向足够多的投资者进行推销。因为投资者其实是喜欢听推销的，而你推销的对象太少，就很难找到对的人，更何况，投资者还能帮你完善推销方案和业务。由于推销力度不够，创业

---

① 可转换债券是指债券持有人在规定时间内可以按照发行时约定的比例或价格将其转换成企业普通股票的债券。

者无法筹得资金，创业失败，梦想破灭，世界会因此变得灰暗，一潭死水的现状无法改变。

但我们可以做出改变，如果创业者推销力度足够大，接触足够多的投资者，就会越来越擅长推销，商业计划也能得到改善，还能在茫茫人海中找到合适且愿意投资的人。假设你接触的投资者中有 5% 的人会投资，也就是说，向 100 人推销你的公司，你就能获得 5 位投资者，哪怕这意味着另外 95 人都拒绝了你，你还是获益了。未来的创业者们，我要说的是，我特别渴望帮助年轻的创业者，因为我相信比起运营现有企业，创办新企业带来的影响要大得多，这就是为什么你要加入创业的阵营中来，成为我的朋友并接受我的建议。

怎样经营和管理公司

除了喜欢目睹公司成长，所有企业家都喜欢回溯当年独自打天下的日子，因为除了一个人单挑世界的浪漫外，创业早期还有个额外的好处——你永远不需要操心安排谁去做什么事：当时的你，既是老板，也是实习生，还是门房，万事全包。那是一段忙得焦头烂额，日程排得满满当当，不得不充当万金油的日子，所有的事情都得由你去做。可渐渐地，你就不需要包揽万事了。

成功带来了最好也最坏的一件事：现在的你需要（不得不）决定谁得做什么。这类决策带来一系列挑战，有可能让你无法集中精力处理手头的事务。你不再埋头苦干，现在的你，必须决定怎么做、谁去做、什么时候做和为什么要做（HWWW[①]）。我曾经在投行工作了一年，在那里我学到了一件事：80% 的工作就是要厘清完成工作需要的所有细节，对于管理咨询类工作，这一比值达到多少，我更是无法想象。不过，初创公司最自由的一点在于这一比值特别低，甚至接近于零。

很可能你一个人就包揽了所有工作，不需要操心谁该做哪项工作或工作该怎么完成，你要做的只是撸起袖子埋头苦干。在公司创办早期，如果有任务，比如你发了 1800 封电子邮件，收到了一个潜在客户的答复，那么你思考工作的大概步骤如下。

怎么做？你感到恐慌。然后你冷静下来。你只有口袋里的 20 美元，一台 2006 年买的笔记本电脑，半缸汽油，穷困潦倒，但仍然能做点什么。

谁去做？你的秘书。等一等，你没有秘书，因为全公司只有你一个人，所以，就是你了。

什么时候做？现在！

为什么要做？因为作为优秀的创业者，只要是可能对公司发展有一丁点儿好处的事，你都要着手去做！

如果你像我一样有合作伙伴的话（你一定得有），那即便是在公司创办初期，上述四个问题也会更复杂，但是和公司起步后

---

① HWWW 为 HOW、WHO、WHEN、WHY 的缩写。

的复杂程度相比，简直是九牛一毛。等你有了销售订单，你要考虑的步骤会陡然翻番，给你带来极大的麻烦。当你找到另外四个同样想干一番事业的伙伴，即团队成员达到五个后，要处理重大任务或项目，则非走一遍 HWWW 的步骤不可。基本上，你要做的就是分配工作，或是分给自己，或是在第一批忠心的员工中挑一位。你得列一份提纲，写出要做的事、处理的方式、让谁去做、什么时候做及为什么需要完成这项工作，而这项工作应该在其他众多需要做的事情前完成。在这个阶段，你可能不是 HWWW 的执行者，但你仍要做撰写者。你现在的首要任务是做好使工作顺利完成的安排，例如，你没有必要亲自为顾客准备文件，但你需要列出文件需要包括什么内容、设定完成时间、指派准备文件的人员等。

给别人分配任务既会让你本能地产生愧疚感，又会让你觉得愉悦。对于愧疚感，它源自你不亲自做任务，而知道这些任务带来的益处大部分都会落入你的口袋，增加你的股票价值，这使你坐立难安。另一方面，不用亲自动手自然是件很愉快的事。一旦你开始有一两个员工，第一个 W，即"谁来做"的答案，就该默认为是除你之外的其他人。新的默认答案带来的好处有：第一，你能够腾出精力，更好地处理和 HWWW 关系最大、最迫切的决策任务；第二，能训练你的员工，让他们成为你的"分身"；虽然这听着有些吓人，但这是很有必要的举措；第三，你能腾出精力检查他们的工作。自我检查固然重要，但在别人未检查你的工作之前，自己的检查都不作数。就算是知名公司或科学家，因为电子表格里看似微小的错误、幻灯片中的错别字，甚至是产品问题，造成严重后果的数不胜数。所以每一项任务都应该经历如下步骤：首先，回答 HWWW 的问题；其次，执行工作；最后，由非执行人员来检查工作。

分而治之的确能带来好处，但你要学会权衡。在创业初期，如果没有脚踏实地的辛苦劳动就没有积淀，没有积淀就没有底蕴去创新，也就没有资格加入创业游戏。但随着公司逐渐发展，你需要转变心态，因为虽然你个人能够成长，但你的成长速度和程度没有办法赶上你希望你的公司要达到的发展目标，你需要吸收成员并善加利用。

给你公司的五个成员列出 HWWW 清单，就为他们提供了工作方向。但等到员工数目到达十名左右，你就没有办法给所有人列 HWWW 清单了，也没有办法细致地检查所有人的工作，到了这个时候，你不仅没有办法包揽所有事，也没有办法安排所有的工作。意识到这一点，你就是有了自知之明，这是十分重要的。曾有位商界前辈告诉我，公司的目标应该是让你连自己在卖什么都不知道，虽略带讽刺，但确有一定道理，因为到了那个地步，公司的体系规模已经很大，没有你也能照常运转。而为了达到这个境界，你需要保护自己的时间，就像保护可爱的宠物一样。请记住，每一个投资者、消费者、供应商和员工都会试图偷走你的"宠物"。你可以时不时让他们逗一逗它，但要谨记，宠物是你的，你要亲手养大它，而不是把它拱手让人。有个好办法可以确认你有没有走偏：你现在做的事和你上个月做的事相同吗？每个月你都应列出两张清单——"要做什么"和"不做什么"。任何重复的日常都应尽快列到"不做什么"的清单里，如支付账单、发工资、和客户谈订单、低层员工招聘等，全部委派你信任的员工去做。

放权与否取决于是否有好员工，能否让这些员工成为你的分身，甚至是升级版的你。可你要怎么才能找到这些人呢？以下是些小窍门。

雇用刚毕业的大学生去做管理岗。他们的工资仅是有经验人士的一半，能力却是后者的80%。

聘请一位比你更懂得运营的运营总监。他能够帮你培训刚毕业的学生，使其能力达到有经验但没有好领导的人士的110%。

向所有员工陈述公司能成为行业龙头的原因。有了这幅蓝图，他们会动力十足，这比让他们只看到眼前的初创小公司要好得多。

只聘用想在这里工作的人。优秀员工一般有其他选择（这些选择往往给他们带来更高的薪水），但他们选择为你工作，那是因为他们不仅将这视为工作，更是人生探险。

给最初的十名"谋士"股权。少许股份就能让员工觉得自己也是创业者，这样就能让他们在充当你的分身为你分忧的同时，和你一样有动力去创新。

如果没有一定体系，就算与最优秀的人才合作，也无法把事情办妥。例行程序就像是练习，能培养人的专业性。不仅如此，它还能加强进程监测，因为你能够更得心应手地对比不同时期的成果，如会计报告或客户获取报告。最好的体系，又称标准运作流程，都有以下特征。

> 在一定程度上与执行流程的人一起制定。
>
> 白纸黑字地写下来。
>
> 被遵循，而不是被忽略。
>
> 有强制性——责任制。

总而言之，无论要做什么，你的管理分身需要根据标准运作流程来列出 HWWW 清单，并检查工作的执行情况。这样就结束了吗？并没有，我们还有最后一步：反馈。

反馈随时都可能让人不悦，无论是给予反馈的人，还是接受反馈的人。减轻反馈伤害的最好办法是就事论事，且偏重积极的一面，不要太强调消极的一面。试试三明治式沟通方法吧：先具体谈谈积极的事情，然后提出可以改进的地方，最后再大致夸一夸别人工作总体做得不错。批评会伤害人的自尊心，所以人们讨厌遭受批评，因而反馈时要注意保护人们的自尊心，同时告诉他们具体哪一点需要改进。

假设你是一家制造公司，那么你的目标就是做到自己不参与到生产中，甚至你也没必要知道产品是如何生产的，怎么保证产品及时交付。你的工作是雇用管理分身，与他们一起建立标准运作流程，确保公司是世界上最好的生产公司。

第 **6** 章 公司文化

蒂姆·黄
——菲寇记录创始人兼首席执行官

每一个成功公司的背后都有一个强大而团结的团队。当公司很小的时候，公司文化的体现也许并不明显，管理上也不存在团队不和谐影响发展等问题。从这章我们可以学到创业者如何从有一个想法，到找自己认识的人一起组建团队去创业。和蒂姆聊天的过程中，我了解到他创业过程中的几个转折点和培养团队文化的重要性。当团队为几个人的时候，其管理模式与上百人团队的管理模式非常不同。我们能够借鉴蒂姆的经验去加强自己团队初期的管理，以便在扩张后仍然保证自己团队的和谐并延续自己的领导地位。希望每个创业者能够了解一个公司从小到大的过程中可能会遇到的问题，以及用哪些方法可以防止这些问题的发生。

人物简介

蒂姆·黄（Tim Hwang）是菲寇记录（FiscalNote）创始人兼首席执行官。菲寇记录是一个实时法律分析平台，它运用人工智能和自然语言处理，来帮助全球组织掌握政府风险和了解法律。该公司现在为一些世界上最大的、具有极大影响力的律师事务所、法律部门和政府提供支持。凭借蒂姆的技术和来自马克·库班、杨致远、史蒂夫·凯斯、恩颐投资（NEA）、人人网等超过3400万美元的融资，菲寇记录使全球各组织在处理立法、规章、法庭案件方面发生了革命性改变。

在硅谷的六号旅馆（Motel 6）中创立菲寇记录之前，蒂姆是从政人员。他16岁就成为奥巴马2008年大选的现场活动组织者。一年之后，他当选为马里兰州蒙哥马利县教育董事会成员，负责审查22 000名公职人员超过40亿美元的预算。蒂姆也是拥有75万名成员的美国国家青年协会的主席，还是Operation Fly公司的创始人，该公司是美国官方认证组织，致力于为全国处于市中心贫困区的孩子们提供帮助。

蒂姆24岁时，位列2016年《福布斯》法律政治领域"30位30岁以下青年才俊榜"，其公司入选美国有线电视新闻网（CNN）"十佳初创公司"、商业内幕网（Business Insiders）"最热25家初创公司"等。他毕业于普林斯顿大学，现已被哈佛大学商学院录取，但推迟入学。他还是世界经济论坛的技术带头人和华盛顿特区经济俱乐部成员。

如何创立公司

促使我走上创业之路的，开始是激情。我不是特别清楚自己何时开始有了对政治的热情，对于政治系统有热情和活力的最早记忆是在 2000 年，时任副总统戈尔和州长乔治·布什竞选总统职位。当时，大选的信息反馈源源不断涌来，我不顾父母的反对，彻夜不眠地数选举人团的票数，埋头分析佛罗里达州激烈的竞选斗争。虽然那时我刚刚上小学，但那晚人们谈论两个选举人的激情和活力，燃起了我一生对政治的兴趣。

在整个初中和高中时期，我慢慢使自己沉浸于政治之中。开始只是参加学生政府竞选、参与当地国会竞选的相关工作，以及在当地法庭做志愿者等。无论是与选民谈论他们对教育系统的担忧，还是听那些认为自己的选择越来越受限制的少数群体讲故事，每一次经历都加深了我从政的渴望。随着年龄的增长，我明确了自己从政的想法。

高中时，几个朋友提出为当时身为参议员的奥巴马竞选总统"助力"。那时候，奥巴马参议员在民主党全国代表大会演讲后势如破竹，举国上下越来越兴奋。但是考虑到初选的情形，竞选成功的机会比较渺茫，即使如此，我们许多人还是果断行动，加入大选活动，并成立了我们认为的美国历史上发展最快的初创公司。

为了大选的胜利，我们兢兢业业，激情满怀，在现场做数据运营方面的工作，睡在教堂的长凳和比萨盒子上。不久后，得益于这些经历，我参与了马里兰州蒙哥马利县（美国第 13 大区）教育董事会的竞选，成功当选为那里的官员。在那之前的大选日，我知道了这才是我热衷的事情。

没有风险，一切皆值得

我坚信，创立一家优秀的公司，源于创业者最初热衷于解决问题的动力。虽然之前我一直在参与政治活动，然而在 2010 年，我还是进入了大学，这是由于党派僵局自那时开始左右政府，这使我失望透顶。正是那时，我开始寻找其他方向，技术就成了我的不二选择。对我而言，技术可以确保我关心的一些领域迅速得到改变，包括卫生保健、教育、政治透明及法治。

在这些想法的驱使下，我拉上两个高中的朋友，决定一起开一家公司，对我们热衷的领域进行钻研，深入了解政府和其他机构在理解联邦政府政策变化方面所面临的问题，因为这些变化会对它们造成一定的冲击。我在教育董事会工作的时候，学校系统不能很快解读我们遇到的挑战。无论是《不让一个孩子掉队法案》《共同核心标准》的系列变化，还是预算和课程限制，各大机构对于这些事情的政治进程往往毫不知晓。因此，帮助各机构提高政治理解力是亟待解决的问题。我们决定创建一家互联网公司，将所有影响全国各机构的法律法规收集起来，运用人工智能分析它们对各公司和机构可能产生的影响。

2013 年夏季，我们自己筹集了 2000 美元和一些其他经费来到硅谷。那时，我们都只有 21 岁，不知道自己在做什么，但我们知道，提高政治理解力是一个值得解决的问题。我们像一些年轻企业家一样孤注一掷，告诉自己没有什么时候比 20 岁出头的年纪更适合开公司了。没有抵押贷款，没有家庭压力，没有沉重的债务负担，我们已经很幸运和备受眷顾了。由于失败的风险很小，而潜在回报很高，我们毅然开始了创业的历程。

投入工作

菲寇记录早期的工作主要集中在三件事上。第一，我们需要建立一个恰当的原型，以核准解决方案。具体做法是，我们建立起一个网页应用程序式搜索引擎，通过该搜索引擎，可以收集美国 50 个州的立法机关和议会的立法。第二，通过电话，尽可能找各种机会，验证分布模型和市场信息。第三，在人力市场进行招聘，试图找到有兴趣为我们的目标而努力的人，并将其引进核心团队，帮助公司科学运营。铭记这三件大事，我们就像新手一样开始工作。

我们在加利福尼亚州森尼韦尔市高速公路旁的六号旅馆开店，

开始设计、编码、打电话和招聘。为了公司的起步，我们夜以继日地工作，一周工作 7 天，每天工作 14 个小时。我们跟自己竞赛，以证明我们所想的一切都可以实现。我们知道，如果不能在几个月内发掘市场，公司就不得不关门大吉。

第一个月，我们建立了基础网页应用程序，可以搜索全国各州立法，之后又投入大量时间进行招聘，以及解释类似解决方案的价值和前景。构建一个这样"大胆"的平台面临很多挑战，为此，我们花费大量时间完善最小的可行产品，而这一切会平衡不稳定的现金状况，并让我们在客户面前尽可能完美地描述我们的解决方案。回想起来，其实公司最初仅仅是要和一群热衷于解决问题的大学生一起生存下去。

公司创立的四个月里，在完成三件头等大事后，我们开始进行种子轮融资以进一步发展公司。我们联系到了马克·库班，他立即回应了我们，表示对这笔交易十分感兴趣。后来，杨致远和恩颐投资公司投入 130 万美元，这轮融资圆满结束。再后来，我们又从史蒂夫·凯斯和人人网等处筹集了资金，他们都因为我们正在做的激动人心的工作而向我们施以援手。

考虑到公司需要接近客户，我们将总部搬去了华盛顿特区，后来公司扩大到在全世界拥有多家办公地和数百名员工。我们从不回首过去，而是以一如既往的职业道德和动力继续砥砺前行。

如何运营和管理公司

始于文化

在菲寇记录，我们首先做的事情——甚至在产品愿景完全成型之前——是早期员工和创始人坐在一起，讨论我们到底要成为一家怎样的公司，我们平衡工作与生活的哲学是什么，我们要找的是怎样的员工，我们理想的工作场所是什么样子。对这些问题的思考使我们在创立公司的第二阶段容易很多，这得益于我们拥有的一系列价值观在我们做决定时成了指导原则。

我们决心成为这样一家公司：要寻找那些事事追求卓越的人；成为一个开放而富于创造力的工作场所，即使不会屡屡成功，依然重视风险承担和实验；决心让我们的员工感觉他们是公司的主人，完全像在经营家族企业一样；希望员工注重细节，对所负责的工作兢兢业业；让所有员工感觉他们对公司所有的工作都了如指掌。基于早期人事招聘的成败经验，即使公司已经起步，我们仍一直讨论并不断完善着我们的价值观和文化。

我们铭记着公司的核心价值观，开始建立公司面貌的初始框架。我们首先定义了公司的核心价值，在告知员工公司运营原则的前提下，让他们尽可能参与决策。雇用员工的时候，我们保证流程合理，从而确保未来的员工在这一环境里感到舒适和有赋权感；制作产品时，我们保证公开透明、注重实验；扩大公司规模时，我们使所有人拥有对垂直行业的主人心态和自我责任感。这些核心原则使员工们对公司未来的发展道路有了清晰的认识。

管理培训

一旦公司员工达到 40 人左右，你便会迅速发现，除非投入资金到公司的方方面面，否则不可能实现全面监督。在公司成立初期，我们还能召集所有人一起坐在一个房间里交流公司的价值观和发展进程，谈谈我们还需要完成的目标。然而公司规模扩大后，我们越发觉得应当投入大量时间管理培训员工，这一点需要我们所有管理者学习。

管理是一种技巧，我们会教管理者一切基础知识，从如何更好地开例会（这是我们最常做的事），到在拥有高度创造力和独立性成员的团队内推动绩效和问责观念。当公司规模达到 150 名员工的时候，对管理的投资就更为重要了。高层管理人员不再那么依赖人际关系（不再需要记住员工的名字），而是更加重视不同部门管理者之间的协作。公司规模扩大会面临许多的挑战，包括随着团队不断扩大、愈加复杂，要保证公司职员一如既往的责任观念和一致性。

俗话说："员工辞职不是因为工作本身，而是想离开自己的上司。"得益于公司早期的规范化管理，我们制定了统一的管理标准，能够应对公司迅速成长过程中不可避免的摩擦，在实践中不断强化公司文化和价值观。时至今日，公司的进步很大程度归

功于我们对菲寇记录在设立统一管理标准方面投入大量资金这一
举措。

适应过程和沟通

我们在菲寇记录经常召开全员大会，这体现着蒸蒸日上的科
技企业不断发展的本质。不到 10 人的时候，我们一周 7 天，每天
上午 10 点在办公室开会，一起评估工作进展、交流想法。当然，
任何一个经营过初创公司的人都清楚，战略会议很快就会变得笨
拙而低效。但如何能在维持同事情谊的同时追求效率呢？应该每
周、每月还是每季度开一次会呢？我们最终将会议频率从一周一
次变为两周一次，外加每季度一次全体会议，但这种会议安排很
可能在未来几个月再度变化。

在菲寇记录，我们学会了在公司的发展过程和平时的沟通中
渐渐适应。公司规模达到 200 人时与只有 10 个人时状况截然不同，
自然需要在自身的发展中慢慢适应。公司发展到每一阶段，我们
都需要重新审视发展进程和员工之间的沟通方式，且有必要从产
品开发到性能评估过程中，在公司发展和分配两方面平衡可预见
的发布周期。

这才是创立公司的乐趣所在：随着公司规模一步步发展壮大，
每天都能面对新的挑战并学有所得。

第7章　融资估值

汤姆·布拉迪

——天眼公司联合创始人兼首席技术官

提到融资，我们可能会立即想到很多繁杂的报表、难以阅读的数据，以及不明其意的名词。看完了网上各路名士给的融资建议，发现自己仍然不知道怎么融资。在这章中，我问了汤姆他的公司是如何融资的，尤其让汤姆解释了每一轮融资的目的、融资数目的大小，以及如何对自己的公司进行估值。因为有现实案例，希望大家阅读时，在创业故事背景下能够更容易明白融资的过程和融资要素。

人物简介

汤姆·布拉迪（Tom Brady）是天眼（SkySpecs）公司的联合创始人、首席技术官。天眼公司坐落于密歇根州安娜堡市，主要为企业无人机部署研发软件和设备，它的另一个联合创始人丹尼·埃利斯（Danny Ellis）在本书中也有介绍。2016年，汤姆入选《福布斯》制造业"30位30岁以下青年才俊榜"。汤姆在天眼曾担任过多个职务，从会计、首席财务官，到产品研发部领导。从创办公司开始，汤姆进行了两轮筹款、两次产品发布会，写下了几千行代码，也玩过很多场桌上足球。

在创办天眼之前，汤姆在密歇根大学读完了本科和硕士，主修航空航天工程。在大学的时候，汤姆是密歇根自主飞行器（Michigan Autonomous Aerial Vechicles，MAAV）队的队长。汤姆的团队研发了一个无人机，可以在对人有危险或复杂的结构中进行自主监察，如风涡轮、桥梁和信号发射塔。在2012年天眼成立前，创始团队在自主飞行器队中工作了三年时间。汤姆很喜欢酿酒、水肺潜水、高尔夫、美食和密歇根大学狼獾足球队。

如何筹得资金和发展自己的商业模式

做生意需要花钱。对于根深蒂固的企业，经营资本来源于销售产品或提供服务所得减去公司成本。但对于一家没有产品可供销售，而仅仅只有梦想的初创公司而言，这些钱从哪儿来呢？如果收入无法维持公司发展 ①，那么引入投资人虽然不是最佳策略，但非常有必要。这一过程大概是这样的：说服有钱人（更常见的是富人的代表）用现金买你公司的股份，这些股份能让他们随着公司的发展而获利，最终他们以高于买入的价格再卖出股份。这些股票的最终买家要么是首次公开募股的公众，要么是进行收购的另一家公司。很简单，对吧？为什么还有许多人（包括我自己）迫使自己去写关于筹募基金的书籍呢？真正的原因在于：在这个过程中，纰漏越少，就会有越多投资者买你公司的股份，你就越能有所收获。

请允许我重申，市面上的书都整本整本围绕着筹募基金展开，

① 初创公司在外来投资很少的情况下努力发展，指的是通过销售而非以股票换资金来发展公司，这种形式在快速发展的公司里是独特的，因为很多情况下，投资者和创始人都希望不只通过销售这一种方式而使公司能够发展得更快。

而我用几千字，就能让你对这一话题了如指掌。

嗯……也许不能。

说实话，我对事情的宏伟计划知之甚少，但对知识的谦卑是有理想抱负的创业者的重要品质，这是我最看重的一点，无论是对我自己还是对我雇用的人来说都是如此。我能确定的是，人生中遇见的每一个人都会带给你独一无二的经验和知识，作为一名创业者，坦白说，作为一个人，你的职责是拨开层层外衣去理解和关注别人的知识和经验。因此，请把这看作是理解其他人的一个简单练习，因为我想分享我独特的经历和我所拥有的知识。

以下是我们将介绍的内容。

1. 从你在乎的人手中融资。

2. 通过数轮筹资来演进商业模式。

3. 通过企业竞赛、补助金和政府项目筹资。

所以，亲爱的读者，和我一起享受天眼公司融资之旅的精彩故事——我们的成功、我们的失败（我敢向你保证，后者比前者多），以及在这个过程中我们学到的一切。

从你在乎的人手中融资：一切是如何实现的？

在这部分故事里，一般作者会讲一些自己经历中的趣闻逸事来获得读者的信任，但自从我草草写完这些可能和你们一样的公司创办经历后，我不想讲那些无聊的细节，讲述我为什么令人惊讶，以及你们为何要听我说这些。相反，我会直入主题。丹尼·埃利斯、山姆·德布鲁因和我在 2012 年 3 月创立了天眼。在我写这些文字的时候，天眼已经进行了 2.25 轮融资，我也拥有了公司的一小部分。过去五年里，它一直是我的宝贝。稍后我会解释为什么是 2.25 轮而不是 3 轮。

一"轮"融资是指公司接受来自一个或多个投资者的资金，通常以同样的条款（有例外，一般是来自"带头"投资者）来完成一些商定的重要阶段和目标。如果你不熟悉每轮融资命名的区别，那也没关系，它们基本上是随意取的，但也有一些指导原则。前种子轮通常是为了那些除了想法外一无所有，需要启动资金构建原型的公司。种子轮是为了那些产品有一定吸引力，也可能是有一个产品原型，要开始进行用户测试的公司。A 轮融资是为了那些已证明产品适合市场并要扩大规模的公司。从此开始，融资轮像字母表一样递增：A、B、C，以此类推。随着每一轮新的融资，初创公司大致看起来更像是一个企业了。有些公司很有创意，称它们的融资为"A prime"或"B2"，这仅仅意味着公司还没有准备好开始下一个阶段。请记住，这只是些经验原则，不同行业的投资者有不同的期望。比如，技术导向型公司常在证明产品适合市场之前就成功进行 A 轮融资，生物技术和制药公司有时可以在产品得到美国食品药品监督管理局（FDA）批准前，就完成了 D 轮融资甚至更多。

我们的第一轮融资，也就是 2.25 轮融资中的第 0.25 轮，是2012 年 12 月进行的前种子轮。这是在我和我的合伙人丹尼、山姆开公司的九个月后，从我们在密歇根大学大一时的教授那里募集到的 25 000 美元，那时我 22 岁，正在上硕士第二年，也是最后一年。这位教授是那种为了学生可以在工程实验室工作到凌晨两点的女性，她会给我们点比萨，用实验样品车捎带果汁。她执意坚持要我们每天都吃水果和谷物棒，她就像戴着闪闪发光的头巾的骑士，对我们的关怀无微不至。在那之前，我从来没在账户上见过那么多钱。我们都在想："看！好多 0！"现在看来，那些钱并没有多少，但正是由于那第一笔融资，一种巨大的责任感向我们袭来——有人对我们无比信任，甚至不惜把自己的生计悬于一线来支持我们。这一切都实现了。我们三个人永远感激教授最初对公司下的赌注，坦白说，我至今仍不能确定她看中了我们哪一点。

前种子轮投资是可转换债券，来自投资者贷款，当有触发事件时，可以偿还或者转换为公司股份，这通常取决于投资者的选择。这些触发事件包括：公司进行另一轮融资，公司被收购，债券"到期"（通常是发行后的一到三年）。

创业者和投资人在发行可转换债券时不定股价，而是延后再议。为了补偿初创公司早期存在固有风险这一事实，投资者通常在他们的贷款转换为股票时获得股价折扣。这种折扣可以是固定费率折扣，如 20%，也可以是具体的估值上限。估值上限实质上是设定一个债券转换为股票的最高兑换价格。有了估值上限，一个投资者就可以说："当贷款转换的时候，每股股价我支付不超过10 美元。"

解决这一问题最好的方法就是快速筹集资金。假定你在种子轮筹集了 50 万美元的可转换债券，我们设定 20% 的折扣，10%

的利润和 500 万美元的上限。事实证明，这是这种类型投资的典型数字。如果你的公司有绝对优势，且你的应用程序非常受欢迎，一年后你就能够从愿意为了 25% 股份支付 1000 万美元的投资者手里得到第二轮融资。让我们看看公司所有权（"资本构成表"和"上限表"）在存在估值上限和不存在估值上限两种情况下是如何呈现的。

情况一：无估值上限

- A 轮投资者从 1000 万美元中获得 25%。

- 一年后，可转换债券获得累积利润，种子轮投资者的 50 万美元，加上 10% 的利润，总共 55 万美元。

- 种子轮投资者拿到了折扣，20% 的折扣意味着他们可以多买 25% 的产品。在这种情况下，产品就是公司的股票。55 万美元加上 25% 就是 68.75 万美元[①]。

- 从这里开始，一切都对等了。A 轮投资者从 1000 万美元中得到了 25%，也就是从每 100 万美元投资中得到 2.5%，或者说从每 1 美元投资中得到 0.000 002 5%。因此，种子轮投资者得到的股份是 687 500 × 0.000 002 5%=1.72%。

---

① 如果你有 4 美元，你能买 4 个 1 美元的产品。然而，如果你以 20% 的折扣买那些 1 美元的东西，这意味着为每件产品只需要支付 80 美分。有了折扣之后，你可以用你的 4 美元买 5 个同样的产品，5 比 4 多 25%。

情况二：50 万美元的估值上限

- 种子轮投资者的 50 万美元本金加上利润是 55 万美元。
- 估值上限背后的数学原理是，好似除了利润的累积，你最先为种子轮投资者做了一轮定价。折算上限是 500 万美元，因此如果你只看到了种子轮投资的回报，种子轮投资者将得到 $550\,000 \div (5\,000\,000 + 550\,000) = 9.9\%$。
- A 轮投资削弱了种子轮投资者和公司创始人股权。A 轮投资者仍能占 25%，所以创始人和种子轮投资者减少了 25%，也就是说，创始人和种子轮投资者的股权只有原来的 75%。
- 种子轮投资者最终股权为 $9.9\% \times 75\% = 7.4\%$。

表 7–1 为资本构成表在这两种情况下的不同。

表 7–1　两种情况下的资本构成

公司所有者	得到公司股份	
	情况一	情况二
种子轮投资者	1.72%	7.4%
A 轮投资者	25%	25%
公司创始人	73.28%	67.6%

当就投资意向书进行谈判时，估值上限只是创业者需要注意的众多细微差别中更为危险的一个。

截至 2013 年 2 月，我们从 25 000 美元的前种子轮资金中所获的利润已经耗尽，我们公司还没正式准备好筹集下一轮资金。从 2013 年 2 月到 8 月，我们获得了超过 9 万美元的拨款，当我们在开发产品原型的路上蹒跚前行的时候，这让我们足够靠吃拉面为生了，而我们最终放弃了这个原型，后悔花了那么多时间在这上面。当然，靠吃拉面生活有些夸张，谁会真的靠吃那些为生？可能"靠吃拉面生活"是硅谷的专属概念，因为连去硅谷旅行都很贵，更何况住在那儿了。如果有人在硅谷只是靠吃拉面生活的话，来密歇根，我们请你吃。

说实话，我们天眼的大部分人都作为研究生辅导员半工半读，以支付我们的租金。随着在学校的最后一年慢慢临近，我们都在准备毕业事宜，如果我们想在任何地方开展业务，很显然就需要进行一轮正式融资。

我不记得有多少人参与了我们的种子轮融资，但比我们预期的要多，也比我们预期的时间更长。如果能再来一次，我想我会询问每一个投资者的身高，然后算出所有穿着蓝衬衫的白人的总高度。我在说什么？我喜欢数据。其中一个穿着蓝衬衫的人就是尼克，他是我们公司的一位咨询顾问，在天眼成立之前丹尼就联系过他。在投资竞选会来临之前，丹尼都会和尼克练习产品的营销说辞，从中获得一些象征性的金额。顺便说一下，在融资过程中，你会无数次被投资者拒绝，所以你也应该尝试在不会评判你的人那里进行一些不那么理想的练习，就像我们跟尼克的练习一样，大多数情况下，你会获得一些有益的反馈。

到 2013 年春天，我们的融资全面展开，尼克和底特律投资签约成了创业合伙人。创业合伙人通常是那些已经成功创立公司的企业家，他们的目标一般是加入投资者们投资的初创公司。尼克把我们介绍给了阿德里安，他是第一步基金（First Step Fund）的合伙人，而第一步基金或多或少是底特律投资的基金。经过阿德里安几个月的严格评估，2013 年 8 月，第一步基金在种子轮融资中为天眼带来了 60 万美元的资金。

你也许会称天眼的种子轮融资为"家庭、朋友和傻瓜"轮融资，我们也确实做到了三者之间的平衡和融合。总共有 26 个个人和团体在种子轮为我们投资。在这轮 60 万美元的融资中，我们得到的最大投资额是 12 万美元，最小的数额是来自家庭成员的投资，只有 5000 美元。让 26 个人开出 26 张支票的复杂性暂且不谈。我们后来发现，要回答这么多人的问题，会非常有压力。通常根据合同来讲，出于义务，需要让投资者知道每笔资金的去向。对你而言，这意味着需要拨打很多通电话。对我而言，这意味着丹尼——我们的首席执行官会接到很多电话。这是首席执行官和他的执行团队被低估和忽视的责任之一，即保护其他员工免受烦扰。

更为复杂的是，投资者有权对公司新的融资活动进行投票。对我们来说，这意味着当我们在种子轮投资两年多后进行 A 轮融资时，我们需要得到现有投资者的同意，才能引入新的投资者，但他们并不完全理解新的投资条款。你能责备他们吗？毕竟有超过 200 页的文件与 A 轮投资息息相关。

需要前任投资者的许可才能从新的投资者那里获得融资，这一做法的原因可能不是那么显而易见。假设这是你的第一轮基金，你的公司有 100 万净发股票，它们只能在创始人之间分配。当一个投资者投资时说"我用 50 万美元换公司 20% 的股份"，他们会对公司既有的股票进行定价。准确地说，他们会说现有股份每股值 2 美元 ①。如果接受了这笔投资，（500 000 美元 ÷ 2 美元 =）250 000 股新股就出现了，公司新的总共 1 250 000 股的净发股票中，要给新投资者 250 000 股。请注意，我并没有说要从现在 1 000 000 股的净发股票中给新的投资者 200 000，而使他们拿到 20% 的份额。

这就是为什么在引入新投资者的时候需要得到现有投资者的同意。当进行新一轮融资时，你不是只将公司创始人的股票交给了新投资者。当新的投资者加入时，每个人，包括前任投资者的股份都会被稀释。假设下一批投资者提供 500 万美元换得 33% 的股份，这意味着投资后估值为 1500 万美元，投资前估值为 1000 万美元，股价为每股 8 美元。你接受了这笔投资，从而创造出 500 万美元 ÷ 8 美元 =625 000 股新股。回想一下，你的前任投资者仍持有 25 万股股票，结合公司创始人的股票、最初投资者的股票和新投资者的股票，现在是 250 000+1 000 000+625 000=1 875 000 股净发股票。你的前任投资者原本持有 20% 的股份，但现在他的股份只占 250 000 ÷ 1 875 000 × 100%=13.3%。很显然，一旦创始人引入新的投资，就不能只考虑自己了，附加方现在也与你同舟共济。

前任投资者在新投资者加入后股权被稀释并不是融资的铁律，重要的是这种情况通常是如何发生的。投资合同里的反稀释条

① 50 万美元换 20% 股份，意味着投资后估值为 250 万美元（50 ÷ 20%=250），投资前估值 200 万（250 万美元减去新投资的 50 万美元），因此每股股价为 200 万美元 ÷ 100 万美元 =2 美元。"投资前"和"投资后"指的是在投资到账前后的公司估值。如果有巨额资金流入，估值自然会提高，因为你的资产负债表账面上会多出很多钱。

款①可以避免投资者的股权被稀释。但请猜一猜，如果他们的股权不被稀释，那谁会遭受损失？你会。创业者和法律顾问应该对这些反稀释条款保持警惕，很多情况下，这些条款是正当合法的。例如，反稀释条款在"低谷期融资"生效是很常见的，"低谷期融资"指的是新投资者比前任投资者分得的公司价值相对更低的一轮融资。

但等等，这似乎不太公平，对吧？我们和投资者都是一样的境况！这种心态没有什么不对，但你也应该站在投资者的角度思考。如果没有这一条款，你可以从一个投资者这里获得一轮资金，然后找到另一个"投资者"来投资，后者在几天之内就能稀释其他投资者的股份，这种结果也不公平。最终，所有的投资条款都是为了保护投资者和创业者，你需要非常谨慎地考虑这些文件里的实际内容。当一切进展顺利的时候，你不会回头去看这些合同，但我的看法是：做最坏的打算，抱最大的希望。

投资者不仅要与你共"得"，也要与你共"失"，因此和家人、朋友一起做生意可能不是那么容易掌控。你的生活中可能会有人愿意不顾一切来支持你，但作为一个创业者，你应该对他们忠实的支持感到荣幸，也需非常谨慎。和家人及朋友打交道时，暂时收起你的自信，把你的公司想象成一个吸钱黑洞，而不是商业机会，钱投进去不一定能保证它会回来，要跟考虑投资的家人和朋

---

① 反稀释条款，又称反股权摊薄协议，是期权或可转换债券的一项条款，用以保障投资者的股权不会由于未来公司以较低价格（低于有关投资者支付的价格）发行股份而被摊薄。

友反复强调这一点。如果家人朋友及任何你信任的人直接告诉你他们没做好投资有去无回的准备，那么你的任务是用委婉的方式拒绝他们的投资。

有一些做法可以让你融资的时候不会像我们这么煎熬：首先，你应该设定一个最小投资数额不动摇，我们的最小投资额是 5000 美元，但我建议，除非预期收益真的有限，否则这个数额可以更大一些。其次，设置定期更新，这样你就可以自动发送即时情况给所有投资者，使他们及时了解情况，而不用每周打 26 通电话了。再次，为了简化投票，根据投资者的投资期限，你可以考虑要求小额投资者委托给大投资商，让大投资商代表他们投票。最后，尽力说服你的投资者同意领售条款，例如，如果其他大多数投资者都同意进行新一轮融资，他们就直接同意。这些提醒不仅会给你节省大量时间，还会使更加"世故"的新投资者对你和你现在的投资商更感兴趣。

通过数轮筹资来演进商业模式

拥有重要投资人的创始人应该马上接受新事物。在筹资阶段，你需要接触潜在投资者。虽然跟他们面对面交流时，你会觉察到自己的弱势，然而，潜在投资者可以为你提供帮助，所以应当努力争取，这样就可以获得"好运"，但切忌和这些人发生关系，毕竟他们可能是你未来的投资人。你应该听过这个比喻：挑选投资天使很像约会——约会能让你了解自己，也能让你了解约会的对象。挑选投资人也是一样，它为你敞开一扇门，一方面能让你了解未来投资者及其需求，另一方面能让你了解自己公司的定位和宗旨。

在天眼，每轮筹资的时机对于公司成长都很关键。为了筹资，你不得不跟人讲述公司的故事，你得回答诸如"你来自哪里""是什么让你与众不同""接下来有什么计划""资金能怎么帮你达到目标"等问题。但是，如果不能就上述问题给出明确的答案，我们又怎么敢指望投资者出资呢？如果公司发展有幸运之神相助，那我们就不必拼命融资以求得温饱。但向投资者展示公司弱点的时候，才正是我们最能改变思维方式的时刻。这时候，个人与公司将同步成长，而你也会被迫重述公司的故事，改进商业模型，这正是天眼所经历的。

我会从公司现状讲起，时不时穿插过去的经历和未来的计划，直到你能一窥全貌。你可能听说过"SaaS"这个词（发音为[sæs]），即"软件服务"（software as a service）。天眼公司的核心业务即基于"无人机服务"。我知道你会将我们的公司名称发音为"达斯"（daas，为 drone as a service 缩写后的读音），虽然大声读起来有点拗口，但放在公司的成长故事里还能接受。"达斯"公司为企业无人机开发软件并提供相应服务，如风力涡轮机检查服务、桥梁检查服务和信号塔检查服务等。人为进行这些检查具有危险性，或者成本很高，所以我们提供自动无人机来代替人工作业。公司创办将近五年来，经历了 2.25 轮融资，其间商业模式转变约 97 次。我们就像朝窗户丢粪便的猿猴，在撞到障碍物之前，总要先试试不同的办法。

2012 年，天眼获得第一轮投资时，无人机市场才刚刚起步，距离真正投入商用还有数年的路要走。更确切地说，无人机真正"商业化"大概是在 2013 年 1 月，那时候大疆精灵 1（DJI Phantom 1）也刚刚上架，而老老少少听到"无人机"三个字，想起的都是大疆 1 代那些白色微型航拍器。不过，多亏了大疆和 3D 机器人（3D Robotics）等公司，无人机只是小众爱好的现象开始改变，此后它逐渐受到科技极客的追捧，继而风靡全球。在这之前，如果想使用无人机，费用极为高昂，不然就得自己动手做一架。在天眼诞生之前，我们还在大学时代就研究无人驾驶飞行器，甚至在公司刚成立的那两年，我们和其他无人机使用者一样，属于"自造"阵营，几乎所有部件都由我们自己亲手制造，从飞行控制器、电子速度控制器、重装电池到碳纤维外壳，我们无所不包，千方百计组装定制无人机。那其实是典型的"先有解决方式再找问题"模式，因为我们知道自己想要制造自动无人机，但不知道谁对产品有兴趣。说到这里，要提出重要的一点：要知道谁对你的产品感兴趣及感兴趣的原因。

演变 1：从硬件零售到硬件租赁

我不确定"产品自大"这个词有没有人用过，如果没有，我宣布该词的创造权归我。天眼早期就犯了产品自大的严重错误。交通运输部门、公共事业公司、游乐场、警察机关、消防机关……我们觉得所有人都会购买我们的无人机。只要我们把产品生产出来，顾客就会上门——我们是这么以为的。在没有真正了解哪怕一位消费者的需求前，我们就试图打造面向所有人的消费平台。

我这么说并不是想给你泼冷水，不让你打造"平台"。平台公司和技术可以很有价值，因为它们适用范围广、韧性强，能应对竞争中市场被抢占的情况。然而，就算是平台产品，最好先针对一类客户开发，之后再去扩展顾客群体①。

筹资迫使你审慎评判自己的公司。具体来说，投资者问问题会一针见血，让你不得不更慎重地思考，天眼的经历正是如此。2013 年，我们准备筹得种子期那 60 万美元的资金，当时的投资人就像我们接触过的所有投资者一样，在尽职调查期间会索要一些资料，但没有一样包括商业计划。所以，不要写商业计划。任何同你索要一份 30 页商业计划书的投资者都不适合初创公司。虽然很遗憾，但那真的太老派了。

投资者向我们索要的是财务模型及公司三到五年的规划。虽然考虑初创公司早期的财务预估和模型绝对、一定、肯定、必然会错得离谱，但没有关系，投资者看你的财务预估并不是真的要预测公司未来，只是想通过这些来了解你的预测，看看你是否知

---

① 在为所有消费者打造产品之前，先为某一类消费者打造产品，以该点为主题的所有书籍中，杰弗里·摩尔（Geoffrey Moore）的《跨越鸿沟：颠覆性产品营销圣经》（*Crossing the Chasm:Marketing and Selling High-Tech Products to Mainstream Customers*）（2006）是我最喜欢的书籍之一，极力推荐。

道让你成功或失败的变数是什么，并从中了解一旦公司上了规模，你有没有做好充分的运营准备。

汤姆财务模型十诫

1. 知道自己的数据。

2. 以设想起头。

3. 不得与投资者争辩数学结果。

4. 让所有分歧回归最初设想。

5. 不要对财务预估过于自信，预估往往不够准确。

6. 做最坏的打算，抱最好的希望。

7. 保持收支平衡，不然你会死得很难看。

8. 财务模型不得出现现金余额赤字，这违反常理。

9. 财务模型不得出现太过烦琐的项目。

10. 未与投资者会面探讨预估之前，不得用电子邮件发送财务预估。

筹资过程中，不止我和丹尼，当时几乎公司所有人都在讨论公司的财务模型和商业模式，我们最后得出结论：如果把自动无人机系统完全售出，公司会损失很多价值。毕竟只需要少数无人机，就能够满足行业里所有的检查需求，因此建立经常性收入模式是有必要的，于是，我们的商业模式从硬件销售转变为硬件租赁。对于使用我公司无人机进行检查作业的顾客，我们将按小时收费，或者按其资产收费。正是这个商业模式使我们迅速度过了种子期。虽然在种子期时，我们一样产品都没有售出，但那是我们想出的计划。

演变 2：从硬件租赁到注册制

促使我们再次考虑商业模式的原因有很多，其中有一点是种子期即将过去，一切仍不见起色。这么一段绝望而又脆弱的时期，或许就是又一个迫使我们想清楚的契机吧。

那是 2014 年的夏天，我们完美地演绎了一场创业艺术——只能把钱变没，不能变出别的东西。鉴于我们的资金很快就要耗尽，我们需要想办法鼓舞人心，或者还需要一点点营收，而且得快，否则六个月内甚至更快我们就得另找工作了。于是，我们提出了如下问题：人们进行检查作业至少要应用多少技术？

创业者应不断自问：做某事目的何在？当答案是"因为我们总是这么做"时，你心里就该警铃大作了。然而，天眼在这方面悟性有些低。我们花了两年里最好的时光来开发一架几乎是全定制的无人机，而与此同时，我们花费那么多时间开发的大多数研究成果，已被其他无人机领域的公司商品化了。产品自大又一次给我们带来打击。

问题的答案，也是即将成为我们"最小化可行产品"的无人机防撞系统[1]。我们认为，如果能够防止无人机发生碰撞，那么几

---

[1] 2014 年时，市面上并不存在无人机防撞系统，所以当时我们的想法还算新颖。两年后，大疆推出最新款无人机，并配备了防撞系统，于是这类想法不再值钱。

乎所有人都能够使用无人机。照理说，如果我们的机载系统能保证人机安全，那么无论谁都能使用无人机检查风力涡轮机等机器。我们的商业模式将会是注册制的，公司会免费提供防撞系统的硬件，无人机驾驶员只需每月支付会员费，就能使无人机免受碰撞。这就像是保险，只不过没那么可靠而已！

这个防撞系统被命名为"守卫者"，是随需随到的功能模块（我比喻得比较夸张），能够兼容市面上所有无人机，让无人机自动发现并避开周围的障碍物。客观来说，这一概念是很巧妙的。接下来的数月，我们开发出原型，制作了 YouTube 视频，并在科技博客硬件战场（TechCrunch Hardware Battlefield）网站上"发布"了产品，作为参加消费电子展的一部分。"守卫者"引起了极大的反响，是我们这个经历了两年半左右时间的公司终于获得商业牵引力的有力证明。在我们发布视频并于"硬件战场"推销产品后，超过 40 家公司与我们签署了"早期体验者项目"（Early Adopter Program），该项目本质上是一个测试项目，允许人们参与"守卫者"系统的早期开发。这是公司的一个重大转折点。我们开始懂得什么叫作专注，什么才是真正的最小化可行产品。

多亏"守卫者"为我们找出的新方向，我们加入了科技之星（TechStars）。2014 年 11 月，我们还在企业竞赛中赢得了 50 万美元的奖金。对于处于某一特定发展时期的公司，我对其赢得企业竞赛相当乐观，之后我会细说原因。有了 50 万美元，公司可以再维持一年——这是次难得的机会，让我们度过早期体验者项目阶段，并能于第二年进行一轮强势的规模扩张。

演变 3：从注册制到服务为本

2015 年春，我们向早期体验者推出首批三个"守卫者"系统。我们最开始的三个顾客是较小型的无人机专业公司，拥有工业检查和电影制片应用领域的顾客基础。最开始的反馈是——很一般。我觉得原因有两点：一是"守卫者"系统安装步骤仍过于复杂；二是在撞机事件发生前，你不会觉得防撞系统是有必要的，我们的所有顾客都不曾真正使用过我们的产品。

我们本能地意识到，能取得大发展的商机并不在这些较小型企业中，而是那些大型工业工程公司——在这些公司的"舰队"中，会有数十甚至数百架无人机，但要把"守卫者"推销给这类公司是件十分困难的事。

以下是我们与他们对话的常见内容（我有点临场发挥）。

顾客：你好。这是某某大公司的某某，请问有什么事情吗？

天眼销售：我们有无人机防撞系统。想来你们不希望目睹自己的无人机撞毁吧？

顾客：嗯，的确是。我们还挺感兴趣的，但还有几个问题。

天眼销售：请说。

顾客：我得买什么电池？买什么样的无人机？买什么样的照相机？什么时候才能飞行？雇谁来操纵它？数据会流向哪里？……

工业领域的顾客想要防撞装置，但他们更需要无人机能为其行业带来真正的经济效益。知道了这一点，天眼第三次也是目前为止最后一次调整重心，即转化为服务公司。现在，针对企业类顾客，我们提供全套基于软件的检查服务，虽然在那之后，我们的产品有所变化，但公司核心客户群和商业模式始终不变。

通过企业竞赛、补助金和政府项目筹资

把时间花在以上这三种方法上并非全然无用。

许多创业者和投资者对参加企业竞赛嗤之以鼻，毕竟你要做的是经营公司，而不是和其他妄想成名的人玩过家家，对吧？但基于天眼的亲身体验，我们对企业竞赛的态度有所不同，甚至要积极许多。我将与大家分享我们在参加企业竞赛时获得的意外惊喜，然后再讲讲我的道理。

还记得我说过在公司创办早期，我们不知道谁会对公司的自动无人机感兴趣吗？其实，我们曾经觉得各州和联邦交通部会对我们正在开发的产品十分感兴趣，毕竟这些产品那么美妙，我们甚至猜测它们会以补助金的形式进行资助。

这就不得不说说交通部门或任何政府机构的一个有趣事实了：它们不能直接把钱给你。它们需要发布一种叫"需求建议书"的东西，即 RFP（request for proposals），让所有人持预算和计划对项目进行投标。你可以参与建议书的起草，可就算建议书面世，也没有什么事是板上钉钉的。天眼曾设法提议发起建议书，用无人机进行桥梁检查。我们以为补助金是囊中之物了，不想恰恰相

反，我们收到通知，说无法获得补助金。一天后，在极端失望的情况下，我们参加了一个清洁能源类的企业竞赛，并在竞赛中推销自己的产品。

我们参加这次竞赛纯属意外。公司有位顾问建议我们去申请比赛，我们要做的事仅仅是告诉比赛组织者，公司要检查的是风力涡轮机而不是桥梁，这样一来，我们摇身一变就成了清洁科技公司了。赢得这项比赛，我们获得的不仅仅是 5 万美元奖金，更引发了蝴蝶效应。申请参加比赛，虽以心血来潮为开端，却让我们与密歇根经济发展公司（Michigan Economic Development Corporation）的人取得了联系，其中有一位当时正为初创公司在美国风能协会（American Wind Energy Association，AWEA）展会上争取赞助摊位①。在美国风能协会，我们遇到了一家公司，承诺要在未来加入我们，这使得我们在第一次扩张期间收获到比预期更好的投资者。直到今日，公司重心仍是风力涡轮机叶片自动检查服务。我们拥有付费客户，有望占领这个领域，这一切都始于在那个房间里，公司顾问说服我们申请参加企业竞赛，告诉我们"把重心转到风力涡轮机检查服务上就好了"。我要指出的是，虽然我对新企业参加企业竞赛很有信心，但各个企业竞赛未必相似，不同竞赛有不同的参赛要求、竞赛类别、奖项结构和条款。

奖金较少的竞赛通常是发补助金，不需要你承担任何义务，

---

① 想要在展会上获得一个最简单的摊位，哪怕位置是最偏僻的，也往往要付出不小的代价，想要得到一个中央位置的好展位，就更不用说了，所以赞助摊位是很了不得的，没有密歇根经济发展公司的帮助，我们就去不了那场展会了。

即使你用这些奖金在世界扑克大赛买一个座位也不会有什么人指责你，哪怕你这么做有些蠢。但奖金较多的奖项会有更多条件，这无可厚非。例如，天眼于 2014 年赢得的那 50 万美元奖金其实是 10 万美元补助金外加 40 万美元的可转换债券融资，不过是名头好听点而已。由于该竞赛的赞助者之一是密歇根州，所以要求天眼在一定时期内都在密歇根，否则就需退还奖金（这对我们来说不是问题，因为我们对总部所在地没有意见）。在某些情况下，这些竞赛的奖金不是现金，但具备同等价值。营销公司、律师事务所、会计师事务所及其他服务供应商往往会贡献相关服务，替代现金作为胜者的奖品。这类奖品让创业者得以与服务供应商合作，而服务费已经预先支付了。同时，服务供应商提供服务，以期从创业者未来的公司盈利中获益。正如你所见，奖品形式和功能的不同很大程度上与竞赛得到什么样的赞助有关，所以在你深陷企业竞赛之前，要确保自己知道在为什么而比赛。记住，如果奖励听起来好得不像真的，那么它可能真的有问题。

企业竞赛能够提供的不只是资金。竞赛往往是聚焦的舞台，所有创业者、投资者和顾问都齐聚于此，带来了十分丰富的资源。任何能够练习推销能力的机会，创业者都应抓住。企业竞赛是相对开放的舞台，在这里推销不会有人指指点点。所以创业者们，去参加竞赛吧，你永远不会知道将会出现什么令人惊喜的机会。

第 *8* 章　**节省开支**

劳拉·达萨罗

——六食品公司联合创始人兼首席运营官

在创业过程中，最大的现实问题就是怎样能够在公司赢利之前养活自己。如果你很烦现在的工作，打算创业又不知道如何负担生活费，那么你应该好好读一下这章。在与劳拉接触前，我就拜访过她所居住的 70 人公寓。在硅谷，很多创业者为了实现自己的理想不得不和很多人共享住所，劳拉把这些困难带来的好处最大化，并在此分享了她的经验。我认为这章还能够让读者体会到创业者们的思维方式。劳拉提出了她的"乐趣理论"，并用了很多不可思议且与众不同的宣传方法去达到自己的宣传目的，这些可以打开创业者的思路。

人物简介

劳拉·达萨罗（Laura D'Asaro）是六食品公司（Six Foods）的联合创始人、首席运营官，该公司致力于把昆虫作为可持续蛋白质摄入源并推广相关食品。劳拉的创业之旅始于 15 岁，当时她开了个柠檬水小摊，筹集了 1.4 万美元，为其所在社区建了个游乐场。19 岁那年，劳拉与其他人在肯尼亚合伙创办了一家非营利性教育组织，即维玛公司（WEMA Inc.）。到了 23 岁，她从哈佛大学毕业，与罗丝·王（Rose Wong）（本书提及的另一位创始人）一同创办了六食品公司。

劳拉创办六食品公司的灵感源自其时断时续的素食经历——她十分苦恼于食肉带来的道德和环境问题。在坦桑尼亚旅行期间，她吃了街头卖的毛虫，意识到昆虫就是自己一直在找的可持续蛋白质摄入源，于是她给在哈佛的舍友罗丝发了一篇食用昆虫的文章。为了实验，他们抓来了满笼的蟋蟀，那些蟋蟀逃出笼子，跳得宿舍到处都是，但功夫不负有心人，六食品公司终于诞生了。除了创办公司外，为了筹资做慈善，劳拉还打破了多项世界纪录，包括一英里（约 1.6 千米）最快爬行纪录与最长书本多米诺骨牌（用书本当多米诺骨牌）纪录。

劳拉·达萨罗位列 2016 年《福布斯》社会创业领域 "30 位 30 岁以下青年才俊榜"。

创办公司时的经济支持和自我支持

每当人们问我怎么负担得起在旧金山市中心的生活，我就报之一笑，因为实际上，那里的房租是我遇到的最便宜的——每月300美元整。别误会，我得提醒你们：首先，我和70个人一起合租；其次，床是上下铺。我的舍友来自世界各地，大多在20到30岁。我住的地方被称为"成人宿舍"，而且有其弊端。有时候下楼，我会发现地板黏糊糊的，因为前一夜有人开派对开到很晚；或者水池里有很多脏碗碟；不仅如此，冰箱里我只有一小格抽屉的空间，这也让我一直很烦恼。但是把所有弊端排除在外后，我始终坚信，在这里生活是自己这辈子做过的最正确的决定之一。

让我回忆一下，先解释自己是怎么到这里来的。我和合伙人开始全职为六食品工作后，资金就成了大问题。她拒绝了微软的全职邀请，我则横跨美国，搬去和她一起。如果你试着把让人们吃昆虫当作谋生之道的话，投资者可不会为你掏钱——要让他们认识到你的发现是未来一大商机可不是件易事。我们知道，要说服美国人相信昆虫的确是食物里的明日之星，会是一场持久战，但我们相信这场仗值得打。

以昆虫作为食品既有益于健康，又有利于可持续发展，这些好处成功地让我放弃了素食主义，因而我相信这些益处也能将其他人争取到"食虫"阵营中来。打个比方，要生产一磅（约 0.45 千克）牛肉，你必须养一头牛，为了养这头牛，需要耗费超过 2000 加仑（约 7570 升）的水；而要养一磅蟋蟀，耗费的水量仅是 1 加仑（约 3.79 升）左右。所以，无论是从土地利用，还是从温室气体排放的角度看，昆虫蛋白质为环境带来的益处远比其他动物蛋白源多得多。我们把蟋蟀面粉做成让人容易接受的有趣形状，觉得自己终于找到了办法，能让人们有兴趣食用昆虫，然而改变不是一朝一夕的事。过去三年里，我们接了许多小型兼职，如家教、照看小孩、看狗遛狗及帮人写大学论文。我们想方设法地找出三条主要策略来支撑创业开销。

与人合租

与人合租有几个好处。首先，人一多，房租平摊下来就少。如果你一人住单间，那房租肯定比找一个人合租要多，更要比与人合租四人间多得多。我的合伙人现在就和 7 个人合租。其次，多人合租还有一个好处是你可以找舍友帮忙，或是不管你在研究什么，都可以找他们做实验。当我和合伙人需要设计脸谱网的广告时，恰好我那 70 个舍友里有人全职设计社交媒体广告，于是我们找了他帮忙。要是我们的网站遇到问题，我身边的 15 个程序员舍友都很乐意帮忙。在"成人宿舍"里刚住了一年，我就结交了

150 多位朋友，他们有各自的本领和资源，一旦我们急需帮助，他们就会伸出援手。

此外，与人合租意味着能减少一些日常烦恼。需要多一个鸡蛋？找不到笔记本充电器？总有人会帮你。当我的手机不见时，他们会很热情地借出自己的手机。事实上，这类"与人合租"的方式往大了说，就是共享经济。越来越多的公司推出家庭计划，而你不需要与这些计划有直接联系才能参与其中。过去几年里，我用过共享汽车、共享单车、网飞共享账户、音乐服务，以及为这些服务提供支付渠道的手机账户等各种各样的东西。

把工作与其他事结合起来

成立这家公司时，我的第一份兼职是照看小孩。我喜欢小孩，所得报酬也相当不错。但我发现，从搭乘公交车上班、照看小孩到下班回家，耗费的时间比我预想的要多得多。虽然照看小孩的两个小时是有偿的，但为了做这份工作，我每天至少要额外花去三个小时，更不用说回到家时，我往往大汗淋漓，精疲力竭，完全不想继续为自己的公司工作。此外，我不仅有家务要做，还要应付想约我出去的朋友。

于是，当我们的住宅合作社空出一个管理职位时，我毫不犹豫地接下了这份工作。忽然，生活变得简单许多。我还获得了其他好处——因为住的地方就是工作的场所，我不得不和舍友打好交道，如果工作、生活的场所不同，我和舍友的关系恐怕不会这么紧密。在此之前，为了和朋友外出，我得打乱自己的计划，可现在，就在生活兼工作的地方，我就有 70 个朋友。影视之夜、桌上游戏，甚至仅仅是一起煮饭或用餐，都让我重拾社交生活，再次有了稳定的感觉。

抱着创业的目的做兼职，你就有动力取得成功。我有位朋友的兼职是为一位教授运营社交媒体，于是，她把在工作中学到的知识运用到自己的公司中去。去做那些对你有助力的工作吧。你喜欢运动吗？与其在健身房里待一小时再去做兼职，为什么不找一份骑车送货的工作呢？想要提高使用电子表格的能力？那就找需要使用电子表格的工作。

兼职是个很好的机会，能让你为自己的公司锦上添花，而不会让你牺牲自己的事业。

设定时间限制

开始创业的时候，你的目标可能不够明确，或许你的目标是尽可能把公司做大。我们的目标，是要让人们接受食用昆虫。这些大而笼统的目标需要很长时间才能实现，而对于那些勉力维持收支平衡的人来说，实现目标似乎遥遥无期。

我的建议是定下时间期限。我们当初给自己的期限是一年。我们与父母约定好，让他们支持我们一年，并承诺，一年后我们如果做不到经济独立，就面对现实，重新找工作。紧迫的期限带来两个好处。第一，我们会觉得有压力，而压力正是成功所需的要素。这种觉得有可能无法继续自己事业的预想，和其他很多我们认为理所当然的事情一样，能让我们更坚定要成功的决心。第二，定下时间期限，我们对牺牲的容忍度就更大，而且无论成功还是失败，我们总是知道这种辛苦是有尽头的。我们很幸运，当时还有父母支持，而我们有些朋友在创业初期很长一段时间，真的就只靠米饭和豆子或拉面维生，而如果不知道这种情况还要持续多久，你就会觉得心力交瘁。

小结

毫无疑问，创业不容易，但许多公司在创办早期要面对的经济问题其实是有很多办法来克服的。我真心相信，因形势所需去做兼职，和 70 个人一起生活，最终能使我们的公司更茁壮、更成功。公司创办早期能够考验你的想法、专注度及走出舒适区的决心，如果能通过这些考验，那么你和你的公司都将有所成长。

有效的销售和营销策略

我 17 岁那年，祖母死于癌症，那个时候我才意识到残酷的现实，明白仅仅专注于自己的理想或事业并不足以引起别人的共鸣。其实道理很浅显，但不知道为什么，在那之前我一直相信，只要热情和勤勉，人就几乎无往不胜。但在祖母去世后，出于要找出理想或事业的意义，以及做点什么事来帮助别人的想法，我参加了一个为癌症研究募捐的活动——生命接力（Relay for Life）。活动持续了 24 小时，是在当地一条跑道上举办的，活动中进行了游戏和演讲，并放置了一盏纸灯来纪念那些因罹患癌症而逝世的人。

在活动到来之前，各团队奋力比赛，看哪支团队为美国癌症协会（American Cancer Society）募款多，于是我开始向亲友募捐。我父母捐了几美元，几位叔叔阿姨被我说服，也捐了一些，但除此之外，我的募捐鲜有响应。我陷入了困境，开始感到很抱歉，因为为了筹钱我打扰了自己的朋友。

那段时间，我在书店翻阅了一本收录着世界纪录的书，开始浮想联翩。每个孩子都想打破世界纪录，我也有一项特别想打破的：一英里（约 1.6 千米）最快爬行纪录。我哥哥小时候曾做过理疗，为了提高身体协调性，他需要在地上爬行。作为他的妹妹，我当然是跟着他一起做。因此，我觉得在这方面，自己比普通人多了些许优势。我可以在"生命接力"活动举办期间打破这项纪录，或许还可以借此提高大家对癌症研究的重视程度。

我开始进行训练。同时，我做了一家网站，把它和我为"生命接力"募捐的页面链接起来，还特意在练习的时候穿上背部有相关标志的衣服。之后发生的事情让我很震惊——陌生的人们开始在意我了。每天进行爬行练习时，都有人打断我，问我在做什么，需不需要帮助。本地媒体甚至给我做了报道，捐款蜂拥而至，这一切都让人难以置信。到了我在接力赛上打破纪录的那天，也就是六个月后，我已经为癌症研究筹集了 5000 美元的捐款。

那是我第一次窥见公关和营销的力量，但当时我完全没有意识到这就是营销，只是想找些富有创造性的有趣法子，让人们有兴趣做好事。我运用这一哲学来为本地食品银行募捐，但我不募捐罐头食品，而是万圣节糖果，结果我筹得 1000 磅（约 453.59 千克），引起本地新闻媒体的关注。

这些主意不仅提高了人们对我事业的关注，而且让我在申请大学时脱颖而出，被哈佛大学录取。然而，一直到数年后，我才真正知道这类营销办法叫什么。在哈佛读大二的那年，我看到一个理论，叫乐趣理论（Fun Theory），该理论后来成为我的人生哲学。举个例子，在瑞典首都斯德哥尔摩的一处地铁里，乐趣理论的拥护者提出这样一个问题：我们能不能通过有趣的方式让更多人爬楼梯呢？为了验证该理论，他们把台阶做成钢琴键，这样一来，人们走楼梯就会踩出音乐。之后，他们得到了答案——能！在钢琴楼梯落成后，愿意走楼梯的人多了 66%。乐趣理论的原理在于：要改善人们的行为，乐趣是最简单的办法。

运用乐趣理论，我帮本地图书馆制作了世界上最长的书本多米诺骨牌，从而推广了图书馆的阅读计划。在哈佛，我和朋友还用搬家用纸箱堆了个巨大的堡垒，倡导回收行为，之后的那年春天，我们把箱子重新卖给要搬出学校的人。

数年来，我铭记乐趣理论，将其视为营销基石，在应用这一理论的过程中，我学到了重要的三点。

目光长远

人们很容易犯一个错误，那就是过分关注自己的品牌或目的。在六食品创办早期，我们就犯了这个错误——太过关注昆虫。我们的目的是让美国人食用昆虫，所以我们以为做任何事都得和昆虫、食用昆虫有关。我们在博客上发表用昆虫做食材的食谱；在推特上指出世界哪个地区的居民吃昆虫；在脸谱网上发布信息图，列出人们没有意识到的自己正在食用的所有昆虫。虽然这些文章很有趣，也吸引了少数粉丝，但并没有达到我们想要的效果。很快，我们意识到了原因：还是残酷的现实作祟——人们不在乎。食用昆虫及与之关联的事情都不是人们真正有兴趣浏览的，除了昆虫学家，普通人可能看完一两篇文章就会失去兴趣，也就是说，我们发布的内容并不能引起共鸣，因此，我们需将目光放得长远些。

要解决这个问题就得跳出目标来思考。公司能引起更多共鸣的价值观或理念是什么？我们想出了两个主题：与众不同，以及让人们从崭新的角度看世界。我们根据这些主题来编写文章，并打出口号"忘记常规，尝'食'昆虫"。这使我们的品牌在那些特立独行的人中引起共鸣，而且忽然之间，我们可以写的内容更多了，不用再局限在昆虫的主题里。

线下营销，脱颖而出

今时今日，你很容易会产生错觉，觉得仅凭电脑就能经营整个公司，但比起网络营销，到现实中与真人接触的营销效果要好得多。意识到这一点是在我前往某个展会的路上。

参加展会的时候，为了提高品牌关注度，我会穿蟋蟀装，但带着这套服装坐飞机带来了一个麻烦。在机场中，装着蟋蟀装躯干部分的行李箱检查完后，我还剩一个蟋蟀帽没法处理。一方面，我不想花 50 美元托运第二件行李；另一方面，机场只允许每人随身携带一个行李箱。不过，机场并没有规定不能戴帽子，于是我戴上蟋蟀帽，顶着两根触角穿过机场。排队安检时我也戴着它，安检时就把它放到 X 光安检仪里，之后再一路戴着它到了登机口，就连在飞机上，我也没有把它拿下来。

在机场那种刻板的环境里，我可真是鹤立鸡群。人们想给我拍照，想知道我在做什么，为什么要穿成那样。飞机上还有和我参加同一个展会的人，他们对那个帽子也是印象深刻。在数日后的展会上，还有人找上我，跟我说他们在飞机上见到我了。

多亏了这次经历，我和生意伙伴想到了一个主意：如果我一直都穿着蟋蟀装呢？于是我开始时时刻刻穿着它——上街、周五晚上去俱乐部、去健身房，甚至去约会。我走到哪里，人们笑到哪里，还会给我拍照，想要知道更多信息。于是我们意识到，在现在这个时代，人们饱受电脑广告的疲劳轰炸，如果你能给他们一点小小的调剂，让生活变得更有趣、更刺激，往往就能让他们很高兴，而这些愉快的体验能让人们注意到你的品牌。

如今，人们喜欢寻求可以拍照的事物，以便分享到社交媒体上，因此，创造吸引人的发布内容具有一个很大好处——你的粉丝会帮忙分享内容，他们会为你进行社交媒体宣传。同样是我穿着蟋蟀装，如果是别人分享与我的合照，效果会比公司发布我的照片好一百倍。

你不想分享的事物就不要发布

这是一个简单的测试，对社交媒体文章、时事通信乃至任何营销策略都适用。在你发布文章前，问自己如下问题：如果我在网上看到这篇文章，我会分享给朋友吗？如果答案是否定的，那么文章还不够好。营销的关键就在于让人们"想"关注你在做的事，而可分享性就是很好的试金石。

我们意识到，除了乐趣理论外，很多办法都通不过测试。例如，为了应景万圣节，我们发布了一张南瓜图，南瓜的眼睛和嘴巴是用我们的三角形蟋蟀薯片（Chirps Chips）做的，而不是简单的挖空。这个南瓜其实做得很可爱、很漂亮，但是它仍旧通不过测试，归根结底还是第一点提到的问题：目光不够长远。用自家产品做南瓜眼睛太刻意了，并没有涉及更能引人共鸣的话题。于是我计划在下一个万圣节把大蜘蛛放到遥控汽车上，吓吓我的朋友，这样不仅和昆虫有关，而且能引起共鸣，会是人们真正感兴趣的事。

小结

　　宣传和娱乐之间并不是泾渭分明的。最好的广告能让人兴奋起来，哪怕宣传的是世界上最无聊的事物。你可以参考飞机安全视频。仅仅过去数年，飞机安全宣传就从普通的展示演变为视频，纳入了音乐伴奏、动画甚至全明星运动员阵容等元素，原因就在于航空公司发现了让人观看视频，保证人们安全的最好办法，即制作人们真正"想"看的作品。因此，你也要以让人有兴趣看你的营销材料为目标。想让人试用你的产品，最好的办法就是让产品与令人在意的元素挂钩。红牛公司发现自家消费者喜欢高空飞行特技，所以对极限运动员进行了赞助。你有没有注意过多少广告里出现了幼犬和婴儿？共鸣理念就是其作用机制。找出观众喜欢什么，走出去，逛逛街，疯狂一把，在享受更大乐趣的同时，让自己脱颖而出。

第 9 章 员工招聘

迈克·汤森
——家庭英雄联合创始人兼首席运营官

前面几章或许已经让你下定决心创业。如果你现在已经对融资十拿九稳，找到了自己的联合创始人，下一步就是组建自己的团队。这一章我们就结合实际看看创业公司怎样进行跨国外包，怎样吸收英才并管理自己已有的团队。我问了迈克，他怎样找到员工，面试时问哪些问题，怎样远程管理外部工程师以让其有质量地完成项目。迈克也分享了他如何管理员工，怎样让员工们更有凝聚力。当然你可能也知道，每一个成功创业公司的背后都有无数次失败的经历。我们应该以怎样的心态去面对失败，从失败的经历中学到成功的秘诀？这章就和大家一同分享迈克是怎样在失败的经历中找到失败的原因并找回自信的。希望你也能从中找到创业的信心。

人物简介

迈克·汤森（Mike Townsend）是家庭英雄公司（HomeHero）联合创始人兼首席运营官。家庭英雄提供家庭护理服务，利用智能技术与人类同理心把医疗卫生体系扩展到家庭中。从康涅狄格大学毕业后，迈克搬到了新加坡，在博克斯通〔Brookstone，隶属于新加坡傲盛（OSIM）公司〕任设计工程师，之后在埃克里斯公司（Exelis）任机械工程师，负责设计雷达防御监视系统。

迈克的创业生涯始于 2011 年创办活力观察公司（ZingCheckout），该公司随后被大商务公司（BigCommerce）收购。2012 年，迈克与凯尔·希尔（Kyle Hill）共同创办了流动点单公司（Flow-tab），虽然创业失败，但两人开始了合作历程。2013 年，两人一起创办了家庭英雄，为数千家庭提供了超过百万小时的护理服务，筹集了 2300 万美元的风投资金。迈克位列 2016 年《福布斯》卫生保健领域"30 位 30 岁以下青年才俊榜"，全球各地的医疗卫生和科技活动上常能见其演讲的身影。

如何运营和管理公司

我们的产品是一种服务，更确切地说，即护理员在家庭中提供的护理服务，帮助患者度过最需要帮助的脆弱时期。我们雇用护理员，即"英雄"，借助自定义网站或移动应用将其"送"至某户人家，为需求人群提供交通、饮食、陪伴等护理服务。

我们拥有十人规模的产品和工程团队，目标客户有以下三类。

家庭——我们开发能提供更高水平家庭护理服务的产品。

护理员——为了我们的护理员，我们致力于将家庭护理打造成充实而又刺激的职业。

医疗卫生体系——我们为医院制作工具，以便提高护理协作水平和患者治疗效果。

另外，我们的工作从不局限于单一方面——我们还必须开发易上手的软件，方便护理管理团队和其他合作伙伴使用。

外包策略

我们团队有几位在阿根廷远程工作的签约工程师。我们的外包工具在过去数年里自然是有所变化的。在创办早期，公司只有我和凯尔，当时我们用的是通信软件 Skype（一种网络电话），而且会直接部署代码给生产服务器。到了今天，我们的工程师使用的工具有通信工具 Slack、版本控制工具 Tower 及文本编辑器崇高文本（Sublime Text）等，团队协作由此变得十分简单、高效。

人类天生就想找出工作的深层意义，生来就想体验为比自己更重要的事情奋斗的感觉。虽然公司也有员工不在加州圣莫尼卡的办公室工作，但远在阿根廷的那些工程师与他们不同，后者一年大多数时候都得远程工作，所以我们格外留心，努力让他们融入公司文化，给他们集体归属感。比如，公司有个传统，即每周五下午五点，我们会在 Slack 的团队频道举行问答活动。

这个时段可以让员工休息，大家如朋友一般在一起聊聊天。这个传统有助于打造平等、有趣和友爱的公司文化，让大家跨越物理距离。

我们有信心打造一个友爱、专注的团队，这也是公司文化的一部分。每年，我们都会将世界各地的所有成员聚集起来，集体度假。假期中，我们会赞颂过去一年中个人和公司取得的成绩，此外还会进行一些有趣的活动。2014 年 12 月，公司成立一周年，我们决定展开首场线下集体度假，并在爱彼迎网（Airbnb）上找到一处十二室的宅邸，能够容纳整个团队，地点就在加州特拉基。

我们租了辆白色的厢式大面包车，从里诺机场搭载所有成员前往特拉基。

那次度假为期两天，活动丰富，旨在激发众人的创造力，让大家进行头脑风暴。度假第一晚，大家聚集在美丽的壁炉旁，轮流分享独属于自己的童年故事。那次经历妙不可言，大家一起经历了笑与泪，真正地敞开了心扉。

大家齐聚一堂，远离办公室，于是有了空间去明确自己的使命、了解自我。在众人的努力下，公司的核心价值观得以形成——如今这些价值观印在海报上，在办公室里随处可见。

这些价值观是家庭英雄聘用员工、开展工作的基石。我们花费很多时间来思考和定位品牌及品牌核心亮点。让每个部门成员有机会了解自己担任的职务所面临的挑战，对公司是极为有益的。

这次经历还有难以察觉却又极为宝贵的一点——大家合作完成非工作任务。大家一起做饭，夜晚一起喝酒，一起讨论科技和医疗卫生的未来，甚至讨论存在问题，团队纽带由此逐渐形成。事后我回想起来，之后数年大家之所以能密切合作，正是得益于这一纽带。

聘用策略

决定聘用对象是创始团队最重要的任务。虽然创始人对公司文化的影响极大，但终有一日，你选择的团队成员会对公司带来最大的影响。招聘时我们是很保守的，而且开启新职位之前，我们会再三权衡所有选择。我们在招聘上花了极大的精力，每个职位都会面试 125 个候选人。

在面试候选人时，我们关注的重点不在他们过去的具体经历，而在于其潜能、抱负，以及与公司文化的契合度。公司今日的团队也会是五年后解决问题的那支团队，但届时问题会与现在大不相同，更何况在创办初期，公司面临的挑战变化要比其他时期频繁得多。因而，能一起学习、彼此依靠、共同奋斗的团队才更可能笑到最后。

聘用员工的挑战在于确定面试问题，要如何在那么短的面试时间内，凭借面试问题做出是否邀请候选人加入团队的重要决定。我们一般会把面试分成几个环节，格外留心小事，以见微知著。

面试前阶段：这个人是通过求职网站申请的工作，还是由某个我们信任的人引荐的？一般来说，能获得我们认识的某人的简单推荐，会比通过网站申请要好。具备共同联系人，能够为你加分，让你很容易脱颖而出。由此可见，人际关系很重要。

介绍阶段：商务场合中，会议开始和结束时的寒暄最容易被人忽视，其他互动同理，特别是面试。寒暄是比较私人的互动，人们往往会放下戒心，因而更随意、更真诚，所以这是个好时机，能让我们了解面试者的动机、兴趣及影响其多数人生决定的因素。这是一门能快速了解他人的艺术。

背景阶段：通常来说，我更喜欢以"那么跟我谈谈你自己吧"作为面试开场白。问题是开放性的，所以面试者往往会谈及对其影响最深的经历。留心他们怎么评价自己的经历：是否肯定别人的作用，而非一味肯定自己；是否会使用"我们做"而不是"我做"之类的短句。

接着，我会用两种问题来获取更多信息：一是情景问题，我喜欢直接陈述公司面临的具体挑战，观察他们会如何解决问题；二是个人问题，我喜欢问爱好之类简单的问题。

介绍人：我发现面试者的前同事能提供比前领导更好的参考。与介绍人交谈时，试着询问笼统性的问题，从而避免得到积极或消极的回答，如"他们喜欢迅速工作，赶在截止日期前完成任务吗？还是喜欢仔细工作，确保工作成果几近完美？"因为大多数时候，介绍人碍于情面，不会指出面试者不好的一面，所以你要面对的挑战就是如何提出问题，才能挖掘出介绍人对面试者的真正印象，了解面试者的长处、短处、工作风格和价值观。

直击内心：一个人在工作中能取得多大的成功，主要取决于其专注程度和付出精力的多寡。优秀员工之所以能始终出色，是因为他们深刻认同团队宗旨及自己在团队中所扮演的角色。面试的目的就是了解候选人的动力，明确他们想给世界带来什么影响，想学什么技能，想留下什么成就，而要做到这些，秘诀就在于提出直击人心的问题，让他们吐露心声。

记者卡尔·福斯曼（Cal Fussman）回忆，他曾被告知与米哈伊尔·戈尔巴乔夫预约的访谈时间将从 60 分钟减为 10 分钟。于是，福斯曼用如下问题开启访谈："你父亲教给你最宝贵的一课是什么？"为了回答该问题，戈尔巴乔夫讲了个故事，谈到父亲被征召参加第二次世界大战，随后，他开始回忆童年和生活。10 分钟后，公关人员要结束会谈，戈尔巴乔夫说："不，我想和他谈谈。"
福斯曼之后意识到"如果第一个问题没有直击他的内心，那场会
谈可能几分钟就结束了"。然而，因为福斯曼问对了，所以他收获
了一场精彩的采访。

员工管理策略

在家庭英雄，我们始终牢记公司九大价值观，并有意在日常
生活中贯彻这些价值观。每位员工入职一个月后，以及之后的每
六个月，我们都会举行回顾会谈，即"360s"谈话，确保他们在公
司尽可能开心、高效地工作。

这类会谈尤为重要，有利于我们在事态严重前发现一些事的
苗头。通常，我们觉得工作环境有什么不愉快的地方，往往是因
为一些琐碎的小事，如看不惯某人对待自己的方式——虽然别人
并不是故意的，或是工作得不到认可。但这些小事都是可以改变
的，因此，老板要随时了解每个员工的士气高低，进而充分发挥
每个人的潜能，这一点十分重要。

在家庭英雄，我们还会进行团队会议，隔周四举行，时长一
小时，整个团队都会参与进来，进行面对面交流。会议会由凯尔
或我，也就是两名创始人之一起头，总结过去两周的业务情况，
并概述未来可能做出的调整。我们把会议分成三部分。第一，创
始人动态和公司愿景：公司有什么新动态。第二，部门动态概述：
有什么事对公司其他人造成了影响。第三，感恩：团队成员做了

什么卓越贡献。

与许多科技公司不同，家庭英雄拥有一支十分多样化的团队，这是公司极其重要的财富。团队成员有不同的文化和民族背景，为公司提供了独特的视野，有利于提高患者整体的服务体验。

但家庭英雄也与其他公司一样，即有员工经历了生活的重大变故，决定离开公司，尝试其他事情。我总是想起父亲给我讲的一个故事。父亲的老板会真心鼓励他去面试其他工作，说："如果你发现更想做别的事情，那你就去做。人生苦短，不要把生命浪费在不能让你最快乐的事物上。但从另一方面来看，如果找不到更好的工作，你就会更认可现在这份工作。"所以，与其不让员工去找别的机会，还不如鼓励他们探索人生的所有可能性，我们相信，最终他们会更加认可家庭英雄。

员工之间产生的大多数问题都源自情感受到威胁或没有得到满足。分歧最容易出现在一天工作即将结束的时候，因为此时人的注意力最低下，而且觉得又累又饿。有时候，我的合伙人凯尔会和我争论一些琐事，像是怎么给谷歌云盘文件夹命名，或是办公室墙上要挂什么艺术品等。因此，要练习辩论技巧和论证风格，最好是挑风险最低的时候。要营造一个良好的氛围，让员工相互敦促并热烈讨论彼此的想法，信任是至关重要的。如果人们相信争论不是针对个人，知道其他人乐于接受各种想法，那么最佳方案自然会出现。

转移业务重心的过渡期面临的运营难题

像其他公司一样，家庭英雄已经走了很长的一段路，面临过许多巨大挑战。从运营角度看，我们遇到的最大挑战发生在 2016 年的过渡期，当时公司要将营销重心从直接面向消费者，转至与医疗卫生系统签订较大型的企业合约上。

最开始的三年里，我们为直接上门的患者带来了极好的服务体验，而这一点也是公司产品和运营的唯一重心，但在我们建立了企业模型后，公司整体业务模式发生了变化——我们开始面向医疗卫生系统进行销售。

2016 年 4 月，美国最大也是最有名望的医院——西达斯西奈医学中心（Cedars-Sinai Medical Center）投资家庭英雄，旨在寻求机会，使住院患者在出院后能立即得到帮助。由于西达斯西奈是第一个与我们合作的重要医疗卫生系统，我们获得了非比寻常的机会，但巨大的挑战也随之而来。

为了成为医院值得信赖的合作伙伴，我们充分履行《健康保险携带和责任法案》（HIPAA），将我们的护理英雄转化成 W-2 雇员，聘请首席护理官和首席医疗官，并组建了临床案例管理团队，这一切在四个月内就完成了。这次过渡给团队带来了巨大的挑战，但公司能够如此高效地完成过渡，让我十分骄傲。

如何面对失败

创办家庭英雄之前，我开展过多个项目，创办过多家公司，其中有些如我所愿成功了，有些则失败了。如果事态不按计划发展，请接受这个障碍并将其当作垫脚石。我反对非赢必输的说法。你做的每件事都是有价值的，都能让你离下个目标更近一步。每个项目都是一次机会，从中你能学到东西，遇到新朋友，提高名气，乃至发现职业生涯的下一步。

2010 年 8 月，我搬到加利福尼亚，为埃克里斯航空航天公司工作，任机械设计工程师，负责设计和开发雷达系统。在该公司工作的两年期间，周末和晚上我都会在创业共享工作室考洛夫特（CoLoft）工作，正是在考洛夫特的经历，促使我萌生创业的念头。我遇到了极为优秀的人，其中有人后来成了我的合伙人，还有许多人成了我日后的密友。若周围的人与你有相同的志向和价值观，就能给你带来积极的环境氛围，大幅降低转变带来的困难。很多个晚上我们会给彼此定位，在白板上写下可能实现的商业构想。我们都有远大的理想，而且会鼓励彼此去追逐梦想。我的第一个创业构想是飞行伙伴（AirPair），该产品的功能是让乘客选择飞机邻座对象。虽然飞行伙伴从来不曾"起飞"，但我们学会了怎么组建公司，开发第一代产品，获得媒体报道，以及如何上门向航空公司和投资者推销。那次经历带我走上了创业之路，引领我走向第二个项目。

大脑边缘系统让人类天生抗拒改变，尤其是大幅变动，如创办新公司、放弃稳定收入。要减少改变带来的焦虑，我们可以寻求尽可能多的动力。看看博客，回答问答网站的问题，在推特上找找朋友，听听创业播客，读读或听听书，与人开开咖啡会议来推销你的想法，尽可能地吸收各种文化都能赋予你动力，让你下定决心改变。

然而，要确定辞掉正业着手创办公司的时机往往并不容易。我认为，是否要开始改变，最主要的是看你有什么团队。如果你找到了卓越的人才与你互补，而且渴望解决实际问题，那么你就可以放手一搏了；如果你在另一个领域工作，与其等待完美契机的降临，还不如投入创业，抓住机会，奋力前进——所有取得长远成功的人都遵循这一原则。第一个项目及一开始的几年会把你带入创业游戏中，让你从中学习规则，吸取经验。在这之后，能否成功仅仅是能否坚持的问题。

当我开始与内特·斯图尔特（Nate Stewart）在网络销售初创公司——活力观察公司工作时，我知道我们会是个好团队，所以我迫不及待地投身进去。我们没日没夜地发展事业，白天向本地商家推销，晚上研发产品和软件。我们拼命筹集天使资金，还把公司搬到得克萨斯州首府奥斯汀。几年后，我们把公司卖给了大商务公司。

继活力观察公司之后，我搬到旧金山，与凯尔·希尔一起经营"流动点单"——一款饮品点单移动应用。通过流动点单，你可以下单点酒吧饮品，在应用里完成所有支付后，即可等待饮品直接送到餐桌上。我们免去了顾客去酒吧排队的麻烦，让点单更轻松、更简单。我们一家一户地向酒吧老板推销流动点单应用，告诉他们该应用能促使消费者更多地消费。有那么一段时间，12 家旧金山酒吧都采用了流动点单，我们当时觉得像同时把 100 个小球抛到空中耍杂技一般应接不暇。

我们一天会乘 10 趟来福车（类似国内的"滴滴"），把流动点单免费饮品卡派发给司机，好让他们把卡片派给前往酒吧的乘客。每个酒吧都有不同的支付系统、工作流程、手机服务质量和顾客群体，所以每个晚上教顾客使用应用都像打一场硬战。那些每个夜晚的推销、应用漏洞检查，翌日的漏洞修复……一切仿佛无穷无尽。

我创业生涯的最低潮就出现在流动点单时期，当时的资金仅够我们支撑几周。我们决定在"超级碗"（美国国家橄榄球联盟年度冠军赛）开始前，在最大的合作酒吧——位于旧金山的麦克梯格沙龙（Mc Teague's Saloon）举办一次活动，吸引一批新用户。我们向酒吧里的每个客人承诺，只要使用流动点单，就能免费获得一杯饮品。那晚，酒吧里一开始只有我们 10 个人，后来发展到数百人争着要进酒吧来。人流最高峰时，系统崩溃了，人们没有办法在应用里下单。希尔和我都要疯了，试着在后台推出一次升级来修复漏洞，当时真是度秒如日，链接慢得根本打不开。我们觉得辜负了所有人的期望，无论是顾客、酒保，还是酒吧老板。每个人都在朝酒保大喊大叫，指责他们应用出了问题。最后，我们不得不直接为说好的免费饮品买单。

接下来的几天，我们意识到资金已经无力维持公司运转了。酒保的高流动性、缓慢的无线连接、不连贯的工作流程及销售点技术难题造成了高昂的收购成本，让人们对这个酒吧商业模式望而却步，但我们没有被吓退，而是把所有出路画成图表，最终明确了一点：向运动场推销应用的成功率最高。

我们立刻打电话联系加州所有运动场，与加州大学伯克利分校、旧金山淘金者队、圣何塞州立大学约见洽谈。虽然它们都表示很有兴趣试用流动点单来提供选座服务，但均说要到下一赛季才能开始试用。也就是说，我们得等六个多月。遗憾的是，我们当时的资金只能维持数周。

与此同时，希尔98岁高龄的祖母生病了，需要一名护工去西雅图照顾她，于是希尔无法投入经营业务，每天不得不分出几小时帮祖母招聘家庭护工。我们觉得自己被逼到了绝路，除了放弃事业去找工作外别无选择，但我们没有屈服于挑战，而是做了相反的选择。在希尔亲身体会为挚爱之人招聘护工有多困难后，我们接受了挑战，决定在这件事上做文章，于是，家庭英雄成立了。在科技博客网站上报道了流动点单的故事后，我们决定在流动点单网上分享一切——从展示稿到软件代码。

在流动点单网上发布故事后的几年，我们收到了数百封电子邮件，来自世界各地的来信者都有着类似的构想，他们向我们寻求建议，并感谢我们分享了知识和经验。大多数初创企业不会被人收购，也无法进行首次公开募股，所以想好怎么充分利用自身的经历尤为重要。

在流动点单网上分享我们的努力，为我们曾取得的成功增加了不少曝光率，这对我们的下一个项目——家庭英雄很有利。请谨记幸运坐标系：x 轴是你对所做之事的擅长程度，y 轴是知晓你能力的人数，曲线下面积就是你人生的幸运值。就算初创公司失败了，你也可以吸取教训，转移目标，进而提高幸运值。

你与同事之间的关系是职业生涯最重要的一部分。市场形势无时无刻不在变化，大多数初创企业在早期仅仅是试验品。要找到优秀的人并与之合作，或许项目会失败，但你能坚持着走得更远。我和希尔经历了风风雨雨，关系一直很好，甚至还从硅谷某些顶级投资者手中筹得了 2300 万美元的资金。

无论发生什么事，保持积极的心态。这话虽是老生常谈，但它的确是你拥有的最好武器。爱迪生、罗斯福、洛克菲勒和华盛顿都曾奉行斯多葛哲学，该哲学能帮你集中精力安抚自我，控制自己在不同场合的反应。学会不受项目结果的影响也很重要，项目失败不等于个人失败。

在创办公司的过程中，如果你不自我控制的话，任何事物都可以对你造成伤害，所以要掌握诀窍，减少会对心理造成影响的消极因素——银行存款会变少，和朋友聚会的时间会变少，甚至似乎没有任何出路可走。初创公司最困难的一点是，要一边维持对长期愿景的信心并为之奋斗，一边满足公司的短期需要。在公司起步阶段，你会觉得遍地荆棘，精疲力竭。

但讽刺的是，对初创公司而言，最好与最坏的一面并没有太大差别。初创公司诡谲不定的性质既让人无比兴奋，又让人感到压力巨大，因此，人们很容易把视线定格在具体目标和结果上（如筹资、聘用关键员工、完成发展指标等），一旦事与愿违，就会下意识地认为那是自己的错。我相信斯多葛哲学能帮助我们克服这一点：不以物喜，设想最坏的结果，你就会意识到只要比它好些的事情都是极好的。

　　拥有创业以外的爱好或挑战极为重要，它能够为你减轻初创公司带来的压力。我的选择是参加铁人三项全能竞赛，这让经营初创公司看起来没那么困难。与创业无关的活动能让我们有一种平衡感——这一边经历了高潮，另一边就会经历低谷，反之亦然。

第 10 章　永不妥协

凯文·陈
——梅德瑞特公司联合创始人

很多创业故事表面上看起来光鲜亮丽，但我们所能看到的只是屈指可数的成功创业者和公司。要想让一个想法变成现实，让自己的公司成功，不仅要有恒心，而且要不断改进。在和凯文聊他的创业经历时，我发现，把握住机遇，不断改进自己的产品和目标至关重要。也许你第一次创业不成功，没有一夜间变为下一个比尔·盖茨；也许你好不容易进入的孵化器没能够将你成功孵化成下一个爱彼迎。其实这些经历往往是创业过程中的一部分，作为初次创业者，你可能以为自己已经失败了，其实不然。把这个故事分享给大家，希望你能够坚持初心，相信自己总会在最后收获成功。

人物简介

　　凯文·陈（Kevin Chan）是梅德瑞特公司（Maderight）联合创始人，曾多次创业，目前致力于梅德瑞特的发展。梅德瑞特是一家由 YC 公司和"X 起始"支持的创业公司，当前正在宣扬时装界的"道德生产"（ethical manufacturing）。凯文入选了 2016 年《福布斯》制造业"30 位 30 岁以下青年才俊榜"。在"真正的勇气"（Daring Greatly）活动中，凯迪拉克评选了 25 名在各自领域做出开创性贡献的创新者、创造者和先驱，凯文名列其中。美国白宫表彰他为"变革拥护者"。他的作品及观点常见于顶级行业媒体，例如科技博客、商业内幕及时装商业评论等网站。凯文也为众多创业公司提供咨询建议，同时在"X 起始"、"发动"（LAUNCH）和"首要风险投资"（Cardinal Ventures）担任导师。此外，他拥有加利福尼亚大学伯克利分校的计算机科学和工商管理双学位。

如何创办公司

首先请制订一份企划案，但是也请做好将它废弃的打算。回想我自己在加利福尼亚大学求学的第四年，我清楚地知道自己希望做些什么，我早已经规划好自己未来十年的计划：毕业之后，我将立即在一家对冲基金担任量化交易员，25 岁时结婚，30 岁时担任基金经理，更重要的是，我将非常富有，自己的财富最终将满足我的购物欲望。我还将做些什么呢？毕竟，过去三年间我双修了工商管理和计算机科学，期望自己能够获得此职业需要的所有技能。

将时间"快进"，毕业后的五年，我从未在对冲基金领域工作过一天。事实上，我从未拥有一份真正的工作，而且我至今单身，如果说我有妻子，那就是我的事业。当然，我也绝不算富有。但是，一切都还不错。事实上，情况好于"不错"，因为我对于自己迄今为止取得的成就感到欣喜。

这期间发生了什么呢？

我购买了一条牛仔裤。具体一点，我购买了一条标价 600 美

元的牛仔裤。再具体些，我买了一条 Dior Homme AW06 19cm MIJ
Raw Indigo Selvedge 28（迪奥牌 2006 年秋冬款男士 19 厘米日本
制造非水洗靛蓝色织边 28 码）牛仔裤。接下来，让我为您详细地
解说这一长串名称。

"Dior" 是品牌名称。

"Homme" 在法语中指 "男士"。

"AW06" 代表 2006 年秋冬款，借此让您知道其设计者是
艾迪·斯理曼（Hedi Slimane）。

"19cm" 是指平摊时的裤脚围。

"MIJ" 即 "日本制造"。

"Raw" 指非水洗。

"Indigo" 即牛仔裤的颜色为靛蓝色。

"Selvedge" 表示织物由老式织布机织造，因此出现了清
晰可见的棱角。

"28" 指腰围。

为何要在乎这条牛仔裤呢？好吧，也许你无须在乎它，但是
我不一样。在此，我并非试图向你推荐一款超高价的设计师牛仔
裤，而是希望所有人都能对某一件事情心怀热情。于我而言，我
热衷于时尚，而且，为了最终满足这份热情，我购买了一条自己
负担不起的牛仔裤。

做自己热爱的事情

由于我热衷于时尚，因此，毕业之后我创办的第一家公司就是男士时尚品牌 ASPECD。我最初希望在网上销售定制款衬衫，因为哪一位男士不喜欢定制款呢？我们推出了一个网站，顾客们可以在此网站中输入他们的三围尺寸，同时选择自己喜欢的布料，几天以后，一件十分合身的衬衫就能出现在他们面前。这个想法非常聪明，对吧？

启动这个项目有多难呢？当时，我们来到中国，与那些倾一生之力掌握这门手艺的裁缝们见面。我们因此知道，他们可以生产出最高质量的衬衫，而价格却只有美国生产的衬衫的一小部分。我们坚信：只要我们成功创建网站，公司很快便会取得成功。消费者将在我们的在线商店排队购买衬衫。

我们花了两周时间完善网站。同时，我们在某网站上了解到，最好"自给自足"，使用自己的服务器，我们也这样做了。网站完成以后，我们利用这一网站为所有团队成员订购了定制款衬衫！并非我们吹嘘，该网站的确很漂亮，它拥有超前于时代且灵活的用户界面。但是，它也存在缺点。在为团队成员购买衬衫的过程中，我们遇到了各种各样的复杂情况。

问题 1：每位团队成员彼此测量尺寸，然而，每次当我们检查这些尺寸时，测量结果都不尽相同——没有人能够准确地测量尺寸。

问题 2：邮费高于衬衫本身的价格。

问题 3：衬衫并未在几天时间内出现在我们面前，而是花费了四周时间。

问题 4：衬衫看起来荒唐可笑，还没有我们在当地百货公司购买的衬衫合身。

解决这些问题，需要打一场硬仗，而当时我们并没有做好相应的准备。那么，一切就要重新开始啦。然而这一次，我们必将取得成功，因为我们非常聪明，并且刚刚学到了重要的一课：在花费时间开发产品时，要先彻底地验证产品设想是否成立。

改进，改进，再改进

我们保持产品宗旨不变，仍是以低廉的价格销售更合身的男士衬衫，但对产品定位稍稍做了调整。这一次，我们不仅不改变购物流程，还要对其加以完善——我们推出了中间尺码，让消费者有更多选择。此外，还提供私人改制服务，让衣服更为合身。

接下来两年，公司都以该定位经营产品，小有所成，得以度过四个季度的设计更迭而不致破产倒闭。在时尚行业，这可是了不得的成就！要知道，这一行竞争极为激烈，大多数新品牌甚至无力维持一年。

当时的问题主要是：由于设计和开发要耗时六个月左右，我们不得不把每一分收入重新投入公司运营，这就意味着我们得不到任何报酬。而我们的财务报告显示，如果公司以现有速度成长的话，创始人将在四年内连维持基本生活所需的工资都得不到。

幸好除了经营自家品牌，我们还有生产和物流业务，而且很受其他公司的欢迎。

梅德瑞特诞生

自创办以来，梅德瑞特奉行的经营哲学就是加州淘金热时期的镐头贩卖理念。时尚行业表面看着光鲜亮丽，每年都吸引了数以千计的人前往"淘金"，然而成功打造出品牌的少之又少。回想19世纪，成百上千的人搬到加州，苦苦寻找黄金，这与如今时尚业的情况何其相似。打造品牌听着诱人，就像金子一样令人趋之若鹜，然而，黄金热时期的最大赢家是镐头商人，而梅德瑞特就像是镐头，虽然不吸引人，却是品牌打造不可或缺的工具。从样板到生产再到物流，梅德瑞特管理整条品牌供应链，使各品牌不需要在不同时区和语言的多个供应商之间进行协调。

但我并没有就此止步，公司在不断发展，我的热情在不断高涨。在前往世界各地联系服装厂的同时，我发现了更大的问题，而在此之前，我从未就此细想过。或许你看过头条新闻报道的血汗工厂、雇用童工，然而现实远比媒体的报道更糟糕。强制劳动、危险工作环境、工资压榨都是血汗工厂的剥削常态，而这还只是允许我参观运营情况的工厂，至于其他不为人知的工厂会如何，简直不敢想象。

经营梅德瑞特开阔了我的视野，使我更加了解全球不公的现状，也让我认识到新的个人使命——无论是提供工作岗位还是更好的教育渠道，我要为尽可能多的人创造机会，改善他们的生活。于是，梅德瑞特的宗旨从笼统的生产民主化，也即让更多人参与到生产各环节，演变为民主化生产的同时注重生产道德。

创办公司就如同坐过山车，每个高峰都对应着一个低谷。高峰容易驾驭，毕竟谁都喜欢成功，真正致命的是低谷。如果你只有外部动力，那想让公司取得成功几乎是不可能的。大多数创业者很快就意识到，创业远没有上班收益大。因此，真正促使创业者成功的是激情，正是这种内在动力才能带你走出低谷。

给初次创业者最重要的建议

对任何一个想创办公司的人，我的建议都是：别开公司。你觉得创业者很光鲜？并不是。媒体在误导你，让你只能看到最厉害的 1%，实际上，90% 以上的初创企业会失败，成功的机会十分渺茫。

你以为创办公司能赚大钱吗？不会。圣路易斯华盛顿大学的一项研究表明，创业者的普遍收入比上班族少 35% 左右。

你以为创办公司有很多自由时间吗？想得美。知名发明家兼创业家洛瑞·格雷纳（Lori Greiner）曾说："所谓创业者，就是唯一一群为了每周不工作 40 小时而工作 80 小时的人。"

看完以上的"谬论",你还想接着读吗?很好!现在我可以同你分享我所看到的大多数功成名就的创业者具备何种特质和作风了。

安杰拉·达克沃思(Angela Duckworth)称之为"坚毅",卡罗尔·德韦克(Carol Dweck)称其为"成长型思维模式",加州大学伯克利分校哈斯商学院称其为"质疑现状"。

现在,我称其为"永不妥协"。

在梅德瑞特创办之初,我们经历过一段难忘的时期,自那以后,我们便将该时期称为"黑暗时光"。请听我细细道来。在梅德瑞特之前,我们在纽约创办并经营一个男性服装品牌,而梅德瑞特当时只是一个想法,后来我们决定用该想法来申请加入 YC 公司。这是家竞争极为激烈的早期初创企业孵化器,总部位于硅谷,曾孵化出苹果的 Dropbox 客户端及爱彼迎公司等。言归正传,我们也不确定发生了什么事,反正云里雾里地就成功了。我相信我们是第一家,也是唯一一家仅凭一个想法就加入了 YC 的公司,这对当时的我们而言是千载难逢的好机会,所以我们抱着"何不试试"的心态下定了决心。

在加州现场面谈后,我们飞回纽约,卖掉所有个人物品,终止一切租契,关掉服装门店,搬至加州永久定居——完成这一切,只花了一周时间。

在 YC 公司,比起大多数同行,甚至是一些已经营数年公司的创业者,我们收获的付费客户更多。

新公司创办刚满三个月时,我们感觉良好,一切有如神助,万事如意。到了项目末期,一批举世闻名的风投家与 YC 公司合作，开放咨询时间，指导每个初创企业如何成功筹资。

咨询第一个小时，一位风投家告诉我："（在硅谷）你绝不可能筹得资金，如果条件允许，去找亲友筹资吧。"

第二场咨询开始一个小时后，我甚至没来得及说完商业构想，而那位风投家更关心当天午饭吃什么。

这些还是所谓的"友好"投资者，毕竟他们特地牺牲时间来帮助我们。我默默问自己：如果在非咨询时间与其他投资者会面，我会得到什么反馈？

但我们仍不担心，因为还有"路演日"，届时将有500多位投资者来听我们进行企业宣讲。在某些领域，路演日名声很差，因为在这一天，投钱就如撒糖果一样随意，无须进行任何尽职调查。

YC公司的股东称路演日为"你们公司生死攸关的一天"，于是我将全副身心都投入了练习：写宣讲稿，更新宣讲演示，练习，获得YC股东的建议，重复上述步骤。

我每天花18小时练习，持续整整三天。

终于，激动人心的那天到来了。我们放弃了自己的服装品牌，千里迢迢搬到加州，过去三个月来一周七天连轴转，为的就是这一刻。500名投资者就在我们眼前，我们将会是下一家爱彼迎！

在我们之前，约有20家公司要宣讲，于是我待在后台，一边紧张地练习，一边看电视里的宣讲直播。那是我这辈子最难熬的几个小时。

终于，到我们上场了。

我们做到了！我做了这辈子最好的一场宣讲。

而那天我们得到了多少投资？零。那其他我们熟悉的同行又如何？有些人订单多得应接不暇，有些人筹得 200 万美元以上的资金。那之后，我们本来是可以放弃的，大多数人都会放弃，但我们不是大多数人，我们是创业者，为了成功，我们必须永不妥协。我们永不会妥协，我们永不说"就这样算了吧"。

接下来的一个月，我们联系了所有能联系上的投资者，与其中 100 多位进行了会面，总算度过了那轮资金筹集期，挨过了"黑暗时光"，在创业之路上更为坚强。

请记住：只要不言败，你便不会败。

第 11 章　市场营销

叶海亚·阿巴葛伯
——肿瘤学家，国际癌症研究中心创始人

宣传销售对于成熟的大公司和创业公司而言应该是两种完全不同的概念。对于很多正在成长的企业，宣传销售需要的大量经费是无法支付的。在这章中，我特地问了叶海亚他是如何在保证合理开支的情况下宣传公司产品的。叶海亚来自埃及开罗，从这章我们也可以看出国际创业者是如何思考创业的。希望这章内容可以启发大家的国际化思维，让大家了解外国年轻创业者的营销手段。

人物简介

　　叶海亚·阿巴葛伯（Yehia Abugabal）是埃及肿瘤学家，也是一位富有远见的创业者，还是国际癌症研究中心（International Cancer Research Center, ICRC）的创始人。这所综合性医学研究中心总部位于埃及开罗，其研究领域涉及多个学科，如肿瘤学、放射治疗、病理学与外科学等，并汇聚了相关领域的杰出专家。该研究中心具有浓郁的协作氛围，鼓励研究人员进行工作之外的交流。

　　叶海亚还是位受人尊敬的演讲家，致力于发展肿瘤学，提高大众对癌症的认识，教授患者相关知识，并为埃及与中东的青年医师提供指导。电视新闻曾报道过叶海亚的事迹；《福布斯》称其不仅为冉冉升起的新星，更是一位世界变革者；2016 年，阿拉伯商务网（ArabianBusiness.com）将叶海亚列入全球最具影响力的100 名阿拉伯人榜单；美国商会则称其为"埃及群星"的一员。

　　叶海亚·阿巴葛伯位列 2016 年《福布斯》卫生保健领域"30 位 30 岁以下青年才俊榜"。

对有些人来说，特别是没有或少有经验的人，营销是件伤脑筋的事。在投入目标市场之前，请尽可能多地浏览相关的市场需求信息，做好营销计划，这是至关重要的一步。

研究中心创立初期，我便遇到了与其他初创公司相同的难题——职员很少、预算有限。在与医疗卫生行业的知名巨头竞争的同时，我们还得想方设法让中心脱颖而出。

大致列出营销策略后，我和团队成员发现，与其说是单纯的策略，不如说这更像是一种精神，将我们同传统的营销行为区分开来。我们还了解到，许多营销原则是为大型企业与知名公司设立的，目的在于销售产品，并不适用于医疗卫生领域，所以我们需另辟蹊径，进行营销策略创新，以便打入拥挤的市场，在发展中立足，哪怕社会还不够重视癌症研究。

我意识到研究中心需要明确品牌定位和机构形象，毕竟，市场营销是一种重要工具，可供每一个投资人使用，对想在消费者心中树立形象的新兴公司而言更是如此。

作为医疗卫生领域的初创机构，我们的服务对象包括不同的群体——本行业公司、寻求护理服务的个体等。为此，我需要联系制药公司，与其合作开展研究、教育及认识普及工作；我需要接触大众，尤其是癌症患者，鼓励他们在中心里发挥积极作用，在临床试验中分享心得，参加意识提升研讨会，接受我努力传达的信息；我还需要争取政府机关及非政府组织的支持，以便开展合作。

我们的营销策略必须独辟蹊径，这是本领域的需求决定的。一开始，中心只有三名营销人员，预算与资源都有限，与竞争对手相比就更显得捉襟见肘了。营销基本工具，如平面设计团队和广告顾问，对当时的中心而言都是奢侈品，因此，我们需要想办法用有限的资源实现最大的营销效果。于是，我们开始自制宣传材料，学习如何使用设计软件，以便制作吸引人的印刷资料，同时在社交圈中寻找制作宣传视频的帮手。

在营销过程中，我们需采取创新主动的策略，强调研究中心独特的抗癌方法，借助低廉方便的宣传工具，如脸谱网、推特、网络短片和电子邮件营销等来展示研究中心的强项，并介绍我们如何凭借自身优势服务大众。任何策略，只要具备营销效果，我们都考虑采用，以便尽快使研究中心成为本行业的主要力量，并扩大其在中东的规模。

我们同时使用了若干营销策略，有些取得了成功，其中又以关系营销为最——该营销重点在于为品牌与消费者建立牢固的联系。通过与美国临床肿瘤学会（American Society of Clinical Oncology）、欧洲临床肿瘤协会（European Society for Medical Oncology）、欧洲肿瘤外科学会（European Society for Surgical Oncology）合作，我们得以在医疗卫生行业建立较高的公信力，并扩大了研究中心的影响。

医疗卫生是一个竞争极为激烈的行业，但研究中心在该行业扮演的角色更像是领导者，而不是追随者。我们创造市场，开发新型医疗卫生产品以满足客户需求。

以下是若干我们使用过且行之有效的营销策略。

一对一营销：面向消费者进行一对一营销，根据不同个体调整营销策略。

实时营销：借助科技，与消费者实时互动。

病毒式营销：在网上传播信息，借助大众的力量传播并分享该信息。

数字营销：利用网络工具，如电子邮件和社交网络进行营销。

提供卓越服务：为整个研究网络提供 24 小时技术支持，开通与重要合作方的沟通渠道。由于研究人员与大众拥有的资源有限，所以本服务对他们而言十分宝贵。

实地接触：距离并不影响信息传递。开展研究时，我们会利用强大的网络及一周七天的全天候监控云端，将埃及各偏远地区联系起来；我们会借助中心的移动影院播放教育视频，使意识提升活动的范围覆盖全埃及；我们还会利用乳腺X 光移动设备，前往任何有需要的地方进行检测以拯救生命。

对于我们而言，一对一营销效果最好。针对每家医院、每个医疗机构甚至大众的具体需求，采取个性化的应对策略是极有必要的，这有利于在高度竞争的领域中建立信任，使公司与其目标对象形成牢固的联系。

任何营销策略都离不开新闻媒体报道，为此，我们在过去数年来取得了媒体的信任。每当开展活动时，我们会先与公关机构取得联系，再向它们发送电子邮件，描述活动的具体细节、任务及目标，并邀请它们前来参加。在开展国际会议之前，我们会先召开记者招待会，以便获得更多报道。我们邀请媒体参加会议，将新闻稿发给它们。成功举办了若干项目与活动后，我们发现媒体会主动索要最新资讯、领域研究动态及癌症认识普及动向。这类新闻报道极大地提升了大众对我们的信任度，如今，人们会更积极地参加中心的活动，帮助我们传播信息。

在高度竞争的市场中，初创公司一不小心就会"默默无闻"。我们曾面临的挑战是如何在竞争中脱颖而出，这也是每一家初创公司都要解决的问题，而要展示公司的独特性，最好要采取创新大胆的营销技巧。

第 *12* 章　寻找痛点

考特尼·格拉斯

——才思泉涌技术公司联合创始人，创业联盟执行董事

很多创业者目前还在上学，也许没有足够的积蓄来支持创业，又不想过多依靠亲朋好友的资助。也许你身边创业的人不多，不知道怎样找到可以互相支持的创业群体。在和考特尼聊天时我了解到，学生或年轻人创业其实更加有利。你可以免费获得许多学校的资源并且使用学校的设施，还可以得到老师、同学的帮助。在创业时如果失败，也不会有很大的经济负担。如果你已经毕业，可以加入当地的一些孵化中心以获得帮助。希望在阅读这一章时，你可以受到考特尼的启发，看她如何运用有限的资源为自己的创业公司服务。同时，考特尼还提出团队需要选择正确的问题去解决，而不是花很多时间去做一个没人购买的产品，因为有些时候，问题的普遍程度决定了一个产品及公司的成败。

人物简介

考特尼·格拉斯（Courtney Gras）是才思泉涌技术公司（Design Flux Technologies）联合创始人，创业联盟（Launch League）执行董事。她是位训练有素的工程师，更是位天生的企业家。她曾在美国国家航空航天局担任电力系统工程师，后辞职开办公司，积极投入创业社区的建设中，同时还鼓励妇女投身技术工作及创业。

考特尼本科就读于阿克伦大学，专攻电机工程，其间与人在阿克伦合办了一家清洁能源公司，即才思泉涌技术公司。2015 年，考特尼通过清洁能源挑战赛，获得康梅德女创始人奖（ComEd Female Founder Prize）。2016 年，考特尼担任首席运营官，并入选了当年《福布斯》能源领域"30 位 30 岁以下青年才俊榜"，荣登中西部能源新闻网（Midwest Energy News）清洁技术领域"40 位 40 岁以下精英榜"，位列克利夫兰商报（*Crain's Cleveland Business*）"20 位 20 多岁精英榜"。

如何创办公司

成为创业者无须计划。我创业时计划的第一件事，就是抛开计划。是的，我从不计划！我其实从未想过要成为一名创业者，我的父母未曾开办公司，也未曾经商，而且我在校主修的专业并非商业，而是工程学。当我日渐长大，大家都说，我应该找一份报酬丰厚的工作。因此，可以说我要创业难度很大。但后来我意识到，能否成功创业与学历高低或教养好坏毫无关系。创业只与自身有关。

读大学期间，我兴致勃勃地参加过各种课外项目。大一时，我花费了大量时间研习机器人学，摆弄各种稀奇古怪的事物。在参与这些项目的过程中，我发现自己有些技能很适合创业。我曾在大家梦寐以求的公司带薪或无薪实习过。我曾在洛克希德·马丁公司（Lockheed Martin）、美国国家航空航天局工作过，但在这些工作环境中，我并没有找到满足感。我过去喜欢在充满挑战的快节奏环境中工作，喜欢和小团队、热情洋溢的人一起工作。这些环境曾给予我能量，这些人曾使我成长。那时我知道，我并不适合待在大公司——也许你也有同样的感受。

那么，我是如何创办自己的公司的呢？读大学时，我曾在当地一家初创公司参与过一个研究项目。我那时正在开发一个产品的子系统，叫电池管理系统，是一种防止电动汽车电池起火的工具。有一天，团队里的咨询师来到我和队友跟前，问我们是否想参加商业计划大赛。他说道："你们现在开发的电池管理系统，其实已经算是一个产品了。"当时，我看着即将成为合伙人的人，心想："这太不靠谱了！我们是工程师，我们对开公司一无所知。"但我们最后做了决定："最糟糕能坏到哪里去呢？我们尝试一下，最多就是没人买这款产品而已！"所以我们决定推销这一产品。当时正逢大赛申请截止前夕，我们毫无头绪，不了解商业计划，也不了解产品宣传。

我们急忙在谷歌上搜索各种术语，如"利润率"和"息税前利润"。我们叫道："这些是什么玩意儿？"让我们颇感意外的是，我们两个电机工程师居然入围了决赛。但在决赛里，我们的表现极其糟糕，像是在进行硕士论文答辩，而不是产品宣传。即便我们没有赢，但这场比赛也是"星星之火"，点燃了我们的事业。在我们做完产品展示后，人们来到我们身边，说道："你们的展示挺差劲的，但产品有点儿意思。"

此后，我们便走上了一条混乱、曲折的创业之路。虽然网上有不计其数的资源，还有"创办公司的十大步骤"之类的清单，但却很难找到一个无所不包的指南，能为你的公司规划完美的蓝图。我们创办这家公司的时候还是大学生，所以我们必须首先在一个复杂的生态系统——公立大学找到出路，诸如如何处理知识产权、研究设备之类的问题接踵而至。虽然大学可以提供诸多便利，我们还是选择在校外开办公司，自己开发技术，申请专利。这个选择是好是坏，都可以找到诸多理由进行佐证，但我想说的是，最好问问身边的人，时常问问，看看你所在领域的其他人会怎么做。如果你要创业，你必须厚着脸皮寻求免费帮助，我们甚至还向少年求助过。

在将近一年的时间里，我们还尝试参加过其他产品推销大赛，摸索着在校外开公司的道路。一年后，我们迎来了第一个"队友"，而此时的我们正好急需一名团队成员。他拥有法律和商业的双硕士学位，本科专业是财务，简直与我们完美契合。在他的帮助下，我们得以入围一场业内比赛，即清洁能源挑战赛。因为我们的公司是一家清洁技术初创企业，所以我们更有可能角逐清洁技术领域的奖项，而不是继续参加更多竞争异常激烈的综合比赛。清洁能源挑战赛使我们筹集到了第一笔资金——1万美元。我们感觉像是当了国王一样，拿着大额支票，开怀大笑。

为了创业，我们晚上和周末都在工作，牺牲了所有的业余爱好。显然，我们不能养活自己，也不能辞职，而且我们也没有勇气辍学，因此创业期间只能节衣缩食。在大学里创办公司的一个最大好处是，如果你失败了，你还可以毕业，找份普通的工作。虽然我们可以兼职创业，但也不是没有任何牺牲。即便在我们从当地获得额外资金后，也不能外出，不能把钱花在花哨的办公设备或参加西海岸炫酷的技术会议上。创业并不像电视剧里那样令人心驰神往。我们的每一分钱都要花在刀刃上，生活节俭得像是学生。我们中的一些人住在一起并外出工作，但大部分人是做兼职或找一份特殊的工作，这可以让我们在经济独立的同时，也有足够的自由专注创业。此间，我们明白了导师的重要性，同时也明白了，人们总是愿意帮助一家年轻的创业公司，尤其是愿意帮助那些 20 岁出头的创业青年。

创业没有秘诀

我们一路走来也学到一些宝贵的经验。在第一次创业时，无论你参加了多少培训课程，浏览了多少相关视频，你永远无法预知下一个挑战何时到来。我们发现，尽管人们严格选定商业计划，十分专注"商业模式图"或华而不实的新商业规划工具，但除了参加产品宣传赛和申请筹资外，遵循事先所准备的计划的实际意义并不大。还记得我说过我们的创业没有计划吗？我们至今仍然没有计划！

我们在进入这个行业时运气相对较好，而且最终得以和客户直接对话，针对他们的反馈意见寻找对策，并在必要时快速转变方向。在这个过程中，我的融资演讲稿改了不下 50 次。每次改动，我都会根据客户的反馈，不断斟酌我所传递的信息。

着重定位难题，而非提供解决方案

事实上，这一理念是我们初期获得成功的最重要因素之一。

在开始创业几年后，我们意识到自己的技术没有市场。我们开发的电池管理系统在海外竞争更加激烈，我们只好收起自己的骄傲，开始提出一个全新的概念。如果你还是学生，你往往是以炫酷的科技开始创业，而不是以一个有待解决的实际问题开始。我要告诫学生："关注待解决难题，而非解决方案。"确定你首先是在解决某一难题，而不是沉迷于科技。这一教训十分惨痛，其代价是我们必须抛弃原来的科技，但它也是弥足珍贵的，对我们这个年轻公司的未来发展裨益良多。

在创办硬件公司时，最关键的要素之一就是证明你的发明是实用的。由于经费有限，这对我们来说是个挑战，所以我们必须想办法证明我们的技术。然而，硬件的价格十分昂贵！有时，发明全新的事物就相当于制造无人需要的东西，至少刚开始是这样。虽然我们认为我们的电源管理产品——一款新软件既炫酷又独具创意，但我们很难看到客户有着同样的感受。一开始，我们还感到困惑不已，但后来我们意识到，我们的行为就像给 80 多岁的老人推销苹果音乐播放器一样。没人明白我们的产品是什么，也不知道我们产品的功能。当我们告诉人们这个产品可以让他们完全摆脱充电器和电源转换器，他们看着我们，就像看着疯子一样。困难好比一座高山，我们必须慢慢往上爬，所以我们仍在不断证明自己。那么，我们是如何消除人们的疑虑的呢？我们找到了可靠的合作伙伴，并与当地大学合作，进行第三方验证。我们在国际盛会上宣讲，告诉人们我们对电池产业未来的构想，并努力把我们的理念写成文章发表在可靠的期刊上，由此逐渐提高人们对我们产品的认同。

这绝非玩笑话：创办公司的第一步可能充满最多的不确定性，但却是最关键的。以我的经验来看，这也是我和合伙人学到最多的一点，即使一切都失败了，我们也收获了海量的知识，有助于我们下次创业。

要点

创业无须太多计划。

只有行动才能找到你热爱的事业——我成为创业者，努力创业后才发现我热爱创业。

创业没有秘诀。你必须随时尝试不同的方法，按需调整。

不要一直把技术放在第一位，而是先找到问题和痛点。

人们乐于帮助年轻的创业者，但你必须会寻求帮助。

准备一个商业计划用于筹集资金，但多专注于制订和调整计划，而不是完善计划。

必须向合作伙伴或第三方证明你产品的价值，从而获得关注。

创业期间如何实现经济独立和生活自立

如果你热爱正在做的事情，那它就不算是工作。你可能还年轻，要么还在上大学，要么才刚刚毕业。你的朋友都在忙着买房，或者忙着去欧洲度长假，但你却在这里创业。你可能拿不到六位数的薪水，要是拿到了，我肯定会眼红不已，可能写本章经验的人就是你而不是我。

这些也是我在大学时面临的处境。我需要权衡一堆的选择和可能性，权衡我要如何一边创业，一边养活自己。起初，我掌握了一些神奇的时间管理技能，帮助我管理我的大学课程，同时在美国国家航空航天局和一家初创公司带薪实习。但我必须承认，我说"神奇"有点夸张了。有时，你只是需要跳出思维定式去思考问题、提出问题，我的决定是放慢我的课程学习，延迟一年毕业。至于我怎样得到航天局的工作，我只是申请了职位而已，但我知道，我的课外项目经验让我在同辈中脱颖而出。这并没有什么神奇之处，只是处事方法不一样。当然，我没有和我的同学一起毕业，但这是因为我真正热爱的是创业，我必须在一堆选择中选出我更在乎的东西，所以我选择了创业。

有时候总要做出牺牲。除了减轻我在学校的课业量之外，我还通过协商获得了一个带薪的兼职实习机会。这些兼职工作可能并未公开招聘，但我知道必须让自己撑下去，所以我主动去询问。当你去问时，你会讶异原来有这么多人愿意给你答案。

至于我的生活状况，则是和我的合伙人住在一起，平摊生活费。即使是在俄亥俄州东北部这个生活成本最低的地方，要开办公司的话，各种开支也可能成为挑战，所以我们极力节衣缩食。

说到为公司选址，为了不在车库或地下室开公司，我们与当地一个企业加速器签订了协议。它提供的租用费用相对低廉，但我们还是经过协商拿到特价。作为交换，我们的团队向它提供服务，帮助它完成一个正在进行的项目，这种交换使我们省下了大笔租金。

可以寻求（免费）帮助

近期我们发现，越来越多的律师事务所愿意与创业公司合作，提供价格优惠的服务。律所通常会给七五折优惠，如果你获得成功，它们会收回欠款，外加和你的公司共担风险的额外费用，这是我懊恼自己先前没有了解过的事情之一，但至少我现在可以告诉你们。

我们也很快学会了不要低估实物服务的作用。许多当地的实物服务资金很容易获得，因为竞争不大，而且申请流程相对简单，但可以获得的服务价格却不低。我们获得过各种价格的实物服务，从 55 000 美元的市场研究服务，到 50 000 美元的工业设计服务，后者为我们设计了我们的产品原型。

我们也看到更多可以自力更生的机会，而选址在俄亥俄州东北部让我们从创业公司生态系统中真正脱颖而出。我们在那建立了完善的人际关系网，这是早期创业成功的最大因素之一。创业成功与否完全取决于你认识的人，因此人际关系至关重要！影响公司选址的因素各种各样，但对我们而言，创业初期在当地建立公司是明智的选择，这样我们就可以利用既有的人际关系网，更容易地筹得资金，获得资源。

最后，我想说说工作和生活之间的平衡。我很乐于安排属于我自己的时间。不管是每天为了在固定的时间去健身而早起，还是有意不在早上 9 点之前安排会议（出于战略考虑），我总能找到方法充分利用时间。对我而言，在家工作也给我带来众多益处。如果我可以在开视频会议的同时在家做饭，或者在早上 8 点前提前下载好所有邮件，并在 8 点之后回复这些邮件，那么我可以更加轻易地从工作中挤出时间。

在创业社区丰富社交生活

创业期间，我找到了在当地创业社区交朋友的好方法。在我们开始创业几年后，我们发现了一家名为"创业联盟"的当地创业社区。它将创始人聚在一起，使他们可以进行社交，建立关系，互相帮助。我发现，参与到创业社区中，不但有助于平衡社交生活，而且还能获得一些不错的商机及丰富的资源。创业社区还有些责任制的意味——如果它们知道你在某些方面很挣扎，就会询问、督促你。在你艰难度日，想要放弃的时候，这种责任制尤其鼓舞人心。我甚至还以顾问的身份帮助过其他初创公司，从而帮助我自己支撑下去。当你的身边都是心胸开阔、头脑灵活的人，机会往往会在你最意想不到的时候出现。

在我第一次决定辞掉全职工作时，我转向社交圈寻求帮助。我最近又要再一次进行事业转型，我的社交圈又给了我帮助。尽管外出交友的好处刚开始并非显而易见，但其重要性再怎么强调都不为过。而且，有时你不知道它们会怎样融入你的生活，只有在特定情况出现时，你才会知晓。而其中的关键是要与人保持联系，花时间聆听他们的故事，了解他们的工作。我通过我的人际关系找到一份临时销售的兼职工作，这使我可以在家工作，因而让我有足够多的时间创业。后来，我曾经任职的咨询公司与我现在的公司合作，帮我们开发软件。尽管我们支付不起它的服务费，但我想，我给它的首席执行官留下了深刻的印象，所以多年之后他还记得我。在我决定离开航空航天局的时候，他突然在领英上给我发了私信，问我是否有时间做一份兼职工作。我想，这也太巧了！这个关系给了我工作机会，使我可以养活自己，并让我有时间可以灵活地继续我的创业。

要点

你必须牺牲一些个人时间，但希望你热爱你正在做的事情，把它当作一个爱好，而非乏味无聊的工作。

毫无疑问，你个人和你的公司都有很多可以节省租金的方法，但你要善于询问。

留心支持创业的服务，你可以通过这种方式节省不少钱。

公司选址也是策略的一部分，因此要全面小心评估，而不仅仅是考虑融资环境。

试着加入创业社区，丰富你的社交生活。

永远不要低估人际关系的重要性。

第 13 章　产品调研

斯塔福德·希恩

——催化创新公司创始人，前梦八公司首席执行官

也许你想创业的原因是你是某个领域的精英，你擅长一些专业化的知识；也许你认为你所在的领域需要有人推陈出新，将新的科技运用在该领域中；也许你认为用你的专业知识和技能绝对可以将目前市场上已有的服务或产品打败。在和斯塔福德对话后，我学到了市场调研的重要性。有些市场和产品看似简单，又容易赚钱，其实不然。很多你认为经营得很好的公司也许马上面临着倒闭或破产。你以为某些产品多么畅销，也许背后有着不可想象的漏洞。这一章，斯塔福德分享了他是怎样做市场调研的，问什么样的问题可以套出竞争对手的机密，还有怎样识别一个公司是否真的能够赢利。希望这些案例和提问的方法可以助你一臂之力，让你对自己的产品有更全面的认识。

人物简介

　　斯塔福德·希恩（Stafford Sheehan），科学家、发明家，是催化创新公司（Catalytic Innovations）创始人，也是梦八公司（Dream 8 Inc.）被收购前的首席执行官。希恩发明的技术可应用于非化石燃料生产流程、二氧化碳吸收与转化，以及涂层流程（能够提高金属精炼能效）等，因此世界上许多能源与制造公司都采用其技术，以求减少二氧化碳排放量，降低对环境的不利影响。首次创业失败后，希恩将重心移至可再生能源技术开发，同时攻读了耶鲁大学物理化学博士学位。

　　斯塔福德·希恩位列2016年《福布斯》能源领域"30位30岁以下青年才俊榜"。

如何利用资源、经验及优势，如何处理劣势

我睡眼惺忪，抬头看着发出亮光的电脑屏幕，上面显示着未完成的讲演稿，虽然我对稿件并不十分满意，但太阳就快出来了，我得在天亮前完成。一阵阵轻鼾传入耳中，那是同事艾伦，他就睡在我身后的一张床上。就在几个月前，他与妻子迎来了第一个孩子，所以现在可能是他长期以来睡得最久的一次。我回过神儿来，继续浏览幻灯片，发现还缺一些图解和数据，这意味着需要团队其他成员帮忙整合。我告诉自己，这些得再等一会儿，到早晨再说，毕竟没有重要到要提前叫醒艾伦的地步。

当时，我们待在旧金山的一个酒店房间里，与新英格兰地区的家乡、家人遥相对望。那时也是艾考普司（I-Corps）课程的最后两天，该课程由美国国家科学基金会设立，旨在将科学发明投入市场，刺激经济发展。该课程指导科学家与潜在客户沟通并开展市场调研，运用基于科学方法的结构化流程，根据手中专利与发明创办公司。课程理念在于，借助科学语言与科学家沟通——提出猜想，用实验验证猜想，并基于实验所得数据得出结论。

从该角度来看，课程的假设基于科学用语而非普通用语，有着可靠的前提。

过去两年中，我与数位同事参与了多个类似的项目，为的是回答一个问题，一个极为重要的问题，也是创立公司前必须解决的问题——我们如何才能靠自己的产品赚钱？

虽然为产品定价、定位初始客户群很重要，但相对简单，而要找出赚钱之道则复杂一些，我们需要找出手中技术对顾客的吸引力，需要思考如何把技术包装得非常诱人，在这些商业类课程中，导师们称之为"解决客户痛点"。

假设你新发明了一款新型活塞（产品参考汽车发动机活塞），为了方便说明，我们假设这款活塞比现有的汽车与发电机中用的活塞效率更高，更符合空气动力学。若你想利用该技术创办公司，那么你是制作一批活塞，将其卖给发动机制造商，还是根据活塞设计并制造新型发动机，将发动机卖给汽车制造商？还是设计更高效的颠覆性汽车，并将其卖给终端客户？要进入上述市场的难度有多大？哪种商业模式更吸引发明家？你定位的早期客户群真的会对产品感兴趣吗？

我们得先解决诸如此类的问题，之后才能回答"如何靠产品赚钱"这个最重要的问题。我与同事开发出多种极为专业的催化剂，将该材料添加到化学生产过程后，能提高反应速度与效率，同时减少能量损耗。这类催化技术适用范围很广，能够催化数百种化学过程，如漂白剂生产过程、污水处理、可再生燃料生产过程、金属精炼等。我们可将商业模式设为直接销售催化剂，或授予他人技术使用权，甚至将催化技术作为关键部分，设计更大规模的赢利模式。此外，因为应用领域与相应的商业模式数不胜数，我们发现自己所处的市场十分复杂，想要在第一时间就步入正轨是很难的。

不能在第一时间就步入正轨无可厚非。事实上，为了找到与你的技术或发明最匹配的市场，踏上漫漫长路也不足为奇。千禧年之初，三名来自奥克兰的企业家合办了一家公司——野兽技术公司（Savage Beast Technologies），他们开发出一款新软件，能够帮助用户寻找喜欢的音乐。他们雇用了少许员工，并为其技术申请了专利。为了将发明投入市场，他们尝试了授权模式、有偿服务，以及其他方法，但似乎一切尝试均不奏效，在意识到这一点之前，他们就耗尽了资金。

换作大多数初创公司，一旦找不到办法靠手中技术赚钱，可能就举白旗投降了。但这家公司仍不打算放弃，而是说服了旗下50名员工留下，通过个人借贷，让资金耗尽的公司又支撑了两年，并推出了免费电台服务。该新型互联网电台采用公司开发的算法，通过让用户反馈喜欢或不喜欢的歌曲，将用户与特定类型的音乐相匹配。终于，它找到了吸引消费者的办法。时至今日，该公司已是世界上最受欢迎的互联网电台服务商之一，即知名的潘多拉媒体公司（Pandora Media）。

和潘多拉媒体公司一样，我们也在寻找能让自家技术赢利的最佳产品，这也就意味着我们得找出最需要我们的催化剂特性的化学流程，判断我们的技术提供的价值主张是否能解决客户的某个痛点。潘多拉媒体公司产品解决的痛点是电台播放的难听音乐，而我和同事正是在寻觅我们的"难听电台"。

正因为如此，我才在凌晨3：45还坐在旧金山的酒店房间里，浏览着数年来与客户进行数百场面谈所得的笔记。短短五个小时后，我就得站到讲台上，展示最近六周100场面谈的结果。我放着一张印着某家公司标志的幻灯片，那家公司是我们采访过的一家潜在客户，名为氢能公司（Hydrogenics），是一家电解制氢设备制造商。我们与这家公司第一次接触是在2014年，当时我给它发了些材料，耗费了许多时间与其建立良好的关系。但有一天，我们忽然与该公司失联了，尽管有过电话和短信，但我们再也没有收到氢能公司任何成员的消息。于是我们迅速上网搜索，发现了原因：在我们还和该公司联系的那几个星期中，投资者根据天然气的低价态势，预言制氢市场前途黯淡，造成该公司股价下跌，从每股31美元跌至每股14美元，于是该公司大量裁员。再加上当时制氢行业还面临其他麻烦，使得这个率先接受我们技术的制氢市场看起来愈发不稳定。此难题没有良方可解，氢能公司遭受了重创。

生产实体产品的资本密集型企业一旦失败，会付出十分高昂的代价，鉴于此，我们加强了对以下活动的重视——通过发送邮件、电话访问、直接拜访等各种必要方法，与潜在客户进行交流，目的在于找出客户的难题（无论他们多不情愿让我们知道），并结合公司的技术想办法解决这类问题。艾考普司课程的导师们会向我们施压，让我们收集这些数据，并经常给我们如下指示："要想方设法达成目的，不要接受'不'之类的答案。"

我往下翻幻灯片，瑞士群山环绕的乡下、荷兰遍布湿地和绿色风车的农田，一张张图片从我眼前闪过。根据我进行过的多数市场研究，我将目光落到了欧洲。比起美国，欧洲对可以实现可持续化学过程的科技、材料及系统需求更大。美国的环境法相对宽松，而欧洲政府与社区施予企业的压力越来越大，要求企业要更加爱护环境。但是，要同欧洲客户交流并不容易，我常常辜负导师的期望，遭到别人的拒绝。很多时候，我与客户之间不能顺畅地沟通，因为我们对对方的母语都一知半解。

有时候你会发现自己身处低谷，那么唯一能做的就是休息。在火车上，我幸运地遇到一位语言教师，能说流利的德语、英语及法语，如果我全程都只盯着笔记本电脑，我就不会认识他。这位老师后来成为我的翻译，和我一起拜访了几次客户，帮我减少了语言障碍。哪怕客户说英语，有人能用其母语开启话题仍是很好的，能让他们有心理准备，知道接下来有个美国人会全程围绕他们的生意问问题。

我又浏览了一张幻灯片，上面是我们公司近期的发展重心。基于客户反馈及对动荡的氢气市场的亲身体验，我建议将产品开发的重心转移到污水处理上。虽然产品重心发生重大转变可能让人无所适从，但历史告诉我们，严格执行转型计划，就能成就伟大的公司。"二战"期间，日本一家小型纺织设备制造商虽然在全球各地都有客户，但它认为市场不稳定，需要改变公司发展方向。在做出决定之前，该公司花费数年时间采访客户，并对其需求进行评估，最终决定转移发展重心，凭借其设计织布机所得的小型机械工程知识，开始制造小型内燃机。正如这家公司预测的那样，战争结束后不久，日本棉花市场陷入崩溃，如果当时该公司没有转移重心，就将被宣判死刑。但事实正好相反，该公司已准备好了发动机和小而精密的摩托车架，满足了日本消费者对廉价运输的需求。由此，铃木道雄将他的铃木织机制造所改名为如今众所周知的铃木汽车公司。它的成功教会我们市场发掘中至关重要的一课：要始终站在消费者角度看问题，满足他们的需求。

此时，太阳升起了，我也刚好落下宣讲稿的最后一笔，随手写下几个演讲需要记的关键词，合上电脑，躺下闭眼休息几小时，以便迎来接下来的重大日子。

如何开发产品

像许多理工科的博士生一样，我的实验从未奏效。我花了数年时间，试图开发一种设备，到头来却发现该设备在下个世纪并不会有用武之地——这一课的代价实在太大了。于是，我决定去研究生院攻读科学学科博士学位，开展可再生燃料开发项目。

要让任何一种设备实现该类化学转变，催化剂都是最重要的成分，于是我决定研究催化剂。在自我更正（科学的一部分）的过程中，我发现哪怕是我们以为效果很好的催化剂也完全不起作用，于是我陷入了困境。一方面，我不断寻找着手头工作的意义；

另一方面，我怀疑自己无法毕业。但随后我发现，早前的创业经验能帮我解决这两个问题。

2003 年，我就读高中时，为了赚钱，我创建了一个简单的网站，运用 Perl（一种功能丰富的计算机程序语言）和 PHP（超文本预处理器）语言编写基本的网络和数据库程序。在网上，我遇到了其他几位自由程序员，最终与他们共创了公司。在那时，要让客户消费年轻人提供的服务是很难的，所以我不得不想方设法找出客户的具体需求。首先，我会上网研究，了解客户所在行业，找出客户的工作对象及现有服务商，并尽可能多地了解客户的职业信息，以便对症下药。之后我会打电话给他们，有时会坦言自己在推销自家公司的服务，但不久后，我就发现这个办法并不是最高效的。

相反，我发现在给潜在客户打电话或发短信时，假装是困惑的企业客户、愤怒的监管人员，甚至是该公司的高层，却能够套取我需要的信息，所以我就采取了这样的方式。为了提高询问效率，我先打电话给企业客户、监管人员及潜在企业合作方来收集相关信息，因为这样能使我临时扮演的角色更加逼真。不久，我在不知不觉中找到了一个采访潜在客户的办法，能够在他们不知情的情况下获取信息，从而更了解他们的需求及关于基础设施的信息。凭借这类采访得来的数据，我能够瞅准入场时机，适时以服务商的身份和技能来准确解决客户的痛点。

这些技巧虽然有少许欺骗成分，但更多还是坦率地提问。多亏了它们，我才把在研究生院做的研究变成了产品。要清楚我在说什么，大家必须了解我的产品是什么。

大约30亿年前，地球上的蓝藻菌第一次进化出了光合作用。光合作用发生于植物或细菌，它们能够利用光生成不同的化合物。该作用不只生成了氧气，也生成了我们用作燃料的所有碳氢化合物。地球上的生命依赖光合作用来获取能量。

正如你在小学课本中学到的，光合作用是利用阳光，把二氧化碳和水转化为碳氢化合物的过程，是地球生命赖以生存的基本过程。在自然界，植物凭借光合作用，通过生成糖分及其他复杂的碳氢化合物，将二氧化碳、水与太阳能转化为化学能量，在这一过程中，太阳能被有效地储存到糖类的化学键中。数十亿年来，早在人类出现之前，光合作用就一直维系着地球的生态系统，平衡着大气中的二氧化碳浓度。

在20世纪，人类将诸如化石燃料等光合作用副产物利用起来，为现代生活所需提供能量。由于数百万年来，二氧化碳本是由光合作用固定在化石燃料中的，人类这么做等于向地球大气层释放了数百万吨二氧化碳，对全球气候及大气二氧化碳浓度造成了显著的影响。

不管你是否相信气候变化人类起源论（人为论），我们的地球就像在进行一项大型化学实验，而任何科学家都能告诉你，实验中任一成分浓度发生明显变化，都可能对整个系统造成灾难性的未知影响。鉴于没有第二个地球可以再做一次实验，我们真的有必要冒险吗？当然没必要。

为了应对大气二氧化碳浓度上升这一潜在灾难性问题，世界各地的科学家都在努力模拟自然过程，将水氧化成氧气，把二氧化碳封存到碳基化合物的化学键中，但他们面临的两个主要难题是：如何有效利用二氧化碳，如何把两个水分子有效地氧化为氧气。

通过研究高效进行该反应的办法，即制作新型催化剂，用尽可能少的能源消耗实现该化学转化过程，我获得了博士学位。催化剂是很专业的材料，知道如何使用的人并不多，所以参照之前定位客户群的调查经验，我进行了相关调查，确定了如何将这些化学材料转化为产品。

为了找到催化剂的用武之地，我与工程公司、化学公司合作，并重新开始市场调查。我打电话给不同的工程公司、石油公司等涉及电解过程的公司，循序渐进，从与初级工程师沟通，到与他们的上级交流，最终找出这些公司生产流程里的"阿喀琉斯之踵"（致命缺陷）。如果我的技术或其衍生物能解决这些缺陷，那么我就能更加明确产品开发方向。每当青年工程师或潜在客户公司低层人员给予我帮助时，我都会跟公司高层表扬他们，因为赞扬并帮助他人获得其渴望的晋升，就能在业内多一个盟友，就越有利于促进公司发展。

我不能谎称自己的公司已找到最优产品，我们仍在苦苦寻找，就像其他初创公司一样，尽可能地努力发展。寻找产品并实现销售的道路布满荆棘，但要率先开发出促进产品更新换代的技术也不容易。如果容易的话，早就该有人做到了，幸运的是，在我们之前，还没有人开发出我们这类催化剂。

用化学术语讲，催化剂是一种通常呈粉末状，在化学反应中能提高反应速度和效率的物质。但单纯的催化剂并不能被称为产品，销售催化剂就像在大众市场销售汽车发动机一样，虽然有一部分人，特别是专家，没有汽车也会单独购买发动机，但普通顾客都想买包括发动机在内的整装车。通过与客户沟通，我学到了这一点，所以我们公司围绕自己的催化剂产品，为客户提供一体化的办法，来解决污水处理和二氧化碳减排问题。

目前人们用于地球供能，同时也是二氧化碳排放最多的化石燃料主要有三种：煤炭、石油和天然气。其中，煤炭和天然气的燃烧地点都是锅炉或发电厂，而石油的燃烧位置则分散得多，一般是汽车发动机或住宅。在发电厂中，二氧化碳作为发电副产物出现于废气中，经由发电厂烟囱排出。目前，没有任何技术既能利用二氧化碳废气，又能保证成本效益。而且排放出来的二氧化碳往往会进入大气层，使全球大气二氧化碳浓度上升，改变大气的化学组成，进而造成全球性影响。

就像植物利用光合作用一样，我们建立了二氧化碳催化剂体系，吸收这些排放物，并将其催化、转换为乙醇等碳氢化合物。乙醇本身就是一种强力燃料，也是任何汽油不可或缺的添加剂。下次你要是去加油站，可以注意观察一下汽车加的油中包含了多少乙醇。我们产品的目标之一是替换化石燃料生成的乙醇，将其换作可再生来源的乙醇，即从化石燃料发电厂排放的二氧化碳废气中人工合成该物质。通过与客户对话，我们发现比起乙醇生产催化剂，分布式乙醇生产市场更大，于是我们为该需求开发了对应的产品。

我们还有其他催化剂，也能够提高氧化反应效率，就像地球上的藻类和树木利用二氧化碳形成氧气一样。但我们并非单纯地销售该材料，而是将其运用到新型的催化式排气净化器中，类似现在汽车里使用的那种。催化式排气净化器能将汽车排放的所有有害气体转化为危害较小的化合物，但不影响进入汽车的空气本身。我们的污水处理技术能将污水中的有害排放物转化为危害较小的化合物，同时不会使水加热或改变水的性质，这就是一种催化式污水净化器——我们发现的另一种引起顾客兴趣的产品。由此可见，开发产品最重要的一点——比技术、投资资金、销售技巧都更为重要——是确保你的产品不会无人问津。

第**14**章 产品研发

塔伦·干瓦尼

——葛柔科公司联合创始人兼产品主管

建立一个创业公司，其中一个最重要的部分是高效能、易销售的产品。怎样研发并销售这个产品变成了当下创业者遇到的普遍问题。也许你曾在一个知名大公司工作过，找到了看似可能突破的痛点，可能你有一项无与伦比的技术可以很快得到市场的青睐。在与塔伦交谈后，我认为要成功研发一款好产品需要经过无数次的市场实验。在测验市场时，可能我们很容易被表象所迷惑，比如你认为人们去咖啡厅是因为不想自己做咖啡，但其实是因为人们想找个场所会见商务客户。创业时也是一样，应该分析用户为何消费某项产品而非只停留在表面。塔伦认为应该把产品开发分为早期、中期、后期，以不同方式面对不同时期的竞争。希望这章可以启发大家发现真正的痛点，从而对症下药，避免不必要的竞争。

人物简介

塔伦·干瓦尼（Tarun Gangwani），葛柔科公司（Grok）联合创始人兼产品主管，是一位屡获殊荣的产品开发师、软件设计师，世界各地的人们都在使用他设计的产品。他曾在各大重要刊物和网站中发表文章，如《纽约时报》《福布斯》、CIO网、Tech.Co网等。塔伦的整个职业生涯都专注于利用云计算和人工智能等尖端技术，解决真正的人类问题。目前，他正试图将这两项技术应用于葛柔科。葛柔科是一个旨在为企业节省时间和金钱的平台，它能减少应用程序的死机时间，主动处理IT（信息技术）故障。

塔伦喜欢撰写有关技术趋势和产品设计的文章，喜欢认识各类优秀的人，享受在不同旅途与文化中获得的新体验。同时，他还是一个狂热的咖啡爱好者，喜欢烘焙世界各地的咖啡豆。他还在印第安纳大学获得了认知科学、人机交互设计的双学位，是这所大学引以为傲的校友。

塔伦·干瓦尼位列2016年《福布斯》社会创业领域"30位30岁以下青年才俊榜"。

如何开发产品

　　每位创业者都梦想着开发出一款像苹果手机一样成功的产品，所以我们可以援引苹果公司的成功案例，讨论如何为市场提供解决方案。2007年，当史蒂夫·乔布斯将当今手机界的标杆引入我们的视野，世界的轴心便就此倾斜。苹果公司是第一家真正挖掘智能手机的公司，因为它始终坚持不懈地关注着用户体验，利用技术支持解决用户问题，并且从一开始便已考虑到市场规模。即便历经10年，苹果公司的产品依旧很成功，这是因为它有对市场的敏锐意识和对苹果手机应用程序生态系统的预见性。许多购买苹果手机的消费者还会购买苹果电脑、苹果手表和苹果电视。即使其他竞争对手的产品能与苹果的产品并驱争先，苹果公司仍旧更具优势，因为它不仅考虑了核心产品，还考虑到了产品之间的差异性。苹果为我们提供了产品设计、开发和执行的黄金标准，进而影响了我们对产品的认知方式。

　　在激烈的市场竞争中，创业者必须像苹果手机那样提出强有力的解决方案，而规模较小的企业不仅缺乏资金和人力，还缺乏提出关键创新的机遇。传统大企业只需轻松投入些许资源，便能组建起整个团队来压制小规模企业，进而摆脱竞争威胁。

这些斗争在各行各业都存在，也就是说，不论小公司的最终目标是什么，它们都得以类似的方式挣扎应对。购买者同样也能意识到选择初创公司而非传统企业的利弊。要知道，从一个生态系统转换到另一个的成本非常高——你是否经常会从苹果产品转向其他例如微软或谷歌产品呢？

因此，我们的产品开发战略不仅包括创造令人满意的客户体验，还应考虑产品将不可避免地面临竞争压力。

要创出设计精良的产品，就要关注终端客户的"需要"，而非仅仅是自己"想要"。在整个方案中，我们既要考虑产品大局，也要考虑能让客户对我们的服务感到兴奋的细节。倘若客户接受了我们的产品，我和我的团队会为之欢欣鼓舞。但同时，我们的压力从未消失，我们仍需保持警惕，深思熟虑，不断实现差异化发展。

寻找用户真正的需求

互联网为各行各业提供了各式各样复杂的产品。产品不仅要吸引客户的注意力，还要让客户相信其实用性。短短几秒钟内，人们要能找到你的网站，对你的产品感兴趣，接着决定它们是否值得花自己的"血汗钱"。对于创业者而言，每获得一笔销售额都那么振奋人心，因为即使你优化了营销漏斗，更换了点击广告，或是做了一些其他动作来吸引客户，想要让他们买下产品也是难之又难。

　　创业者应当抓住一切机会，直接与潜在客户进行互动，从中发掘他们的需求，开发出他们不可或缺的产品。商场内，商家通常使用店面橱窗来吸引客户购买商品，互联网亦是如此。当人们在购物中心或网上购物时，通常会对比数款产品，因为商家无法说服顾客这些产品是必需品——顾客会认为以后也能买到。然而，对于必需品，人们鲜有错过。这样的产品不仅能够解决客户痛点，还以一种吸引人的方式呈现出来，并且具有可接受的价格。我将这三点称为"3P"（ pain——痛点，present——产品呈现，price——价格)，以此作为产品的营销框架，它们中缺少任何一个都能将产品从客户"需要"降级为只是"想要"。

产品呈现

　　在初创公司葛柔科，我负责产品运营。一开始，公司主页将客户们都赶跑了，因为页面使用了太多华丽的辞藻，致使产品难以被人理解。我们公司旨在改善企业的移动和网络应用程序，以便各企业能够自动解决问题，而无须人工干预。我们将这个过程比作"稳态"：当自然环境发生变化时，你的身体会自动对其做出反应。例如，当外界变寒冷时，你的毛孔就会自动闭合。为创建解决方案，我们使用了最先进的人工智能算法和自定义自动化功能。

　　当我将这个概念告诉潜在客户时，我能听到他们声音里的疑惑："稳态是什么？"我能看出来，他们并不看好它。我只能说，我很抱歉让他们觉得自己的高中生物课白学了，不过我们对自己独特的解决方案感到非常兴奋，这个解决方案的核心便是差异化。起初，在产品呈现这一环节中，葛柔科失败了，潜在客户无法理解我们的产品，所以他们没有考虑价格，也并不知道我们解决的痛点是什么。

于是，我和我的团队回到基础问题上，重新定位了我们所要传达的信息，突出了我们解决的用户核心痛点，而非使用的基本技术。我们把主页标题改为"消除（应用）死机时间，最大化客户满意度"。我们发现，将解决客户痛点作为着力点，能够引导消费者更多地了解我们的产品。我们还添加了一些行业内容和实例，让潜在客户理解葛柔科是如何帮助移动和网络应用程序高效运行的。我们用真实指标和实例，让人们看到人工智能算法与自动化平台的具体细节，让他们相信我们能比他人创造出更大的价值。而最终效果便是：页面的浏览量出现了两位数的增长，越来越多的开发者注册申请了免费试用产品。

用户痛点

为了理解我们试图解决的痛点，我花费了很多时间和客户谈论他们的业务，试图从中挑出一些细节，了解他们使用的工具和程序。例如我们了解到，监测仪表板噪声太大，用户在利用云端管理应用程序时，会十分烦躁。我们使用产品展示等途径来解决潜在客户的痛点，使我们的产品成为客户的明智之选。很多情况下，即使其他竞争产品有更好的用户界面或技术支持，客户也愿意花更多的钱来支付能一针见血解决问题的产品。

定价

价格很难一次就确定下来。我们需要深知自己的产品哪里有待完善，这有利于找到产品的初始价格区间。葛柔科的潜在客户还主要依靠人力对应用程序进行不断监测，因此，我们的定价策略以节约时间为框架，强调我们的产品可以使人们将注意力更多地集中在重要业务上。在这种情况下，我们的产品是节约成本的工具，而非一种收入来源。企业可以根据成本节约程度或收入来源的不同来设定解决方案的价格，并且以此解释产品价值，避免让客户过于关注绝对数字。

为成功清扫障碍

当我第一次搜索"监测方案"这个词，我看到了很多产品，其中许多都是精心设计和可高度扩展的。而最优秀的产品都具有几个共同特点：容易上手（极易入门）、便于使用（极好的用户体验），并且能与人们信任的工具共同运作（极好整合）。在这个因为有太多选择阻碍人们做出决定的世界中，这三个特点便成了成功的关键。

良好的用户体验可以帮助客户建立品牌意识，创造客户黏性。当你买了一部苹果手机时，它简易的包装散发出一种独特的气息，让你感觉自己仿若置身于精英的世界。苹果公司非常注重包装盒的设计，因为它知道这已经成为其品牌的标志性部分。"包装即是品牌"的观念其实与珠宝公司蒂芙尼（Tiffany）使用独特的蓝盒子是一样的道理。

当顾客小心翼翼地打开包装，一块黑色的面板便呈现在眼前，它看起来就像是一个独特的定制礼物。从那一刻起，用户体验便转移至屏幕上，手机导购会小心翼翼地一步一步引导顾客了解他们手中的产品，并且按照他们的喜好设置各种功能。人们可以将自己的喜好带入手机中，这不仅使手机方便使用，同时令人爱不释手。而当用户发现自己的联系人、电子邮件和照片在几分钟内就可以上传到设备及苹果的云端时，会对其更加爱不释手。最终，客户会赞赏苹果公司对设计的重视，也会认为苹果生态系统的其他产品会具有相同的体验。

类似葛柔科这样的"软件服务"产品也提供了类似的用户体验，但我们依然在继续寻找其他方法来改善用户对新特性的首次体验。葛柔科用户、云应用的开发者，都希望能够快速试用产品，并且在之后体验到更多细节。我们的软件服务交付模式能够使开发者在几秒钟内注册、免费试用，使用沙箱（文件系统目录）数据集在几分钟内试用该平台，并与他们每天使用的工具相结合，在一小时内完成真正的体验。如果开发者想要进一步了解我们的知识产权信息和思维方式，我们还提供了大量的文件，这些服务远超最初的用户体验。

当我们推出产品新功能时，我们会发布博客，介绍每个功能对用户的重要性，强调我们每个版本的产品如何解决客户痛点。我们的每个新产品都为我们提供了更多解决客户问题的方案，这些方案从长远来看都是不可或缺的。尽管葛柔科不像苹果手机那样是实物产品，但它同样模拟其打开包装的步骤，打造出一种无缝式的入门体验。

　　具有良好用户体验的产品能够抓住每一次机会取悦用户，即便在入门体验之后也依旧如此。产品中有些任务可能需要几秒钟（例如，苹果手机设置背景图片），而有些可能需要几分钟（如设置电子邮件）。有些任务是针对特定用户的（如下载播客），而其他则是更为普遍适用的设置（如设定警报）。所有这些任务都必须具有极好的用户体验，能够直击产品品牌与客户需求。而每一种任务都需要具备自己的迷你加载流，帮助人们了解该特定产品功能的工作原理。这些体验虽然不及初始设置，但也同样重要。

　　葛柔科更复杂的任务则需要进行额外指导，才能确保良好的用户体验。因此，我们通过编写副本并随时随地提供幻灯片来维持与客户更长时间的互动。当用户希望使用我们的产品来监测指定应用程序时，我们提供了一个简单的设置功能，它能够自动发现应用程序指标，而这对葛柔科的分析工作来说十分重要。

　　如果用户对应用程序的运作有了深入了解，便能使用简易的界面自行设定指标。开发者可以通过启动产品中的内置导览，在产品的用户界面上添加一个简易的分布式向导。这种情景式的即时体验使我们的产品能在市场中占有一席之地，同时又获得了用户信任。

　　绝大多数创业公司的产品需要与更大、更成熟的工具进行初步整合，以建立品牌识别度，促进发展。在首次发布的苹果手机中，其地图功能是由谷歌地图提供，YouTube 则是预装应用。而如今，苹果公司自行制作了地图，并且拥有自己的视频共享服务。所以在一开始，苹果公司就专注于发展其在设备制造和平台设计方面的核心竞争力，利用合作获得更大的市场份额，同时建立起消费者对它的信任。整合其他服务可以说是产品的核心价值。Slack，一种消息传递和团队协作工具，通过整合所有现存可用的软件服务应用获得了迅猛发展。它已成为中小型企业不可或缺的工具，因为它还存储了来自其他平台的信息，是企业创造用户黏度的重要工具。

葛柔科旨在与已获客户信任的公司联合，抓住每一次联合所带来的机会。起初，我们将编程嵌入到平台（如 APIs）的各个方面，使开发者能够编写自己的迷你程序（定制整合）。如此，葛柔科便可以与其他解决方案的开发者合作，进而保持运营的卓越性。我们进一步改良，同时也为开发者构建这些迷你项目，并提供免费的产品服务。这些项目有许多在和其他非常成功的公司合作，这些公司都是行业中的传统企业。当葛柔科发现了应用程序中的潜在问题，便会触发向"即时服务"（ServiceNow®）的提醒，让团队知道出现问题了。一旦整合成功，我们便会撰写博客短文与读者分享。推广"即时服务"这样的传统企业可以吸引更多客户，这样便会有更多的人接触到葛柔科平台。这种方式被称为"合作伙伴营销法"，通过整合，既能帮助我们的用户，又能促进我们产品的发展。

快速检验思路，借助建议稳步推进工作

世界变幻莫测，用户的喜好亦是如此，同样变化着的还有他们的工作，以及他们需要使用的工具。在软件分发的旧时代，我们每年都需要发行 CD 以更新操作系统。如今，各企业只需用云端便可定期推送更新。而像脸谱网和网飞（Netflix）这样的高级网络公司，每秒钟都在检测新想法，以进行细微调整。根据当前市场的发展速度，创业公司应当迅速且谨慎地检验思路，以适应用户的反馈。正如埃里克·伯恩哈德松（Erik Bernhardsson）所言："一家公司创新的速度受到其迭代速度的限制。"[①]

为检测思路，企业应当不断测量用户操作和应用程序的性能指标，以了解产品的使用方式，以及人们在体验中遇到的问题。每一次点击、每一个屏幕和数据点都应被监控，进而了解用户在使用服务时的痛点。当苹果的地图应用程序向用户提供了错误的方向时，公司很快便能向用户报告问题并改进服务。苹果公司通常还会测试它的手机的性能，以了解它的手机什么时候会崩溃（突然卡机，然后重新启动）。这些测试数据被用作年度操作系统发布的标准，有利于解决大部分问题。

创建葛柔科时，我们结合使用了开源工具和监控产品，从而了解产品在哪些方面与客户产生了共鸣。我们通过使用这些数据来获得最有价值的信息，以便对当前和潜在买家做进一步的调查

[①]　摘自埃里克·伯恩哈德松撰写的文章《迭代或死亡》（Iterate or Die），2016 年 3 月 2 日发表于其个人网站（https://erikbern.com/2016/03/02/iterate-or-die.html）。

和分析。我们测量了用户在我们的营销网站上所花费的总时间及跳出率，即在访问主页后就离开网站的用户的比例。起初，这两个指标表明我们的内容策略并没有引起目标用户群的共鸣。于是，我们对之前讨论过的营销站点进行了更改，通过各种方式来与用户确认——不仅利用电话沟通，而且在各类展会上跟进。在收集信息的过程中，我们将信息更新到网站上，同时继续利用定量和定性的方法，确认我们的改变是否在产生积极的影响。

对我们的核心产品，葛柔科的潜在买家通常会提出很好的改进建议，但我必须将他们的建议与现有客户的建议及其他工作进行权衡。一般来说，如果潜在客户的要求易于实现和发布，那么这便值得我们花费额外的时间来开发一个能够带来重大交易和更多收入的功能。而要满足这些请求甚至可能意味着要雇用人员来开发附加功能，但如果你发现有更多的客户要求类似的功能，那么这种花费便是合理的。在整个检测过程中，你需要不断关注用户目标，它能引领你发现最被需要的功能，而非那些可有可无的程序。

不论是创建实体还是基于网络的产品，你都需要专注和耐心。成功时，大家应当以团队的形式进行庆祝。产品经理不只要负责产品的实际生产，同样还应关注那些协助生产的成员们的福利。每一个将自己的"血汗钱"投入到公司的客户，都已经证明了你团队的辛勤工作。所以，花点儿时间去感谢你的团队和客户吧！当客户遇到问题时，要认识问题并且迅速修复，以免失去客户。换言之，要利落地接受问题并解决问题。

大多数创业公司都不会像苹果公司那般成功，但大多数创业公司都能成功地解决用户问题，为人们带来愉悦。像苹果公司那样的大企业，已经为创业公司提供了创新的门槛，但一个产品最大的成功是能减少用户在其他产品上遇到的糟糕体验，或是能让用户每天早点儿下班。一旦企业能够大规模地不断提供这些体验，那它们同时就会对世界产生巨大的影响。

如何应对竞争、受众和趋势

各个企业都是在全球市场中竞争，那么真正的主导地位和市场份额终会走向那些先从单个市场着手，随后扩展到多个市场的企业。不过，随着云技术的出现，创业公司可以比任何时候都更快进入市场，而一家老牌企业的失误可能会迅速给自己带来破坏性的灾难。

我在 IBM（国际商用机器公司）工作，以及自己创立公司期间，目睹产品在其生命周期内经历了三个截然不同的发展阶段。在这三个阶段中，各企业可以进行相互竞争。

早期——从商业理念到第一次交付产品。

中期——从第一次交付产品到市场份额显著增长。

后期——从市场份额显著增长到占据多数市场份额。

早期发展阶段

公司在早期发展阶段需要确定其核心竞争力，同时找出最有利于早期发展的市场。团队根据该市场提出许多想法，那么，互联网和云端则为企业验证这些想法提供了便利。早期的服务使用者会对那些能够满足或解决其关键问题的技术进行投资。一旦企业找出这些需求并且利用它们创建出一个创新可行的解决方案，那么无论当前市场的竞争压力如何，这个企业都能有所发展。

我和其他创始人创办葛柔科时，我们依靠云计算和自动化的核心竞争力来提供满足特定应用开发人员需求的产品。我们都知道，大的供应商都是在监测范围内提供解决方案，很少能够针对个人体验和特定 IP（互联网协议）地址来解决问题。最初，我们主要针对云托管市场的公司，指出我们与其服务的不同之处，但最终我们发现，从我们曾解决过的类似痛点着手，能更有效地抓住受众。于是，我们展示了如何与开发者信任的生态系统合作的方法，进而维护了核心竞争力。如今，葛柔科能够占领市场份额都是因为我们能够忽视"我们"与"他们"对抗的心态。

而另一种推出新产品的方式便是让产品在一家成熟的公司中发展。在成熟公司发展产品有益处也有挑战，每一项都为培养产品和服务节约了时间和预算。当我们第一次构思 IBM 的云平台 Bluemix 时，公司试图在云基础架构和管理空间方面做出重大贡献，提供能与其他大型云计算供应商（如亚马逊和微软）媲美的产品。IBM 用来开发产品的资源其实更多，但该公司也承受着巨大的压力，因为股东们希望看到他们的投资能够获得可观的回报。为了加快速度，公司利用其忠实客户和成功的产品作为增长的渠道。凭借一些推荐和早期的成功，其产品能够吸引更多愿意在使用新产品之前先看到结果的客户。

中期发展阶段的牵引力

当产品发展到中期阶段，企业便不再局限于初期的目标市场，而是向外延伸去寻找其他具有类似需求的群体。这时候，处于发展中期的企业已经成功验证了其产品或服务的有效性。不幸的是，这也使得市场竞争更具吸引力，越来越多的人参与其中，试图抓住成功的机遇。而企业若想发展壮大，不仅必须选择合适的邻近市场，还必须继续直接针对那些试图从它们得之不易的市场份额中分得一杯羹的替代品。

脸谱网有条不紊的发展为创始人进一步开拓新市场绘制了一片巨大的蓝图。在席卷哈佛校园之后，脸谱网向其他几所大学开放了社交网络，但它需要一个 .edu 地址方可注册。脸谱网抓住了大学生们的需求（例如各类关系），并且以此作为市场相关问题的杠杆。在对大学人群进行了大约一年的研究之后，它扩展到了各个层次的学校，最终向整个国家开放。随着每一个新市场的出现，脸谱网不仅扩大了产品供应，而且推出了新的产品功能，不但满足了更多人群的特殊需求，同时也在不断创新其基础产品。脸谱网发展的每一步都认真听取和收集新用户意见，通过不断迭代产品来提供价值，并保持与原来产品的相关性。

有了葛柔科，我们可以规划出下一个发展阶段，即便是在产品开发的早期阶段，我们也能预测新细分市场中客户的需求。作为产品负责人，我对潜在客户进行了几次采访，比较了一些解决方案的相似点和不同点。为了了解下一个目标市场，我们搜索了一些客户每天都会使用的监控和自动化工具。我们的产品路线图在忠于核心产品的基础上向外拓展，与这些新工具相结合，以吸引新客户。

比葛柔科更大的企业机构可以在它们的市场中，利用其现有品牌来确保其潜在客户愿意进一步使用某一产品。IBM 作为技术供应商已经有一百多年的经验，所以其云端的发展能自然延伸到现有客户已经拥有的产品。例如，服务器上已经使用 IBM 数据库的客户就有机会无缝连接到云数据库。客户可以通过一种已建立的关系来管理他们所有的 IBM 资产，而不需要再向其他供应商购买。

到了中期发展阶段，想要对核心产品做出修改可能会比较麻烦，因为初期产品验证和早期用户会鼓励你保持产品原样，尤其是当客户们将你的产品用于重要业务时。随着 IBM 的云平台 Bluemix 不断发展，用户界面的变动需要经过仔细评估，并且经过现有客户及潜在客户测试。该团队建立了一个"赞助用户"计划，该计划会让部分客户预先使用改进产品，随后再将其向公众发布。像"赞助用户"这样的项目为处于发展中期的公司提供了一个安全空间，能够检测产品路线图是否存在潜在激进性。大多数客户都愿意参与这些项目，因为他们不仅可以影响产品，而且能够提供指导。

后期发展阶段的成熟驱动

企业到了发展后期需要寻求长远的竞争优势，但即使取得了令人瞩目的成功，仍然需要小心后来者。这个时候，企业应当考虑如何拆分核心业务，以便不断优化初始产品的各个领域。虽然每一部分的业务都会面临其自身的竞争性挑战与机遇，但整体业务需保持增长的态势。与其他公司联合可以将复杂的产品转化为特殊产品，这些产品能够共享资源。因此，如果企业将自己的产品视作整体，而非单一的个体，将受益无穷。

亚马逊创建了强大的电子商务平台，该公司发现，其云计算基础设施的创新可以独立为其他公司提供服务。这个想法孕育了当前世界上最具统治力的云计算服务提供商——亚马逊网络服务（Amazon Web Services）。亚马逊最初只是一家网络商店，而后却在云计算、人工智能、移动设备甚至运输和运输管理等几个领域创建了新的单元。亚马逊认识到，当初用于解决自身问题而发展的团队，其核心竞争力可以被剥离出来另成公司。为维持较大公司的发展势头，亚马逊将独立单元的奖励机制不断扩大并捆绑到初期产品中，同时以合理的年度价格锁定其多数服务。这种在数个行业中的多元化主导地位，能够使企业即使在某个独立单元受到突发性威胁时也能维持相关性。

我在 IBM 担任设计师时，目睹了公司如何通过创建具备核心团队能力的组织来改变其业务的过程。IBM 在一个单一的设计单元中雇用了数千名新员工，随后将他们分配到公司云端、沃森和移动等各个部门中去。将员工以队伍的形式招进，这样做的好处是他们在此期间会形成长久的联系，这样能让他们将各自的市场资源进行共享。此外，接触具备不同技能的设计师有利于提升自己，帮助我们开发出具有不同功能的新产品。

由于增加了新兴技术，要建立并维持业务比起以往更加激动人心，但同时也更具挑战。短短几个小时，创业公司便能将想法概念化，随后创建起来并传递给成千上万的用户。互联网让研究和分析企业变得比以往任何时候都容易，它帮助我们更快地找到可以切入市场的独特差异点。因此，我将竞争分析和市场研究视作创业的核心部分——不仅仅是在公司的早期发展阶段，在后面其他阶段亦是如此。我的目标是，继续专注于每一个所在目标市场的独特的用户需求，慎重考虑我们想取悦的那些客户的意见。

第 15 章　初创团队

路易斯 – 维克托·杰达维基
——威拂公司联合创始人

在有创业的想法后，找到志同道合的联合创始人十分重要。一个好的联合创始人就像一个好的配偶一样，可以让一个公司长久地延续下去。选择创始人的关键，除了技术，还有创始人团队技能是否互补，同时，在价值观上也有很高的要求。如果选择了背景经历丰富又相处和谐的联合创始人，他们可能会在创业最艰辛的时刻帮到你。如果选择了错误的联合创始人，可能会让你的公司内部分裂甚至导致公司灭亡。路易斯在上大学时开始和惠普公司的一员大将一起创业，虽然不是一帆风顺，但他的故事仍可以让我们学到如何管理团队。

人物简介

路易斯–维克托·杰达维基（Louis-Victor Jadavji）是威拂公司（Wiivv）联合创始人，人称"LV"。他专注于健康与3D打印领域。2014年夏天，他参与创办了威拂公司。自创立以来，该公司已经筹集了800万美元的风投资金。公司如今在温哥华和圣迭戈已拥有一支30人的团队。该公司的定制3D矫形鞋垫，是有史以来的众多3D打印产品中最大的赢家。LV相信，威拂定制3D打印可穿戴设备终将引领仿生人体时代的到来。他位列2016年《福布斯》制造业"30位30岁以下青年才俊榜"，而且，他还是该名单中最年轻的，年仅22岁。

如何利用偶然萌生的创业想法

十几岁时，我就开始很认真地思考我未来的职业。打职业篮球的念头从我的脑海一闪而过。不过，整体而言，我能说会道，风度翩翩，所以我觉得外交官最适合我，而且我的家人也都赞同。而我之后遇到的问题却让我走上了创业之路。作为一个素食主义者、运动员，在外就餐时我需要知道餐食中的膳食成分。这样做的目的是为了保证我的全素餐中有适度的卡路里、碳水化合物、蛋白质及微量元素。摄入这些营养才能让我更好地参与竞技运动。我的第一份事业就是为此设计了一个应用程序。我琢磨了一年，最终因为拓展业务经验不足，自己的首次创业画上了句号。

在克莱蒙特麦肯纳学院的第二年，我参加了在纽约举办的凯洛全球峰会。之后，我对3D打印产生了兴趣。在峰会上，欧特克（Autodesk）和通用电气公司阐述了3D打印科技的前景。峰会上还展示了众多3D打印产品，其中包括3D打印人体和喷气式发动机部件。在那时，我从中国引进了车用天然气压缩机到美国的中西部。当时，我的座驾还是一辆1991年款的萨博900，那是父亲送给我的礼物，我无比珍惜。然而，车上的很多零件都需要更换。

出于对汽车的热爱，我和好友就琢磨着："用 3D 打印老式汽车的零部件岂不美哉？"我们真的付诸实践了。历史频道上汽车复原展（Car Restoration Shows）的参展方是我们的客户，为他们解决问题也十分有趣。但是，在某些情况下，3D 打印的材料并不尽如人意。然而，我依旧尽可能多地了解 3D 打印产业，仔细研读关于 3D 打印的行业时事通讯，并且参加了 2013 年春季于纽约举办的 3D 打印展（Inside 3D Printing）。

成功的企业家经常说，一个想法会引出另一个更好的想法，对我而言，事实正是如此。高中时期，我因跳高受伤，所以就需要穿上足部矫正器。那时的足部矫正器价格高昂，设计粗糙，还不易购得。更有甚者，有些足部矫正器根本没按正确的程序制造。直到现在，情况依旧如此。2013 年底，我需要重装矫正器，同时也想到了一些问题，打算询问我的足部医生。我问道："这些是怎么制造的？价格为什么会如此昂贵？你们医生能拿到多少利润？"我了解到，生产这些矫正器需要耗费大量劳动力，而且还经常要重复加工，很多顾客对此也并不满意。正因为我有过 3D 打印汽车零部件的经历，所以我知道这些足部矫正器部件其实可以通过 3D 打印轻易获得。于是，我的事业便从 3D 打印汽车部件转为 3D 打印足部矫正器，而后者更具前景。所以，我希望大家能够眼观六路，并善于从原始的想法中获得新的、更佳的思路。有些创业者就是因为目光短浅，在遇到更好的想法时并没有果断抛弃之前的观念而错失良机。

新想法的前景一片光明。既然有脚部疼痛的问题，那就着手解决。鞋子不合脚这一问题已经存在了上百年，急需一个解决方法。让这个方法具有可移动性，以便所有人都能使用，我何不着手于此呢？

2013 年秋的那个学期，我和一位好友一起合作完成一项期末作品。我们的案例研究就是 3D 打印矫正器。在完成项目的过程中，我联系了全世界的足部专家。当时我还在学校，要一心投入这个项目真的很难，所以我打算大三之后就退学。然而，我在大三的第二学期就搬去了加州的山景城，为位于旧金山的亚特莱斯安软件公司（Atlassian Software）工作。这依旧属于学校的一个特别项目，但是工作地点在硅谷。

关于联合创始人、队友及导师

建立良好关系

虽然亚特莱斯安软件公司是一家很不错的公司，但在考虑搬去硅谷的时候，我并没有将它作为首选。2013 年春，在纽约的 3D 打印展上，我遇到了校友沙米勒·哈哥万（Shamil Hargovan）。当时，惠普公司打算在森尼韦尔市以外开辟 3D 打印市场，而他就是负责人。我当时就预感，惠普将撼动整个行业并促进大量创新，所以后来我一直与他保持联系。我们关系很好，而且本来我也打算加入惠普 3D 打印这支创新队伍，就是始终没有找到一个合适的职位。

后来，在我们第三次共进晚餐时，沙米勒对我说道："一回生，二回熟，三回就一起共事吧。"后来证明，他的提议意义重大。我当时的想法是要实现矫正器与鞋垫的无缝体验——先移动扫描，然后 3D 制造。沙米勒听取了我的想法，然后我们进行了讨论。内容包括如何将 3D 打印用于不同的鞋类，甚至用于其他可穿戴物品，并更加符合人体生物力学。在我离开山景城之前与他最后一次会面时，我们达成一致，开始合作建立一个完全符合人体（我们所说的"定制"）装置的通用平台，即威拂。

除了与沙米勒建立关系，我还描绘了一张期望中的"智囊团"策划图。《思考致富》(*Think and Grow Rich*) 一书的作者拿破仑·希尔就是这一概念的拥护者。"智囊团"中包含了我希望能参与威拂项目的人及其职务。

我的策划图中大约有二十人，而我只见过其中的五六个。如今，图中 90% 的人都已经参与了我的项目，少数没参与的也不值得招揽其中。当然，运气的确也很重要。但是，提前几年想好你想让谁进入你的圈子会让一切顺利许多。

正如我所经历的那样，坚持不懈，定会有所收获。我一直相信，只要你对自己的信仰或想法充满热情，并且充分展现出来，你便可以在业务中与每一个人建立特别的关系。这种自信是具有感染力的，能使宏伟的计划看起来更加可行。正是凭着这种态度，我才能说服我的父母允许我在大三就退学，而我本来是要学四年的。我给他们发了一封邮件，信誓旦旦地向他们说明了自己的想法与计划。这封邮件使他们开始支持我的想法。而在那之前，我们在这一点上的沟通并不顺利。为了让事情更容易一点，我要是想做什么，我都习惯性地说得像我已经做成了那样。

威拂激励了我，使我充满活力。如果你也有一个能激发你思维的想法，不要犹豫，勇敢去追求。在给我的父母发送了那封邮件之后，我做了让步，答应坚持到学期末。

一个月之后，一个竞争对手突然出现，关键是他还获得了 700 万美元和创始人基金的支持。因为我的让步，我梦寐以求的创始人基金居然赞助了我的竞争对手。我记得当时我正走在帕洛阿尔托的大学街上，我撕掉了那张报纸。我感觉在学校的那几个月都荒废了，而竞争对手的业务发展却劲头十足。但之后，我觉得我们已经追赶上来了。

在这个大千世界的几十亿人中，难免有人和你考虑着同样的事情。虽然从威拂的成功来看，率先进入市场并不意味着绝对会成功，但这一点却很关键。我们在新的行业发展得很顺利，比如说 3D 打印消费品行业，是因为产品够新奇，所以才能获得成功。只有率先拥有创意的公司才能获得基金，而不是第二位；只有最初的感人故事才能被报道，而不是第二个。叙述的言语很快就会变成陈词滥调，要想成为被叙述的主角，从而更轻易获得投资并处理好公共关系，那么能当第一就绝不当第二。

预期管理

在这几年的创业生涯中，我学到的最重要的一点就是预期管理。这说起来简单，但是如果要做到对执行计划的风险直言不讳却并非易事。如果不会预期管理，那就不是一个有原则的企业家。所以，学会预期管理吧。

注重信誉，言而有信的感觉真的很棒。

对创业者来说，敏锐地意识到利益相关者的期望是至关重要的。你的公司需要不同层次的输入与资源。虽然我们可以完美地完成任务，但是我们不能总是创造奇迹，因为我们是普通人。你一再声称自己可以创造奇迹，但这充其量只是一个谎言，因为这与合理预期的差距实在太大了。很多情况下，这可能会毁了你。

我的第一份事业是推销一款营养软件，这是热门产品，我们也以为可以在激烈的餐馆推荐市场中大获全胜。但是，这个美好的想象最终让我们付出了代价。

我的第二份事业是引进天然气压缩机。在大学期间，我们一边求学，一边引进重工业设备及机械设备。本以为这样创业能让我们获得巨大的成功，但是最终我们损失惨重。

威拂是我的第三份事业。为它开辟一个新市场的时间与成本都被低估了。虽然我们已经成功地进行了调整，但这一缺口导致我们过早地进入了市场。在预算持续波动的情况下，做出改变是极为不利的。这使我们没有尽早树立品牌意识，并且未能将宝贵的时间用于尝试获取驱动用户增长的密钥。

经历了这些失败和险些失败的创业之后，我常常想，为什么我总是重蹈覆辙呢？有时，这是些许"自我主义"和试图取悦他人的想法综合作用的结果。比如说，如果你的创业公司的银行账户上仅剩几百万美元的余额，在这种处境下，你会很轻易地隐瞒这一事实。我就经常和自己玩这个心理游戏。投资者们都在场，有新的融资、新的预期，当然，兑现这些新期许也存在不确定性。在这种情形下，不管是对招聘计划、资金消耗率、市场营销策略还是其他方面的期许，我都喜欢给出一个清晰明了的答案。虽然事情发展不尽如人意，但我脑海中会想：我要延迟告诉大家不好的消息，万一奇迹发生了呢。或者说，我这么做只是为了取悦别人。但是，讽刺的是，这样做会破坏彼此的信任关系，使我失望与失败的风险更大。

要战胜自我，我极力推荐阅读瑞安·霍利迪（Ryan Holiday）的那本《自我是敌人》（*Ego is the Enemy*）。要打败你心中阿谀奉承的小丑，以下建议也许能有所帮助。当你试图取悦他人时，你要意识到最终你会信誉全失，那时别人会怎么看你呢？

你或许知道，人们对一个企业抱有各种各样的期待，而这些期待可能就会带来混乱与失败。需要应付的变量越多，你就越可能去迎合他人。取悦别人大错特错，所以关键在于你要有一整套预期计划。你必须要达到这些预期，让所有人就此达成一致。这样，就算有其他雇员或是投资者参与进来，你依然可以坚持相同的游戏规则。这样一来，你良好的信誉也就有目共睹了。我曾听创业的朋友说过，那些利益相关者一而再再而三地变换自己的预期，其结果非常可怕。他们的行为是自私的，他们改变自己的期许，实则就使你站在了合作伙伴及其他利益相关者的对立面，因为那些人认定了自己最初设定的预期。

如何衡量创业公司的成功呢？问自己以下两个问题：你完成了最初设定的目标吗？和你一起开始创业及新参与这个项目的人也都认同你的回答吗？我想表达的是，只要你有一个固定的参考标准，你就可以避免在资源不足的情况下去取悦所有人。

比较要好的创业者朋友教会我如何降低执行风险。首先，坦诚面对切合实际的期待，问问自己的准则是什么；其次，在开始阶段，与合作伙伴就这些期待达成一致；最后，让后加入的人认定既有的发展预期。接下来让我们仔细了解一下这些步骤。

第一步：你的准则是什么？

从一份事业到另一份，甚至到你最终的事业，你需要和你的家人朋友一起定义成功。究竟什么才重要？是你在二十几岁的时候忙得疲惫不堪，但是自己的企业估值高达数十亿美元，而你可以拿出其中较小部分的 500 万美元犒劳自己吗？还是你不断丰富自己的创业生涯，保持良好的生活习惯，成为亿万富翁，而后退休？事实上，真正重要的是你对自身的期待，以及根据不同的环境调整期待。在这个过程中，阅读拿破仑·希尔的《思考致富》无疑是一个绝佳的选择。

第二步：为什么这份事业有价值？

和你的商业伙伴或联合创始人一起预估这项创业的成功意味着什么，将其以数字的形式记录下来并签字核准。公司的退路是什么？你们各自想做什么？这个思考过程至关重要。因为将公司以更高的价格卖出（为公司带来更多资本），有时却意味着更少的金钱回报。你想将公司交给谁？这个问题也十分重要，因为退路有时可能就是金手铐，让你被工作束缚，多年无法脱身。如果最终能够成为谷歌或是脸谱网的副总裁，那结果自然是好，但是如果在其他公司，可能就另当别论了。

第三步：为什么会有人帮你？

你的早期雇员及天使投资人所期待的个人成就是什么呢？和他们一起厘清这个问题。你的首个工程师可能想的是，在他年过40的时候，他已经在公司赚得 100 万美元，而他可以用这笔钱买一栋邻水别墅。问问你自己，按照你为公司规划的发展路线及你打算给予的股权，能否让他实现愿望？仔细想想，假设你对成功的定位是五年后以 5000 万美元的价格卖出你的股权，你将其中的 1% 给你的员工，而此时他已经年满 38 岁，那么他的期待自然无法实现。不要一味地通过口头承诺期待别人买账。如果你这样做了，对方迟早会拒绝再次为你工作或合作其他项目，而这些人本来可以在你的长期事业中扮演重要角色。来算一算这其中蕴含着的数学题，你所能给予的，是否与他们的期待一致？在这方面，成立巴菲尔（Buffer，美国社交媒体营销公司）的创业者们就坦诚地明确其股权分配，这样的做法对其自身和公司而言大有益处。

接着是你的早期投资人、公司的董事会成员等。如果他们各自有不同的期待，那么你便无法取悦所有人。所以你必须坚持最初的设定，除非在极少数的情况下，你确定所有的利益相关人都达成了新的一致，而且他们没有任何怨言，否则，永远不要中途改变目的。

只要确定大家的期待与现实的目标达成一致，那我们就已经开始努力地坦诚看待自己的付出了。也许，到现在你都还觉得我在谈钱。如果你真这样认为，那让我告诉你什么是最有价值的资源吧。其实，团队的时间就是最宝贵的资源。

风险投资世界在高速运转着，成功募集到上百万美元的资金固然很好，但是，有时为了能够得到那几百万美元的资金，你可能会忽视你最初的预期，而向投资人推销新的预期。如果你为了获得资金，在中途改变目标，改变预期，那你很快就会偏离正轨。我经常参加初创公司创业者举行的会议，对以上所提及的内容已司空见惯。通过总结过去的经验，吸取其他创业者的教训，对于威拂的业务发展前景，我们已经很擅长提出令人信服而又切合实际的目标。坚持实事求是，不好高骛远，在很大程度上拯救了我们，也让我们得以在利益相关者中保持良好的信誉。

这是我们极其注意的：按重要节点执行预算。一旦开始筹集风投基金，你就必须得争分夺秒了。每一个重要节点都是你建造商业大厦的砖瓦。如果你试图说服自己和你的董事会成员，这些节点并不重要并打算略过，那这种做法比尝试追赶其他企业还要糟糕。

一旦你开始省略掉其中的一些时间节点，你就需要付出更多的人和资源。讽刺的是，这样做就扼杀了你成功的机会。因为这样做意味你无法更好地满足当前利益相关者的期待。稍微了解一下布鲁克斯定律，你就知道这样做将给你带来怎样的双重致命打击了。布鲁克斯定律告诉我们，投入更多的资源来做一项已经延误的项目只会让进度更慢。

在做目标决策时，确定相关事实，然后根据脑海中唯一的一套预期计划做出决定。养成根据事实独立快速做出决策的习惯非常有益。形成个人准则，并坚持下去，然后根据准则诚信地管理预期。最终，你做决策的速度也会提升。

和他人在一起的时候，你有时可能会觉得，引人注目一点并且夸大结果可以更快地建立与他人的联系。但是从长远来看，坚持准则，并且通过长期经营建立的关系会更加稳固。他人会相信你为人正直，并且愿意考虑你的任何提议——无论是在这项创业中，还是在接下来的创业中。

学会诚信管理预期需要经常自我反省。这点是我所重视的，我也希望其他和我共事的创业者认真对待。

第 16 章　共同创业

罗丝·王

——六食品公司联合创始人兼首席执行官

如果你现在有了心仪的联合创始人，那么希望这一章可以告诉你之后可能会遇到哪些困难，并且怎样有效地应对和解决困难。在硅谷公认的一个观点是：联合创始人就像结了婚的夫妻。创始人在管理上难免会有分歧，比如谁说了算，产品如何定价，如何宣传等。这章里，罗丝分享了很多她和她的联合创始人发生的摩擦，以及她怎样将问题转化为共同创业的动力。我们也可以通过这些问题看到创业者的心得，为什么创业并不适合于每一个人，但每个人的一生都应当创一次业。

人物简介

罗丝·王是六食品公司联合创始人兼首席执行官（另一位创始人劳拉·达萨罗已在第8章中提及）。六食品公司的产品为薯片，它的特别之处在于加入了昆虫粉，既健康美味，又对自然资源进行了合理利用。罗丝位列2016年《福布斯》社会创业领域"30位30岁以下青年才俊榜"，她同时也是"*Elle*最具影响力人物奖"获得者、绿色回声气候组织（Echoing Green Climate）会员之一、全球最大创业加速器"大挑战"（MassChallenge）金奖得主，她还曾获得了哈佛院长设计挑战赛（Harvard Dean's Design Challenge）大奖，也是TED大会演讲人之一。罗丝曾在美国服装企业阿贝克隆比&费奇（Abercrombie & Fitch）及微软公司的战略及市场部门任职。在哈佛学生机构（HSA）任职期间，她负责管理哈佛学生机构洗衣店及哈佛商店，经手年预算达150万美元。她还曾投身教育事业，在一家位于肯尼亚的非营利教育机构维玛股份有限公司的董事会任职。罗斯毕业于哈佛大学，并计划于2018年进入哈佛商学院完成"2+2"计划。

关于联合创始人

　　在企业家圈子中，有关联合创始人重要性的讨论一直持续着。与由单一创始人创立的公司相比，投资者更倾向于选择多创始人公司，因为他们认为人多力量大（能力组合也多）。我很清楚，六食品是一家用蟋蟀粉末生产食品的公司，如果不是我的联合创始人劳拉和我一同创业，我可能就无法将六食品继续运营下去了。创业是最让人感到压力和孤独的经历之一。你的制造商可能某天就会突然把你撇下不管，那么，你就没有产品可卖。或者你把全部积蓄都花在实现自己的想法上，到最后却发现根本没人对你的产品或是服务感兴趣。如果没有劳拉和我一起头脑风暴、同甘共苦，我不确定我是否能够承受如此长时间的创业压力。

　　尽管我和劳拉在公众面前的形象是很阳光的，但是我们和其他联合创始人团队有着相似的问题。我们遇到的很多问题的根源，在于我们生来就是与众不同的人。我在一个十分严格而传统的华裔美国家庭中长大。我的父母远渡重洋来到美国，我是他们的独女，所以我从小就感受到了父母望女成风给我带来的压力。到22岁时，我差不多就是那种完美的移民孩子了。我刻苦努力，考上了哈佛，还在微软找到了一份很棒的工作。从表面上来看，我就是别人眼中那种典型的要当顾问或是银行家的人。

我的联合创始人劳拉，也是我的大学室友，可以说她和我截然不同。她从小在西雅图和华盛顿长大，她的父母鼓励她去探寻最为新奇狂野的想法。在每年的万圣节或是学校精神日（School Spirit Day），劳拉都会穿着自己精心制作的服装盛装出席。她做的服装，从头到脚覆盖着红黄相间的彩带和绳结。她的想象之花得以尽情盛开，从未有人阻止过她的奇思妙想。

我们的能力非常互补，但由于我们的世界观不同，有时候我们也会争论起来。我是一个务实的商业人士，而她则想着探索所有的可能和疯狂的想法。有时我会感到非常沮丧，因为她根本就意识不到她的想法是无法提升销量的。而有时她也会感到气馁，因为她觉得我没有幽默感。我们的争吵有时候会迅速激化，到最后会朝对方大喊大叫，劳拉会伤心地哭泣，而我则会气得无法入眠。

我们在一起度过了四年大学时光及三年共同创业的日子。这期间，关于与联合创始人共同创业，我总结了如下三个要点。

第一点：你所选择的联合创始人要更重视公司和任务，而不是个人的成功

如果你在创业伊始就与我和劳拉共事，那么你就会有这样的疑问，为什么我们俩能一直合作到今天？刚开始时，我们确实有

一些意见上的分歧。劳拉想要置办一辆食物贩卖车，向当地社区民众兜售昆虫制成的食品。她钟爱各类社区计划，这样就能把大家团结在一起，而她本人也能够亲近她所热爱的生活。而我呢，则希望建立一家快销公司，因为我想让我的产品遍布美国的各个角落。我的想法是，如果我们想为这个世界带来一些改变，那么唯一的方法就是建立一家拥有全球影响力的公司。这样一来，人们才会真正开始将昆虫作为蛋白质摄入源。

　　劳拉想的是要创造一款昆虫汉堡包，她认为只有这样我们才能快速地带来改变。具体来说，这个想法就是如果人们可以不食用肉，而用昆虫替代，我们就能迅速降低碳排放量、用水量、土地使用量及其他消耗。尽管劳拉的想法讲得通，但是事实上，三年之前没有哪个美国人愿意吃昆虫汉堡包。我认为，我们的公司如果生产昆虫汉堡包的话，不出几个月就会倒闭，因为不会有人乐意买我们的产品。

　　这一年，劳拉花了很多时间，试图将我们的产品推销给一个夏令营。我知道后简直怒不可遏，她竟然把时间花在夏令营，而不是零售商身上。而我当时认为，唯一能够扩大公司规模的做法便是：首先我们要尽可能多地和商店协商投放产品，然后向商家展示我们的产品为他们带来了盈利，随后我们的产品就能进入更多的商店。我认为把时间花在除此之外的事情上是一种浪费。而劳拉却对此并不赞同，她依旧我行我素地向夏令营推销产品。一个月后，这个夏令营向我们下了订单，购买了 1 万磅（约 4536 千克）的薯片，让超过 30 万个孩子吃到了蟋蟀薯片。

我意识到我错了。劳拉完成的这一个大订单在很大程度上推进了我们的任务进度，因为我们让 30 万个孩子了解到了可持续的饮食习惯，而这恰恰就是我们的目标。

我们确实从创业伊始就有着一些管理上的分歧，但是支撑我们共同努力到今天，并且有所成就的原因是我们有着共同的目标。这无关谁对谁错。我们都将公司的利益放在第一位。即便有时我们在策略选择上会存在分歧，但是我们很清楚，团结起来、共同应对才对公司最有利。因此，我们总能解决彼此遇到的问题。即使你的想法行不通，你也总能赚到更多的钱或是获得更多的支持，但如果你的团队无法运转，那么你的公司也就到此为止了。

第二点：明确联合创始人各自的角色，有助于化解很多问题

由于六食品创立之初，公司里只有我和劳拉两人，所以我俩包办了公司所有的业务——市场、销售、财务、运营等，连订单装箱和发货都是我们负责的。然而，正是由于我们什么都做，所以我们一直在妨碍彼此的进度，做决策时也会事倍功半。比如说，给客户写一封电子邮件都要花掉我们好几天的时间，因为我和劳拉一直在互相修改对方的草稿，并且就邮件的内容不停地争论。我还记得早些时候，我们在一起申请不同的助学金和奖项，在申请截止的前一天晚上，我们一直熬到凌晨五点，而凌晨三点的时候我们还吵得不可开交，因为我们对于如何回答这些问题都有不同的想法。

　　过了一段时间以后，我们很清楚地意识到，不能什么事情我们两个都一起做，所以我们就决定分工合作。我负责市场、财务、募集资金及寻求合作伙伴，劳拉则负责运营和销售。起初，我们很庆幸我们二人能够完成分工，感觉好像我们终于可以完成更多工作。然而，过一段时间以后，劳拉发现自己不太喜欢运营工作。她是那种粗枝大叶的人，经常会把一些小细节遗漏掉。但是在运营工作中，小细节可能意味着订单量是一百而不是一千，如果不注重细节，那么我们的订单也可能发到错误的地点。劳拉觉得她干不下去了，但是我需要她坚持下去，因为我们没有多余的钱或是资源来雇人。

　　那一年，劳拉和我一直在"内斗"，她做业务时自己也在挣扎，因为她觉得自己不是即将失败就是已经搞砸了。她每天醒来，都感到十分慌张，担心自己可能会犯错误，从而毁了我们的事业。但另一个问题是，劳拉对于我负责的工作同样不感兴趣。因此我们俩被困在自己的职务里动弹不得，经常处于吵架的边缘，关系也总是很紧张，这导致我们不知道这究竟是因为我们不适合手头负责的工作，还是因为我们本身就不适合做搭档。

　　一年以后，我确信这些争执和矛盾并非因为我们不适合做搭档，大多数问题都来源于我们不适合做目前负责的工作。我们雇了两个兼职运营人员，将劳拉从运营工作中解放出来，这样一来她就能专心做销售了。从那以后，我们就开心多了，劳拉重新感觉到她对我们的事业有所贡献，并且在个人层面上取得了成功。

第三点：如果其他方法都不奏效，那么就试试寻求"婚姻"咨询的帮助

联合创始人之间存在矛盾冲突是很正常的事情，你让两个人在同一间屋子里待上几年，我敢说他们一定会吵起来。如果这两个人的观点和能力组合还大不相同，那么他们之间发生矛盾的可能性就会更大。但是有时候，最佳的伙伴关系恰恰就是最为激烈的那种。我和劳拉最初成为搭档的时候，我们就有了自己的咨询顾问，他们对我们都非常了解，当我们矛盾过多时，就会寻求他们的帮助，以此来平息我们之间的矛盾。

大概一年之前，我和劳拉的关系降到了冰点。我们已经持续几年废寝忘食地工作，这使我们两人都疲惫不堪。雪上加霜的是，劳拉并不喜欢她负责的内容，所以我感到整个事业的重担都压在我一个人身上。我们之间的每次互动，到最后都会导致紧张情绪，以及一场惊天动地的争吵。我们总认为对方是烦恼的根源。我们分头去找了各自的心理医生，他们聆听我们的问题并试图平息矛盾。然而，我和劳拉相识这么多年以来，已经形成了一个恶性循环，我们所缺少的就是打破这个循环的手段。虽然很清楚问题出在哪里，但就是不知道该如何去解决。

我们的顾问建议我俩去寻求婚姻咨询的帮助。那个时候，我们已经无能为力了，所以愿意尝试任何办法。现在想来，我很庆幸当初听取了这个建议。在一位公正的医疗从业人员的帮助下，我和劳拉不再自说自话，而是坐下来向彼此倾诉各自的痛苦，在

以前，我们是无法做到这一点的。咨询过程中最棒的部分莫过于治疗师为我们准备的一些训练，我们在进行训练的同时也得以修复两人之间的裂隙。比如，劳拉是一个非常感性的人，所以除非她感觉有人在支持她，或是她理解了我的感受，否则她是不会听我讲道理的。因此，在我们有了分歧之后，我学会了在向她讲道理之前，要加一句"这件事发生了以后，我感到……"。我认识到在我和劳拉理解彼此之前，我需要学着和她达成某些共识。我们对彼此的关系和共同的事业投入颇多，因此我们能够解决二人之间最深层的问题。现在，我很高兴比当初少了很多烦恼，我们依旧是一对搭档，只偶尔拌嘴。

　　总的来说，和他人一同创立一家公司，就好比是和人结婚并立刻有了一个孩子。你将自己的所有精力都投入到养育你们的孩子上，但是你的伴侣有时很可能对此有不同的意见。他们的反对意见会让你感到沮丧、心碎，甚至会伤害你的自尊。而反过来，你也可能对他们做出同样的事情。在你和他人一起为你所在乎的事业努力奋斗时，维持你们的伙伴关系绝非易事，因为你们二人的想法和心思需要拧成一股绳。当你们二人真正做到齐心协力的时候，就会发生奇妙的化学反应了。不过要谨记，找搭档时，一定要找一个心态端正的人，并且要进行分工合作，如果发生了矛盾且其他方法都不奏效，那么就试着去找婚姻咨询求助吧！

给初次创业者的建议

在我大学的最后一个学期，劳拉给我转发了一篇文章，上面讲的是为什么我们都应食用昆虫。她几年前曾前往坦桑尼亚留学，在那里她见到了在街上兜售炸毛毛虫的小贩。她被吓了一跳，但同时也对此十分感兴趣。作为一名素食主义者，她不知道该如何将昆虫分类——它们到底算不算素食呢？最后，她决定先买一些尝尝（当然是在坦桑尼亚买的），并且在她考虑清楚之前就直接把毛毛虫塞进嘴里嚼了嚼。她的第一感觉是什么呢？这东西吃起来很像龙虾！

回到美国后，她就着手开始了她的调查——为什么坦桑尼亚人吃昆虫而美国人不吃。她发现昆虫是最好的可持续蛋白质来源之一。例如，一磅（约 0.45 千克）牛肉的整个生长处理过程需要足足 2000 加仑（约 7570 升）水，但是同样重量的昆虫只需要 1 加仑（约 3.79 升）水。除此之外，昆虫作为蛋白质来源甚至比一些植物蛋白，例如大豆蛋白，都更加可持续。从有益健康的角度来讲，诸如蟋蟀等昆虫的蛋白质含量比牛肉还高，但是脂肪含量却比牛肉低 33%，并且这些昆虫蛋白还是百分百的动物蛋白，里面含有人体所必需的全部九种氨基酸。

有了这些发现，劳拉简直是欣喜若狂。作为一名素食主义者，她终于找到了毕生梦寐以求的可持续且营养成分完整的蛋白质来源。我猜当你有了一个疯狂的想法后，你会做的就是把它与你的伙伴分享。说来也巧，那个时候我也刚从北京回到美国，在北京一个朋友的怂恿下，我吃下了一只炸蝎子。我当时也有和劳拉类似的反应——这东西尝起来像是大虾！所以当我收到劳拉发来的那篇文章时，我所能想到的就是，为什么我们不吃昆虫呢？因此，我们二人开始一同努力，探寻一种能让美国人接受昆虫食品的方法。

在这个过程中，我们学到了很多东西。我想将其中最为重要的三点拿来分析：第一，失败的次数越多，你离成功就越近；第二，你的想法没有你想的那么奇葩，所以大胆告诉他人你的想法；第三，大多数人并不适合创业，但是每个人都应该至少试一次。

失败的次数越多，离成功就越近

创业的第一天我们就碰了钉子。为了找出让美国人对昆虫食品感兴趣的方法，我们做的第一个实验就是在宿舍里炸蟋蟀，并拿去分给朋友们吃。他们被吓得不轻，甚至有一个人吓得从椅子上摔了下去。然而，朋友们的反应并没有阻止我们前行——实际上，我们将这件事视作一个挑战，并且接受了它。我们继续在厨房里鼓捣昆虫，改变它们的外形、味道及口感。我们甚至邀请了一位受过米其林星级训练的厨师来无偿协助我们。每周我们都要在厨房里埋头苦干很长时间，就是为了知道如何才能够打造出一款人们喜闻乐见的昆虫食品。

最终，我们意识到，要让美国人对吃昆虫感兴趣，最好的方法就是让它们看起来不那么吓人。

我们制作了一种蟋蟀粉，具体方法是将蟋蟀晒干，然后混着面粉研磨。然后我们将蟋蟀粉加到美国人最爱的零食——薯片里面！我们将其称作"蟋蟀薯片"。我们带着这个想法去找了投资商，因为我们需要钱来运作生产。通常情况下，大多数投资商都会礼貌地告诉我们，他觉得我们疯了。甚至还有一位投资商告诉我们说："我在这一行干了十年了，这是我听到过的最烂的想法。"他的话将会永远地印在我脑海中。有些人到此可能已经要选择放弃了，但是我们没有被他打倒。我们要证明他错了。

由于当时我们筹不到来自任何机构的投资，所以不得不另辟蹊径来筹集资金，并利用这些资金证明自己。我们在众筹网站"创业助推器"（Kickstarter）上发起了一个众筹项目，结果令人大喜过望，在仅仅30天内就筹集到了7万美元，这也使我们的项目成为该网站上有史以来吸纳筹款最多的食品创业项目。我们拿着这笔钱来生产蟋蟀薯片。但是后来发现，我们是没法儿在自己的厨房做薯片的，因为薯片的烹饪温度很高，并且要让每片薯片的质地和味道都相同。因此，我们需要找一个为我们炸薯片的厂家。最终，我们一共给400多家工厂打了电话，也就是说，在有人答应我们之前，我们已经被拒绝了400多次。

自从我们开始着手制作我们的薯片，成百上千次的失败就接踵而来。有一次，我们把薯片的标签打错了，所以不得不亲手把上万袋薯片包装上的标签撕下来，再重新贴上去。也曾有一段时间，我们过于注重运营而忽略了销售。我们也经历过其他各种各样的挫折。每次失败时，我们本可以立刻放弃自己的事业——有些时候我们简直是一败涂地，以至于看起来没有任何合理的方法继续走下去。不过一直有一件事让我们坚持走下来，那就是我们知道自己在过去曾战胜过其他巨大的障碍，所以一直迎难而上。而失败的宝贵之处则在于，每次失败之后，我们应付这些事情就比之前轻松一些，因为你已经从其他失败中站了起来。最后，如果你历经诸多失败仍然屹立不倒，那么你就开始成长了。

你的想法没有你想的那么奇葩，大胆告诉他人

创业者们经常会犯以下两个错误：一是他们认为自己的想法很特别，所以在运营时保持低调，生怕别人会把他们的想法学去；二是他们害怕向他人展示尚未成功的想法和努力，因为担心会招来批判。这两个错误都很致命。事实上，很可能在你有某个想法之前，别人早就已经想过了。相同想法的不同之处在于你是否将其付诸行动。就拿脸谱网来说，早在它成立之前，朋友网（Friendster，一度是全球最大的社交网站）及我的空间（MySpace，一度是全球第二大社交网站）就已经存在了，同时还有很多社交网站呈发展态势。为何脸谱网一枝独秀获得了成功并发展壮大？关键就在于它敢于测试各种理念，并且乐意做出改变，破旧立新。

我们在最初设计蟋蟀薯片时，曾决定要加入黑豆来让薯片更健康。黑豆会将薯片变成紫色，这样一来我们的薯片看起来就像是某种很棒的健康食品。假设当初我们没有把这个想法告诉别人，

那我们今天所经营的可能就会是一个生产紫色薯片的失败公司。在制作出紫色薯片以后，我们把它的图片放在了当初的众筹项目网站上，观察人们对它的反应。而大家都会问："你们的薯片是因为里面加了蟋蟀，所以才会看起来黑乎乎的吗？"我们发现顾客都不敢尝我们的薯片，因为他们生怕自己会在黑色的薯片里面看到蟋蟀。因此，我们把黑豆换成了菜豆，这样一来，我们的薯片就变成了黄色——一个对于薯片而言相对正常的颜色。从此之后，再也没有顾客会因为薯片的颜色而不敢尝它们了。

而在最初，我们也就薯片的目标人群提出了很多设想。我们觉得素食主义者会乐意吃蟋蟀薯片，因为劳拉本人就是个素食主义者。结果绝大多数素食主义者都对吃蟋蟀很迟疑，因为他们不知道蟋蟀能不能算作一种素食，所以他们也不愿意接受这个想法。后来，我们觉得户外运动爱好者也许愿意吃我们的薯片，因为他们爱护环境。结果我们发现，户外运动爱好者并不会在进行户外活动时带上我们的薯片，因为薯片在背包里会被挤碎。

如果我们没有在客户那里测试我们的猜想，当时可能会在错误的想法上耗费大量的时间、精力及财力。正因为我们从客户和愿意聆听我们的人那里收集了足够多的反馈，我们才能够及时修正错误的想法。这就让我们能够将有限的时间、精力和财力用在正确的想法上。总的来说，进入市场是成功的第一步，但是正确地进入市场才会为你带来更多成功。

大多数人并不适合创业，但是每个人都应该至少试一次

过去三年对我们来说异常艰难，我们的情绪也时有起伏。我住在旧金山，全世界生活成本最高的城市之一，而我的年薪是225 000 美元。几年以来，我和劳拉每周都要工作上百个小时，亲手为上万袋薯片贴上标签，打好几百通电话才找到一个愿意合作的生产厂家，曾被人轰出制造商的办公室，被人嘲笑，也曾有投资商表示我们的主意是他听过的最烂的想法，等等。我们所经历的实在太多了。

不过，我也学到了如何白手起家打造一款产品，也知道了如何将自己的产品推销出去——尽管这个产品一度无人看好。我学会了如何整理资产负债表附表，学会了如何向他人筹集资金，也学会了如何在没有资金时说服他人为我提供免费的产品和服务，还学会了如何进行一场打动听众的演讲。我也知道了自己在心理上比之前认为的更强大。我们学到的也实在太多。现在，蟋蟀薯片已经走进了成百上千家商店，我们也通过彻底改变人们的饮食习惯来塑造食品业的未来。

我提到过我今年才 27 岁吗？我打算当一辈子的企业家，但如果我没继续做下去的话，我很可能去从事任何行业的任何职业以迎接挑战，因为我已经通过自己的努力，学会了如何从一无所有到有所成就。

创业将会是你一生中最难忘，也最具挑战性的经历之一，但是它只会让你变得更强大、更智慧、更聪明，也更精明。并不是

所有人都会"蠢"到愿意把自己的一生都献给这种充满压力的职业，但是这种经历会让每个人都变得更好更强。如果你有一个想法，那么就去实现它。你有什么可损失的呢？更重要的是，你想要得到什么。

第 **17** 章　**迎合市场**

塞尔坎·托普朱
——泰伯教育联合创始人兼市场总监

如果你想在美国创业或开拓美国市场，又担心无法拿到特殊人才签证，那么这一章应该就是为你而写。毋庸置疑，美国有很多资源，为创业者提供了得天独厚的创业环境。怎样从一个外国留学生脱颖而出成为杰出人才？塞尔坎叙述了他怎样和行业精英建立联系，怎样作为一名留学生加入一个美国团队并担任其中一个创始人。希望这章能够启发在留学的学子们自信地、有计划地追求自己的梦想，不被客观原因所束缚。

人物简介

塞尔坎·托普朱（Sercan Topcu），泰伯教育（Tempo）联合创始人兼市场总监，一位屡获殊荣的市场营销者，美国公民与移民服务局均认可其为所在领域的杰出人才。他是获得美国 O1-A 签证的土耳其人中最年轻的一位。O1-A 签证是一种提供给特殊人才的签证，它只授予业内顶尖的专业人士。塞尔坎·托普朱是土耳其唯一一位入选 2016 年《福布斯》"30 位 30 岁以下青年才俊榜"的社会企业家。他也是唯一一位参加 2015 年世界最大的社会创业竞赛"霍特奖"（the Hult Prize）大赛的土耳其公民。泰伯教育是一家通过移动电话向全世界儿童提供教育的公司。

塞尔坎从泰伯教育创办之初便已成为其中一员，负责开发和执行市场与品牌策略。在塞尔坎的努力下，泰伯教育被选入波士顿的"大挑战"（MassChallenge）加速器，并有机会在 2016 年全球创业峰会（The 2016 Global Entrepreneurship）及 2016 年社会资本市场大会（The 2016 Social Capital Markets Conference）上发言。不仅如此，泰伯教育还获得了"佛罗里达小型企业可持续发展奖"（The Sustainable Florida Small Business Award）及"约翰·W. 亨利基金会社会影响奖学金"（John W. Henry Foundation Social Impact Scholarship）。

如何应对全球市场的挑战，包括签证和法律制度

如果可以回到一开始，我会收集更多成功企业的信息。我深信将来会有越来越多的社会企业涌现，非营利组织和非政府组织的那套思想已经过时了。我认为关键是要明白赚钱和做好事是不存在冲突的。通常，人们认为如果你在赢利，那么你就背离了贫困人群。尽管在工作中要求人们保持诚信，同时又不断质疑他们的工作动机十分重要，但这种消极的假设与事实相去甚远。

贫困人群也在消费各种服务与产品。虽然他们确实没有足够的可支配收入来获得一定享受，但他们还是有一定收入的，关键是要满足他们认为有价值的需求。真正的社会企业不但能创造这种价值，还能创造积极的外部效应①。所以你必须创建一个不损失价值的闭环业务模式。所以我认为，并不是每一个社会企业都有存在的意义。

不幸的是，泰伯教育需要满足的需求十分急切。这种需求没有其他一些社会问题引人注目，也没有足够的曝光率，但是，它

---

① 外部效应又称为溢出效应、外部影响、外差效应或外部经济，指一个人或一群人的行动和决策使另一个人或另一群人受损或受益的情况。

不仅是我们现在要面临也是将来要面临的诸多挑战的关键。我们通过手机向全世界的儿童提供高质量的早期教育。我们的商业模式与众不同，它为我们赢得了许多赞誉。作为一个社会企业，你创建的商业模式便体现了你的意图。我们确保了整个商业链都能够创造价值，能够诠释这一点的例子是，我们让一些父母或其他看护人参与到我们的项目中。众所周知，无论是新兴市场还是既存市场的客户，他们关心的始终是财务收益。在新兴市场中，我们通过提供免费通话时间和短信来回报客户的成功。大多数新兴市场仍在使用"量入为出"的模式，而并非如我们在美国所运行的长期机制。但在既存市场中，我们为顾客提供金钱奖励，例如礼品卡，以此回报他们的成功。

激励对你所提供的社会价值至关重要。从商业角度来看，激励措施会产生黏性，它们能增加员工保持率，减少人员流失。更有甚者，对于你的商业伙伴，黏性甚至意味着降低流失率和增加市场份额。从客户的角度来看，激励机制赋予了他们选择权，让他们能够直接将额外的经济价值投入到食物、水、医疗保健或能源中，而这些都是他们最需要的。我还记得和维诺德·帕尔梅什瓦尔（Vinod Parmeshwar）的一次谈话，他是牛津饥荒救济委员会（Oxfam）的全球人力资源总监。我们当时讨论的是如何建立为人们提供更多价值的商业模式。我想到了各种各样的产品、服务和资源，但这些要执行起来会遇到很多挑战。但是，维诺德给我举了一个例子，告诉我饥荒救济委员会是如何给人们提供更多价值，并且给予他们选择权的，也就是说，让人们自己决定如何使用提供给他们的金钱。

这听上去似乎不太可能实现或者说太主观，因为我们的大多数客户在做价值分析时都没有接受过正规的教育。其实这是信任问题。你如何才能相信那些你所服务的人会根据他们的自身情况做出最好的财务决策？饥荒救济委员会所观察到的是：人们不断把钱精确地使用到他们所需要的事物上。

我相信自己更了解如何向贫困人群提供资源，因此我患上了一种通病，有时也被称为"白骑士综合征"。我总是试图为他们着想，试图帮助他们。我并不喜欢从那些环境中所获得的纯粹、原始的创业技巧。但维诺德与此相反，他博学多才，他的模式已经帮助了成千上万的人。我们按照他所传授的经验才得以创造出更多价值。给予客户选择权使我们能创造出超越业务范围的积极的外部效应。这便是社会企业的核心所在。

让你的产品灵活、接地气

如果能够回到开始，我会节省下更多资金以使产品更接地气。由于我们是一家专注于教育的移动科技公司，所以看上去似乎并不因为地域和文化与其他公司有所区别。然而事实恰恰相反，其他任何一家公司也都是如此。不断修正产品与服务使之适应社会，对产品寿命来说非常重要。更重要的是，要使产品具备适应性，能够定制个性化的产品，以便更好地服务客户。

创建适应性平台的另一个优点是使产品更加灵活，而且能够利用当地资源。众所周知，利用当地机构和企业可以创造出具有正面影响的良性循环，这也正是我们泰伯教育已经实现的。我们的教育活动已经具备文化适应性，这种适应性使我们在市场上具有很高的接受度和渗透率。

我最喜欢的一个例子是我们在课程中做的一个活动。学生必须不断绕圈走路、跑步。我们并没有让他们使用道具，而是告诉他们可以利用任何一种圆形的东西。结果令人惊叹，而且还向我们展示了世界各地的人们是如何创新的，有的取下丈夫的腰带，有的用上了轮胎，还有的甚至连棍子和泥土都用上了。这个例子也反映了给予人们选择权的重要性。我们给了用户选择权，用户根据自己的文化和资源提出解决方案，这些解决方案不仅适用于个人，还适用于整个文化。

同样需要注意的是那些我们为创建文化适应性平台所做的微小而不断持续的更迭和调整。我们的平台之所以可行，是因为我们能够让自己沉浸在客户的文化中，而这又得益于我们的国际合作伙伴。与当地组织合作使我们接触了一些原本几乎不可能接触的部门，其中一些实际上是政府高层。有一次我们能和它们取得联系，是因为我们都和当地著名教堂进行合作。和它们合作不仅带来了极为宝贵的资源，而且为我们增加了曝光率，帮我们更快打入市场。

如何建立伙伴关系和人际关系

要建立关系，方法其实不尽相同。建立关系当然需要时间，但更重要的是要审核你所合作的机构组织。对于泰伯教育，我们通过大量研究和阅读相关文章来确定潜在联系，然后再挑出那些我们认为可以建立互惠关系的组织，与它们取得联系。我们不仅阅读相关文章，而且还研究了它们使用的资源，进行这个过程时，我们的工作十分细致。如果你确实创建了一个适应性强的平台，那么我强烈建议与当地组织合作，这对于你的实地运营至关重要。

通过 O1 签证的考核

如果可以回到一开始，我会更早申请美国 O1–A 签证。我是一个生活在美国的土耳其人。我申请了很多年，才拿到美国 H1–B 签证（特殊专业人员 / 临时工签证）。但是，当你成为一名成功的创业者，你便还有另一个选择，就是 O1 签证。要获得 O1 签证，必须满足八个成功指标中的三个。具体信息可以参阅美国公民和移民服务网站。

根据我的经验，获得 O1 签证是一件幸事。只要我被认可是独立的承包商或企业对企业的顾问，我就可以和许多公司合作。这个签证很难获得吗？当然是。要想获得这个签证，我就要成为唯一位列《福布斯》社会企业家榜单的土耳其创业者，唯一一位进入"霍特奖"决赛的土耳其裔代表，以及获得其他诸多用汗水与泪水换来的荣誉奖项。

当我的朋友和其他国际友人问我美国的与众不同之处在哪儿，我会告诉他们，在于美国人对辛勤工作的定义。就个人而言，我是在美国才学到了辛勤工作的真正意义。我曾经在西弗吉尼亚州挨家挨户上门推销儿童读物。曾经有一次，我不得不辞去竞选经理的职务，转而追求我的创业梦想，也因此做了几个月的清洁工，以维持我的生活。最令我震惊的是，在美国，对我要实现的目标来说，这些方式似乎完全在情理之中。我可以坦率地告诉你，在土耳其，我的朋友和家人都不会允许我去做清洁工。或许你会说他们不同意是件好事，其实并非如此。家族荣誉和自我权利使我在土耳其从未有过这样一份工作。但是在美国，清洁工作只是向上攀登的一个方法。在这里，做此类工作被认为是一种努力，因为它很艰苦。走出舒适区并且追求幸福，这种文化让这个国家非比寻常。同时令人高兴的是，这个国家的人们认为我很优秀。

要获得 O1 签证的最佳方法是咨询移民律师，花这笔咨询费是很值得的。这种签证不会影响公司的法律结构，而且，从国际视野来看，它会增加你的信誉。

还有许多签证可供美国的外籍企业家申请，但是并没有多少能像 O1 商务签证那样备受尊崇。

销售和营销技巧

口碑营销仍是王道！如果可以回到开始，我会为我们的口碑营销创造更多的支持性工具。我结合了传统和新媒体策略来推广泰伯教育。根据市场、文化，甚至是季节的不同，每种营销媒介的有效性都会发生变化。但是，我们发现，口碑营销始终是发展事业的可靠资源。在我们的例子中，口碑营销是新兴市场上最有效的工具。事实上，虽然我们的执行团队位于美国，但尼日利亚拉各斯贫民窟的员工仅仅用了三个月就招纳了 93 名新的家庭教育工作者，而这些，只需利用口碑营销。

同样需要注意的是，如果要使用口碑营销，则需要树立信誉。我结合已成功的传统策略和新媒体策略，进一步确立了我们的品牌信誉。传统营销策略主要包括印刷媒体，例如传单、小册子，甚至是泰伯招聘人员的身份标签。新媒体的策略则主要集中在社交媒体上，也包括号召性视频。

多一些活动，多一些促销

如果可以回到开始，我会对更多活动做更多的研究。泰伯教育是一个社会型企业，是一个移动教育平台，为低、中、高收入的个人及学校和组织提供服务。如果认为我们公司的最佳营销工具只有一种，那就太浅薄了。对于我们公司来说，最重要的营销工具是参加活动。我们可以通过参加竞赛、网络午餐、加速器等活动来创建一个强大的关系网络。活动使我们能够将自己置身于终端用户之中，无论这些用户是个人还是组织。

我们参加的活动还包括一些聚会，这些聚会可以让我们展示公司的愿景、使命及吸引力。我建议所有的企业都去挑选一些对公司发展有益的活动。那么，要决定公司应该参加哪些活动，则需要考虑三个因素：第一，这个活动是否对你的公司有帮助，且不分散你的注意力和你的资源；第二，这个活动是否对公司的号召性活动有益，例如融资、招聘等；第三，这个活动是否会引起媒体的关注。

对我们来说，拥有一个庞大的核心团队——五个共同创始人，确实有一些挑战。考虑这三个问题让我们能始终避免偏离轨道，并且利用好每一次机会。我们参加的活动，小到在当地一个舞蹈工作室的开幕式上表演，大到入围世界最大的社会企业竞赛"霍特奖"大赛的总决赛。

那个舞蹈工作室开张，正是在我们的市场部专注于与当地组织建立互利关系的时候。因此，参加这类工作室的开业典礼是符合这三个标准的。我可以争取到演讲机会并且参与酒会，不仅能介绍泰伯教育，还能获得一些重要人物的信息。我们选择参加的另一个原因是，该活动还发起了一项著名的当地非政府组织倡议，为贫困儿童提供免费食物。这个组织引起了新闻界的关注，我们也随之受益。不仅如此，由于该组织和泰伯教育都关注儿童，我们也因此能够建立起一种牢固的关系，而这一关系至今仍在不断发展壮大。

　　"霍特奖"竞赛发起的挑战是针对 2015 年的早期教育，这一挑战完全符合我们的宗旨，即最大程度发挥孩子的潜能。此外，它还为我们提供了一个加速器、一个世界领导人的联系网络。最后，我们击败了所有常春藤盟校，成为美国唯一一支进入世界总决赛的团队，因此获得了广泛的关注和支持。

　　所以，想要获得媒体关注以推广自己的公司，最有效的方式就是确定要参加的活动。你所选择的活动不仅要与公司所处时期的目标和宗旨相关联，还要符合公司的愿景和任务。

电子邮件营销

　　电子邮件沟通是我们推广和树立品牌的另一个关键部分。电子邮件交流的成功关键在于简单明了，并有明确的号召性用语。虽然写一封简单明了的邮件听起来很容易，但当你想要将电子邮件转化为相应主题发给收件人时，可能会有些棘手。我们发现使用信息过滤的方式非常有效。每一次与将来的潜在合作对象进行联系的工作都由我们的首席执行官执行，之后他将来往内容转发给各部门主管继续跟进。例如，如果电子邮件是关于营销、曝光、媒体、促销、商业发展和品牌推广的，那么我就是那个跟进对话的人。

　　在泰伯，我们为自己的公开透明和沟通顺畅感到自豪，在处理邮件方面的工作时同样如此。首席执行官将往来邮件转发给我们之后，我们将后续来往邮件也抄送给他。这样可以让我们每一个人同时获得信息，进而彼此知道各自的决定。而与线下保持一致，对公司的邮件营销来说也至关重要。我们有一份电子通信模版，并且发现，通过保持一致，我们能够比行业内的其他公司获得更高的阅读量。另一个带来阅读量的因素是与读者有关的可操作项目。这些有可能是值得信赖的行业文章，包括有利于读者的行动方针、与受众相关的有趣视频，甚至是你相信能够为读者带来价值的众筹项目。

用合适的联系人和受众创建自己的电子名单，是为了让受众能轻松访问你的注册平台。不要只是把表单放在你的网站上，而是要在正确的时间及正确的地方放置注册表。你可以通过对社交媒体、电子邮件、网站和移动平台进行可用性研究，了解访问者下一步会点击哪里、什么时候点击，以及在网页的逗留时间，进而获得相关信息。做这样的研究会让你知道每种工具的最大吸引点在哪里。利用这些点来发送电子邮件，可以使受众的操作更加流畅、简单。最后，请确保你所参加的活动中有一个随时可供注册的表格。

市场调研让你脱颖而出

如果可以回到开始，我会更好地追踪所有市场研究数据，以供未来参考。社交媒体的成功仍旧取决于行动的号召。社交媒体可能非常有用，但也可能会分散你的注意力。在泰伯，我们有广泛的社交媒体渠道。对我们公司而言，照片墙（Instagram）和色拉布（Snapchat）都能让我们更好地与受众沟通，让他们看到泰伯的工作，更重要的是让他们知道泰伯为什么这么做。而脸谱网和推特更多的是关注商务。脸谱网是产生轰动效应的好工具，而推特对实时协作十分有用。我亲眼见证了脸谱网和推特的巨大影响力。所以在利用这些渠道之前，关键是要先进行市场研究。

脸谱网的广告非常有用。我在咨询其他公司之后发现，其他人在脸谱网广告上遭遇的困难，通常是因为妄下结论。很多时候，公司广告兴趣标签的设置往往是为了迎合受众。请记住，它们设置的兴趣标签不只是猜测，之所以使用，是因为它们在与受众的互动过程中收集了他们的兴趣标签，这个想法没问题。真正的挑战是下一步工作——我建议从中找出受众之间的其他相同点。有一个很好的例子，有一次我为一家面包店制作广告时，我除了发现常见的兴趣标签，还发现超过 80% 的客户都喜欢迪士尼。仅仅增加迪士尼粉丝量，就使得广告的观众增加了 26%，份额增加了 30%，点击率提高了约 15%。

推特是参加活动和比赛的最佳工具。你可以直接与决策者联系并跟进。同样，为了确保能最大程度利用资源，最好先研究关键人物的影响力，找出他们在推特上的习惯，例如他们选择的话题、分享的文章，以及使用的语言——不论正式的还是非正式的。提前几天和他们取得联系，点赞或转发他们的一些推文，这样可以让你和你的业务与他们联系起来。记得一定要传播你的点赞和转发，让你的参与更有组织性。要表现出你从他们身上学到了东西，你对他们很欣赏，以及你能如何为他们创造价值。"有组织性参与"不仅可用在推特上，做某些市场研究时也必须访问对方的网站和其他社交媒体，以此更加深入了解他们。事实证明，这种研究能够让你获得同样的关注，使你可以安排后续会面和往来沟通，进而还可以将对话话题引向自己的目标。

这一切都取决于哪个媒体渠道最能推广自己的公司。大多数时候，最好的方法就是将各个渠道相结合。要找出哪些渠道最重要且能为你的业务创造最大回报，你必须和受众及终端用户保持联系，也就是说，你必须要操作。因此，推销自己的最好方法就是不断对目标受众的生活产生影响，并时刻了解传播方式。

第 18 章　解决矛盾

萨拉·古奥思
——吉特枢纽社会影响团队社会工程师

之前的章节大多讲述的是怎样创建自己的公司，也许你已经对初创过程有了一定的了解，但创业对你我的个人生活意味着什么呢？很多时候，我们可能单纯想让自己飞黄腾达，改变世界。但你的配偶或孩子、父母或好友也应该成为你考虑的对象。在和萨拉对话时，我意识到，创业意味着你每天几乎没时间和自己的另一半在一起；在朋友拿高薪、吃大餐时，你可能一个人在办公室吃着快餐食品，祈祷自己不要长胖，因为你应该没时间去健身。希望这章可以让大家在创业前考虑到之后可能遇到的一些生活中的现实问题，以便周全地打理自己的生活方式和计划。

人物简介

　　萨拉·古奥思（Sarah Guthals）是吉特枢纽（Github），即吉特中心社会影响团队社会工程师，其事业重心是为世界各地的儿童提供高质量的计算机科学教育渠道。萨拉成长于一个低收入单亲家庭，其母亲是移民，也是一位四年级教师，这种家庭背景使萨拉认识到学习与教育的重要性，促使她将重心放到与自己背景相似的孩子身上，从事相关产品和软件的设计并创办了公司。

　　萨拉在加州大学圣迭戈分校先后取得了计算机科学学士、硕士及博士学位，与人合创了科技工数思维公司（ThoughtSTEM），并同人合作开发了软件"学会开发模组"（LearnToMod）及"代码咒语"（CodeSpells），还为孩子们撰写了多本作品，教授如何用或不用代码开发数字作品。2016年，由于她在计算机科学教育领域的杰出成就，《福布斯》将其列入科学领域"30位30以下青年才俊榜"。同年5月，为了给全球各地13岁以下的儿童提供专业体验，教导他们进行电子作品的开发、分享、编写及合作，萨拉加入了吉特枢纽大型软件公司。她如今仍与加州大学圣迭戈分校合作，开发线上亲授课程，指导人们如何在K–12学校中教授计算机科学。此外，萨拉还利用书籍、视频及培训来培育新一代开发者。

关于合伙人、员工和导师

我曾与其他两位合伙人合创了一家培训公司，该公司现已变为软件公司。一开始，公司旨在为 8~18 岁的儿童提供高质量的计算机科学教育，其重心落在面授研讨会和课外课程上，之后重心转移至软件领域，开发了线上站点，使孩子们在家或校园就能接受类似的培训。我与人合办这家公司是在 2012 年，离开是在 2016 年，在这四年中，我所获得的最重要的经验都与"人"有关，即与我的合伙人、员工及导师有关。

找到合适的合伙人

曾经有些连续创业者告诉我，选择合伙人就像挑选对象，我当时以为他们在开玩笑，但事实的确如此。

挑选合伙人实际上是在找一位能在最低谷时陪你左右的伴侣——在你最穷、最累、最脆弱时能待在你身旁；是在找一位失败了能不离不弃，成功了能共享荣耀的人；是在找一位与你并肩的搭档，你得信任他，与他共同实现你对公司的设想。要挑出一位合伙人并不容易，所以我强烈建议，哪怕要执行的项目是非商业性的，在确定合作之前，都得先同候选合伙人共事一段时间，你得了解他们是什么样的人，面对压力会有什么工作表现，你自己在压力下与他们共事的表现又是如何。

在我讲出自己的故事之前，我得重申这是我的故事，是完全从我的视角出发的。或许换我的合伙人来讲，故事会有出入，无论怎样，我都尊重他们的版本。事实上，我并不知道他们的真实感受，所以若我提到诸如"他们想"或"他们觉得"的话，那其实是我对其感觉的解读，而不一定是他们的真实感受。

我是在研究生院遇到第一位合伙人的，就称他为格雷格（Greg）吧。现在回想起来，其实我们相处得并不是很好。在研究生院里，我们一起做研究，开展教学项目，借助魔术与咒语这类比喻教孩子们编程。

在研究生院合作的第一年，我和格雷格就因软件开发一事常有分歧。我看重测试软件要有学生亲身参与，但觉得他并不是特别在乎这一点，至少没有我那么在乎。这一意见分歧导致软件开发早期出现了许多问题，但在他开展其他项目后，我基本上就独揽了"编程即魔术"（coding-as-magic）项目，于是矛盾减少。因为我们的职能和专业技能都差不多，而且都很固执，所以彼此总是很别扭，也就是说，我们两个都是"对的"，但彼此都不愿向对方妥协。

这类不良关系会增加公司运营的压力，你肯定不想如此。然而，出于对彼此的尊重，加上都想做一番大事，我们当时忽略了这一点，因此，对于格雷格的建议——把我周末的培训课做大成公司，我欣然同意。

公司第三个合伙人是格雷格的女朋友，就称她为桑德拉（Sandra）吧。桑德拉也是我们学校的博士生，不过她的专业是生物化学。她负责弄清楚所有法律和金融术语，确保我们既不会违背州和联邦法律，也不会违背校园规则，同时还能想出真的能获利的计划。于是分工出来了：格雷格是首席执行官，我是首席技术官，而桑德拉则是首席运营官。

2012 年万圣节，美国国税局（IRS）通过了我们的申请文件，公司正式成立。作为年仅 23 岁的研究生，我以为自己懂得很多。一方面，我意识到自己还有很多要学习，但另一方面我也很固执。

我觉得格雷格好像不够信任我为公司做的决策，他作为首席执行官，有自己想实现的设想，而且特别明确，如果我的想法与其相悖，格雷格与桑德拉往往会投反对票。还有一个问题也体现了我们的固执——格雷格和我为了避免矛盾，不再与对方会面或对话，这就意味着格雷格会花数周时间构思他的想法和计划，然后才给我和桑德拉看，而有时候桑德拉会比我早知道这些。这样缺乏沟通就导致一旦有什么重心偏移或新设想，等我听到时他们已经再三考虑过了，就算我大致同意，我也没有和格雷格一样的思考机会，于是沟通缺乏又造成了团队合作缺失，最终对公司造成不良影响。

回想起来，我需要的合伙人要乐于解决问题，不成功不罢休。可我和格雷格解决问题的方式并非如此，而是要等到我们中任意一个撒手不管。我之所以在 2016 年选择离开自己的公司，原因之一就在于此。

最后，我仍认为，对创业者来说，"固执"是个有益的品质。你得坚信，为了实现你的构想和理念，创办公司，你自己与他人需要投资时间和金钱。然而，同样重要的一点是，要吸收自己和他人的经验，从中学习成长。我花了两年左右的时间，才学会把固执转化为动力并接受错误。

合伙人应该商议所有事务，还是应彼此信任、分别决策?

对于这个问题，我觉得二者兼而有之更好。如果决策会影响公司发展方向或耗费资金，那么每个人都应参与其中，一起思考并决定是否落实；但如果只是日常小事，只需记录下来通知各方即可。其实这一点我早该同合伙人谈谈。我们总想讨论一切事务，可一旦沟通失败，我们就会停止一切探讨。期望对所有事都进行探讨并不现实，特别是在你公司成长期间。

格雷格和我不仅对公司的设想不同，而且对私人生活的向往也不一样。我们本该一开始就达成一致，探讨双方对工作时长、假期及周末的看法，并确保如果生活有大变动，双方可以就这些进行协商。我们本该确保彼此都对探讨结果满意，最重要的是，我们本应解决一个问题：如果有人比其他人更能投入工作，该怎么办?

刚开始的时候，我每天从早上 6 点工作到晚上 10 点，周末也是如此，几乎没有休息过。除了睡觉，我每时每刻都在处理电子邮件。这并不是一种可持续的生活方式，可当我开始过一种更可持续的生活时，我和格雷格之间就有了矛盾。我想要结婚、买房、要孩子——在自己公司工作时，我实现了其中两件，而格雷格和桑德拉则觉得约会、租公寓就可以，暂时也不想要孩子。于是大家对彼此在公司里的定位有了分歧，我想要每周工作 60 小时左右，而他们则乐意每周工作 80 小时以上。

我想确保大家的工资至少是我们为这个行业创造的价值的一半，即 6 万美元左右，而他们的底线则少得多，约 3 万美元即可。我认为私生活也一样重要，甚至比工作还重要。由此可见，如果不能就为工作牺牲的多寡达成一致，进行决策就会很难。

与格雷格、桑德拉共事也绝非一无是处。事实上，我完全不后悔与他们共事。与强势的合伙人一起共事加深了我对自己的认识，让我更清楚自己作为一个人、作为团队的一员、作为创业者是什么样的。最重要的是，我学到了一点：只要你开始创办公司，时间就可能特别不够用。

对我而言，无论是在社交场合还是在公司，决定要打哪场仗，以及什么才值得花时间都是极为重要的。最后，如果要在我和格雷格的想法中挑一个，只要我不觉得格雷格的想法有什么原则性问题，无论选什么我都能接受。

无论处理什么关系，灵活变通都会是极有用的技能。你没办法一直改变别人的想法，所以得学会接受别人有异议，抛开分歧，继续为共同目标奋斗。同样地，如果我丈夫想野营而我不想，那我就需要判断这次野营是很重要（一家人聚在一起），还是纯粹就是为了娱乐。如果对他很重要，那么我会去的。

我学到的另一项技能是不立刻回应，给自己多一点时间反应。一开始，不回应对我来说很困难。一旦发生了不好的事情，如果你给自己时间来分析情况，思考事情对你造成的切实影响，你就能省下很多争论的时间。保持冷静不仅能免去不必要的冲突，也有利于你应对好事发生，因为当好事发生时，你很可能会过度投入，但要是你能给自己时间，想想是否真想做某件事，那么你就可以抛开压力和兴奋之情来衡量此事带来的益处。

学会不立刻做出回应，在与投资者交谈时也同样重要。作为合伙人，你会遇到很多人，他们或许会觉得对于你要解决的问题，他们已经知道了解决方案，又或许会觉得你的解决办法大错特错，因此，你要学会接受批评，学会给自己时间思考如何回应。有时候，你可以给自己几天时间缓冲，有时候你只能给自己几秒，但那几秒的沉默能让你不冲动回应，而是理性应对。

最后，我还学会了要确保每位创始人和核心成员有明确的职责定位。从你决定创办公司的那一刻起，你就该明确所有重要管理职位的职责。任一必要职位都需指派给某个人。如果现在团队里没有成员可以担任该职位，那么就先把职位职责写下，同时定下聘请相关人员的期限。如果两名创始人有相似的专业技能，那么就根据所处职位来决定相关事务谁做主。比如，我是首席技术官，商务相关的决策我听从合伙人的意见，而技术方面的决策他们则听从我的。虽然不同职位决定谁做什么决策，但是让每个重

要成员都参与到决策中也很重要。身为首席执行官也不意味着就
该独揽所有决策权。

学当管理者

虽然，要成功创业，找到合适的合伙人至关重要，但雇用合
适的员工，为其营造合适的环境也极为关键。学会高效管理可能
不容易。对我来说，重要的是能听取员工意见，判断他们想从我
身上得到什么，而不仅仅是我能从他们身上得到什么。

你得雇用员工组建自己的队伍。要通过短暂的面试和手中的
简历决定一个人能否成为好雇员并不容易，需要大量练习。我们
公司很幸运，因为所有员工都是从教授周末班开始的。每周日我
们有两个研习班，每班有 15~30 个孩子。我们承诺将导师与学生
的比例保持在 1∶8。

导师通常是大学毕业生或高中生，有教孩子的经验或是喜欢
教书。是否会编程并不十分必要，因为我的专长是教编程。我们
的每位导师都会经历一周的培训，总时长六小时，周一、周三和
周五每天两小时。我告诉他们课程安排及课上可能会遇到的程序
局限性，还教他们如何与学生和家长互动。经过培训，每位导师
都需要跟着我或一位既有导师学我们做事的方式，随后他们就可
以做导师，以小时计薪。通过这个培训过程，我们可以培养每位
雇员，并给表现优秀的人布置额外任务（如建立新课表）。

但是，我们有些项目并没有"实习"机会。比如，我们想雇

用一个编程小团队，开发全新的课表和互动网站，但当时公司的导师均没有我们需要的技能。为了落实该项目，我们试着采用类似之前雇用导师的方法，为一个短期项目招聘了三个实习生，告诉他们项目完成后可能会有继续工作的机会。通过这一举措，我们既不用承诺长期聘用，又能观察每位雇员的工作表现。我们意外发现，平均每三位雇员会有一位表现出色。虽然不一定非用这个办法，但经验表明此办法奏效，所以后来开展新项目我们仍会采用该办法。通过这段实习期，我们找到了一些优秀员工，并邀请他们到公司全职工作。

也有一些时候，我们只根据简历和面试就雇人全职工作。遇到这类情形，给候选人出些情景题似乎对筛选有所帮助。让他们深入回忆以前做过的项目，询问他们对未来可能要担任的职位有何看法，都有利于了解他们曾经是什么样的人，他们未来想成为什么样的人。

无论我是可以考察候选人，还是只能根据面试和简历就雇用他们，我负有让他们成功的责任。每隔几个月，我会安排与雇员开会，在会上对他们的表现给予反馈，同时让他们针对我的管理也给出反馈。我会至少提前一周通知，让他们有所准备，之后我会问他们想从我身上得到什么。这类会议不会特别正式，我会请他们喝咖啡，与他们聊天，给他们充足的时间来和我讨论任何事务。与每位员工交谈过后，我会召开全员会议，讨论交谈时员工提出的某些问题，告诉他们我打算怎样解决。有时候我会给出具体事例，有时候则不会说得那么具体，以免让某位职员觉得尴尬。

　　我有位很优秀的老师，从其身上我学到了一个开展一对一会议的极好技巧，即"继续、停止、开始"法，就是问员工想要你继续做什么，想要你停止做什么，以及想要你开始做什么。虽然作为管理者，你没有必要做他们让你做的事，但是这些问题能够开启话题。比如，有个员工让我不要再每月变动他们的项目，虽然公司正处于更改重心的三个月，我无法停止变动，也无法预测变动时间，但是这种反馈能让我们开启话题，探讨问题——主要是由于我变更项目频率过高，他们觉得我在让他们做无谓的事情，表面看起来工作很忙，但实际上却不利于公司发展。

　　因此，与员工探讨他们工作的意义很有必要。自那时起，我就会确保让员工明白为什么他们负责的项目要变动，让他们知道什么时候能重新着手以前的项目。认识到这一点，我们的合作变得紧密无间，就算项目有所变动，员工也会对自己的工作有信心。

　　虽然我鼓励大家去看有关高效管理的书籍和演讲，但与其同等重要的是，要聆听被管理者的意见，借鉴你以前上级身上的闪光点。对于管理而言，最需谨记的是：管理过程也是学习过程。每个人习惯的管理风格都不一样，了解雇员对你的需求有利于你从他们身上获取所需。

听从导师建议

　　同事（创始人）和被指导者（雇员）仅仅是等式的三分之二。无论如何，我的目标都是学习。当我创办公司时，我拥有绝佳机会去向创业前辈和长者学习，并结合两者经历，过自己的生活。导师不一定是那些在做你想做之事的人，你周围的每个人或许都可以成为你的导师。导师需要具备你乐于效仿的闪光点，要帮你变得更好——而不是使你仅仅成为他们的复制品。

在生活的不同方面我得到了不同导师的帮助。要取得全方位的成功，拥有能在不同方面指引你的导师十分重要。我的导师包括以下几位。

艾琳·埃斯珀（Irene Esper）：我的母亲，她扮演着我的导师一角，以后也会一直如此。她时常为我提供基础训练，助我找到生活的意义，她的帮助并不局限于我的职业生涯。

克里斯·热伯（Kris Zsebo）：我的婆婆，她是位成功的生物化学工程师。纵观其职业生涯，她曾担任多家公司的首席执行官、董事、经理等职务，为多种疾病开发新疗程。生物化学是个男性主导的领域，身为其中的一名女性移民，我婆婆要面对许多问题，而这些问题都是我迟早要遇到的，更何况我身处的领域——计算机科学及创业和她所处的领域类似，也是由男性主导，因此，我有必要向她学习坚强的秘诀。

贝丝·西蒙（Beth Simon）：从我还是大学生的时候，贝丝就一直是我的导师。她是我第一位计算机科学教授，也是第一位带我进入计算机科学教育领域的人。她不仅是我的专业导师，而且还过着幸福的生活，很懂得平衡工作和生活。

詹妮弗·阿圭略（Jennifer Argüello）：加州大学圣迭戈分校的校友，她在技术领域扮演着许多不同的角色，既是创业者、开发者、技术项目经理、项目经理、咨询人员，又是多家具有社会影响力的技术公司的顾问。从她身上我学到很多精益创业的知识，也懂得了在学会为自己工作的过程中，作为创始人或顾问的关注重点。

要成功，找到能指引你生活各方面的导师至关重要，而这往往意味着要找不止一位导师，并根据目标来确定某一时期的导师人选。寻找导师可能很尴尬，但如果你倾听周围人的意见，接受别人的指导，那么你会发现导师无处不在。你不需要很正式地请人当导师，虽然我通过这个办法找到了几位。你只需要放开心胸，乐于倾听、学习，并为之付出努力，就能找到一位好导师。

创办公司时如何实现经济自足，如何顾及自身状态

25 岁左右时，我进行了为期四年的疯狂创业之旅。在没有一分钱的情况下，为了创办公司，我得做出大量选择和牺牲。

读博与创业

当我的合伙人第一次找我开公司时，我还是个计算机科学博士生，住在圣迭戈，年收入在 24 000 美元左右。当时我正处在一段稳固的关系中，我的合作对象叫阿德里安（Adrian），后来他成了我男朋友，再后来成了我丈夫，当时他也是名博士生，薪酬和

我一样。我们一起住在校园附近的一居室中，都在供自己的丰田汽车，还养了两只最宝贝的猫咪，叫"卢克"（Luke）和"公主"（Princess）。

我们过着很简单的生活，晚上大多是吃意大利面，也不怎么下馆子。虽然我们没有财力投资一家公司，但我有一股干劲。我的两个合伙人给公司投入了约 2000 美元以维持开销，但如果他们要离开公司，这笔钱就会被撤回。我们决定，公司所需的其他资金要从客户身上赚取。

我觉得这种财务结构在 21 世纪的初创公司中并不常见。一般而言，你总能看到早期初创公司向风投家宣传自己，还会向投资者和亲朋好友寻求资金。在我们公司创办早期，我与合伙人决定要专注于一种产品，这个产品除了要花时间亲授课程外，只需耗费极少的预付投资就能赢利。除了通过教学赚钱，我们还关注那些重点面向学生的投资机会，借此来维持公司的早期开销。我们参加了一个为女性创业者而设的项目——我的 XX 初创公司（MyStartupXX），并赢得了一小笔资金，还得到了暑期培训的机会。我们的另一个筹资渠道是美国国家科学基金会的艾考普司项目，该项目旨在帮助研究人员利用研究开公司赢利。多亏了这类小型补助金及相关项目的培训，我们得以维持公司创办早期的开销，雇用了为数不多的第一批员工。

就像投资者会对你说的那样，初创公司的重点不仅在于钱或产品，还在于人。所以我有必要解释一下，作为人我们是如何创办公司的。我母亲是四年级老师，因此我一直都在受教学行为的熏陶。我有个妹妹，记得在我小的时候，我和她玩过上学游戏，当时我会给她创建课表、上课、布置作业并打分。我喜欢教学的方方面面，就连打分也不例外；我喜欢编程和解决问题；我还喜欢解谜和看谜语。虽然我不是世界上最有创造力的人，但我喜欢创造。

于是，读大二那年，我发现自己可以当计算机科学家，这样就既能做研究、开发软件、创建课表，又能教人们更好地教授计算机科学——我找到了自己的使命。我的博士论文侧重于计算机科学教育，研究新手（特别是儿童）学习计算机科学的方式，以及教授他们计算机科学知识的办法。2012年秋天，仅仅是出于兴趣，我开始在周末教孩子们编程。我会上门当家教或就在大学里教授课程，和学生一起写代码，讨论编程过程和概念。那真的是太好玩了！那段时间里，我还在与其他人共同开发一个视频游戏。游戏面向8岁的儿童，背景是个魔法世界，孩子们可以在游戏中扮演巫师，用咒语（实际上就是代码）解决土地神的问题。

当格雷格——我未来的合伙人看到我在周末给孩子上课后，萌生了开公司的念头，这也就是我们公司起步时向孩子们面授编程的原因。鉴于有家长当时雇我给孩子上课，所以我们获知有家长愿意为这类教育支付学费。更棒的是，我们现在已经有一群家长，我们可以通过他们了解客户，在其他家长中建立口碑。从那时起，我们需要兼顾两方面：一方面，我们需要找出办法，获得足够多的客户来维持公司的所有开销（材料、租金、教师薪资）；另一方面，由于毕业后我们就得通过自己的公司获得薪资，而且公司还要转移重心，以便提供能够规模化且更能赢利的产品，所以我们需要节省开支。

我们当时都很幸运，作为本校科学专业的博士生，我们每年都有 24 000 美元工资，学费也得以抵扣，只要投入足够的时间做研究，并且确保为公司开发的产品并不是博士研究的一部分，我们就能合法地一边攻读博士学位一边经营公司。这样同步工作意味着在创办公司时，我们无须担心生活开销。我来自低收入的单亲家庭，所以家里没有创业资金可以给我，如果不是学校的支持，我永远也不可能成为这个初创公司的一分子。

实现财务自由并不是生活的唯一要事，精神、情绪、身体、灵魂等各个方面都十分有必要兼顾。我们合办公司时，我的两个合伙人就相当于在约会。对我而言，他们一边为公司工作，一边花时间与另一半在一起让事情变得更加不易。而我不仅需要花时间进行学位研究和创办公司，还得在工作之余和阿德里安培养感情。虽然我那时只有 24 岁，但我与阿德里安都有各自的人生规划，也计划着两人的未来。

难熬的头两年

那时，我睡得不多，生了不少难以控制的病（如偏头痛、哮喘、失眠、做噩梦、纤维肌痛等）。我不常在家，几乎见不到阿德里安，抑郁情绪日益加重。我每天五点左右就起床，经常在天未亮时就到了学校。一直工作到将近早上十点，这时候开始有人进来了，而我则喝杯咖啡，暂时休息一阵。大概到中午时，我会尽量和阿德里安共进午餐，虽然因为我有会议要开或者太多事要做，我们经常吃不成饭。在晚上八点前我都待在校园里，之后，我回到家，一边吃晚饭、看电视一边工作，然后尽量在晚上十一点睡觉。每天我都是这个作息，除了周日，周日全天我都会给亲授编程班上课。

最开始两年，我就是如此把自己搞得精疲力竭的。后来，我们总算雇用并培训了足够的人手，周末可以不去研讨班上课，我也就可以在周日休息。在任何休息日，我基本上都会睡一整天。那段时间不容易，不只是我，阿德里安更不好过。我们住在一起，每天都能见到彼此，然而我们连一起休息聊天的时间都没有——虽然在这场疯狂的创业旅途期间，他也想给予我支持。其间，我特别依赖合伙人和其他能在线上交流的博士同学，还很依赖那些有意义但无须做出太多承诺的互动。我并不后悔经历了这段时光，因为最后我得到了想要的结果，但是我希望通过写出这一点，让其他合伙人能够在创办公司之前、期间及之后花点时间，找出他们生命中的宝贵事物——因为这些事物是会变的！在创办公司的头两年，无论是经济上、情绪上、生理上还是精神上我都很难熬。我不是很介意经济困难，因为我是在追逐心之所向。现在，我知道了对自己而言，情绪、生理及精神上的富足比其他任何事都重要。

开始我的成人生涯

2014 年，即我博士毕业那年，我的初创公司每年能给我发6 万美元工资，我还成功减少了工作时间，缩短到每周 60 小时左右，让自己不那么精疲力竭。虽然每天还是要工作 12 小时，但周末我就不用上班了，回家也不再工作。没有学校那些让人喘不过气的截止日期，我可以把更多精力投入到公司和生活的要务中。

从学校毕业后的一年我都用来休养生息了。首先，我修复了和阿德里安的关系，彼此间进行了有效的沟通，加上有了相处时间，我们最终订婚又结婚；随后，我配合各科医生，控制了自己的一系列疾病。我花了一年才把自己恢复到常态，这意味着我之前勉强自己太久了。我讲这个故事，不是为了把自己塑造成勇士，也不是想把它当寓言，说明每个人创办公司都必须经历这一切，而是为了给大家举例，让大家知道，为了创造出能让我为之自豪的事物，我走过了一条什么样的路。的确，创办公司是一次糅杂着血汗与眼泪的历程——但需要的血汗与眼泪也仅仅是你准备给的那么多。

现在我已经离开了自己的公司，因而我能够客观思考那段经历带来的利弊。整个创业历程中，我唯一后悔的是向自己确认的次数不够，以致不能保证手头做的事与期盼的生活方向一致。我离开的原因之一是：公司为了兼收并购，开始侧重线上产品，减少了对学生个体教育的关注。由于公司重心发生了偏移，我不想为公司赌上我想要的生活。我想要的是买一座房子，与丈夫建立家庭，所以我需要找一个能实现这些的工作，同时希望仍能教孩子们编程。幸运的是，没什么障碍阻止我去找这类工作，不过在找到之前，我决心把家庭放在第一位。

现在过的生活是自己想要的吗

要创办公司，只有两个问题是真正重要的：你过的生活是你想过的吗？你有在为想过的生活做准备吗？这两个问题不论是从经济还是个人角度都很重要。你介意一开始需要长时间工作，但是赚不到大钱吗？你介意工作不稳定，没有人手，没有加薪，没有医疗保险，没有退休计划，也没有假期吗？你介意公司可能失败吗？在创办公司之前，把你想要的生活大致描绘出来，确定创办公司是否能助你实现这种生活。当你着手创办公司时，请经常向自己及其他可能受影响的人确认这一点，确保你没有偏离既定轨道。

过着成人生活的同时进行冒险

正如前文所说，我于2016年离开了自己的公司，之后在另一家公司入职。虽然该公司至今仍被认为是"初创公司"，但拥有超过500名员工。因为深知这家公司不大可能会破产或消失，所以我的工作具备了稳定性，公司有工作补贴、储蓄计划和假期。我每周的工作时间不会超过 40 小时，周末也不需要加班。至于最好的一点？我终于找到了这么个职位，能够开发软件来激发孩子们学编程的热情！更好的是什么呢？我可以关注低收入家庭的弱势儿童。有一个成功的公司在背后支持着我，我能够真正集中精力于社会影响力，而不用操心经济问题。这不是说在自己的初创公司里我们不关心社会影响力的问题，但如果你既要支付薪酬和租金，又要购买所需的用品，那么你能为客户做的"免费"贡献就不多了。我能得到这份新工作，多亏了我的博士论文和初创公司。这个职位是我为自己创造的——人生前 28 年我所做的一切努力让我能走到这一步。我接触了一家公司，帮它启动了一个新项目，向它提供了专业知识，于是我现在得以与才华横溢的同事共事，努力实现我的梦想。

离开自己的公司是个有趣的过渡。私底下，我并不想"叛变"。我之所以离开，并不仅仅是为了赚更多钱或追求更稳定的工作，虽然现在看来，这些都是离开的充分理由，但我想要的是确保自己不会丢失教孩子们学编程的热情。决定离开并不容易，我的合伙人曾和我私下讨论过这件事，我提过自认为很重要的几点：第一，我需要稳定的收入，防止出现任何疯狂的事情，如耗尽资金；第二，我需要稳定的日程；第三，我需要创造性的决策。

我的合伙人同意稳定日程，却不同意稳定薪酬和创造性决策。他们想要降低我们的个人收入，以此减轻公司压力。我欣赏这个想法，但作为一个成年人，我有自己的经济责任要承担，如果把我的工资减少一半（这正是我的合伙人想做的），我就很难做规划了。此外，我们的首席执行官想独自掌控公司的未来和产品决策。

我不介意彻夜未眠，也不介意赚不了钱，但前提是我能实现梦想，而要我做出牺牲来让其他人梦想成真，在我看来是说不通的。我不仅要参与开发，更要参与创造，这对我而言很重要。作为计算机科学家，我很幸运，因为在这个领域里，如果我想做开发，我大可申请去一些出色的公司，如谷歌和微软，拿六位数工资，但我想要的是创造。所以，当我的人生目标和职业目标需要相互妥协时，留下也就没意义了。

在离开之前，我和合伙人写了散伙协议，也让律师过了目。基本上，我会失去公司一切所有权（除了简历上的一笔经历外），还得把自己的股份"卖回"给公司，以额外获得一个月的报酬，好让我有时间找新工作。除此之外，我得到了部分自己开发的 IP 的所有权（在散伙协议上有明确规定）。这份协议我能接受，于是我们和平拆伙。我如今仍祝他们好运，希望他们能继续打造公司，为之牺牲，做出一番大事业，改变世界。届时，我会很自豪曾是其中一员。

成年后我学到最重要的一件事是：无论做什么决策，你都要感到自在。在我年纪不大的时候，做决策容易得多，因为之后可以做出改变，虽然那些决策看似人生转折点（比如选什么专业、上什么大学），但这一切都远不比会影响生活质量的决策重要。长大成人有趣的一面在于，你得决定想要什么生活，决定对你而言什么才是重要的，并决定你能为之牺牲什么。如果赚钱对你很重要——没问题！你只需确保自己追逐的事业能赚大钱，并且做好为之牺牲自由时间的准备就行了。如果自由旅游或探索世界对你很重要——那也行！你只需确保经济自足就好，为此你可能要做好牺牲一些经济目标的准备。我的博士专业是计算机科学，而我妹妹在攻读文学学士，我们想过的生活迥然不同——我想要房子和孩子，她则想游历四方。她成功了，我也成功了。要在非传统职业上取得成功（如创业）并不需要当超人，只需要打造你自己想要的生活，并为之付出你愿意付出的代价。

第 **19** 章　**征服失败**

丹尼·埃利斯

——天眼公司联合创始人兼首席执行官

在大致了解了创业的几个节点，个人规划，怎样找到合适的商业伙伴、营销手段等要素之后，这章我们可以看到一个公司从一开始几个同学一起合作，每个人都算是创始人，到拉投资并进入孵化器，到获得多项比赛奖励经费，再到继续根据市场的变化改良产品适应市场的全过程。这章也着重强调了创始人团队的重要性，以及怎样将自己公司的产品商业化。希望这章可以将我们之前对创业的了解贯穿起来。

人物简介

丹尼·埃利斯（Danny Ellis）是天眼公司联合创始人、首席执行官。该公司为企业无人机的部署开发软件、提供服务。另一位联合创始人汤姆·布拉迪已在第7章介绍。丹尼获得了密歇根大学航空航天工程学双学位。毕业后，他和他的搭档放弃了寻常的工程职业生涯，而是加入了密歇根大学的企业孵化器，试图将他们在研究生阶段从事的自主无人机技术商业化。丹尼拒绝了太空探索技术公司（SpaceX，由埃隆·马斯克创办）和美国诺斯洛普·格鲁门公司（Northrop Grumman）提供的工作机会，开始尝试创业。

四年半以后，也就是2014年，丹尼被《克雷恩底特律商报》评选为"20位20多岁人物"之一，该荣誉用于嘉奖底特律都市区值得关注的20多岁的青年人。2016年，丹尼位列《福布斯》制造业"30位30岁以下青年才俊榜"。丹尼是科技之星（Techstars）的校友和现任导师。他热衷于帮助其他初创公司取得成功，尤其是那些涉及硬件的创业公司。丹尼和他的团队开始开发与研究无人机技术时，全世界尚未痴迷于此。

关于合作伙伴、队友和导师

创业需要两位创始人

初次创业的公司应该有两位创始人。不能是一位，也不能是三位，更不能多于三位，只能是两位。尽管我和汤姆一开始就从许多导师那里得到这样的建议，但我们固执己见，没有听取，选择了一条更难的道路。

我和汤姆在 2008 年夏天相遇，当时我们都在密歇根卡拉马祖实习，从事机载液压系统方面的工作。我们都在密歇根大学攻读航空航天工程学学位，都对创造新技术感兴趣，而且都对我们当时实习所做的工程测试极度厌烦。那个夏天，大部分时间我们都待在一个测试间里，看着监视器屏幕上闪现的数字，思考关于航空航天技术企业的疯狂想法。其实，我们当时的聊天并没有那么郑重其事，我们从来没想过成立一家航空航天技术公司，更别提设在密歇根州了。

那年秋天，我们回到学校，也就没有再多想我们关于创业的那些闲聊。一年后，我们成立了"密歇根自动驾驶飞行器"组织，该组织是一个学生团队，目标是建造一架自动驾驶无人机，用于参加国际比赛。自然而然，汤姆和我就聚在了一起，探讨自动驾驶无人机这个想法。我们在实习的时候就认识了，并且相处非常融洽，商定返回大学后要真正干一些实实在在的事。

回到我们的问题，为什么要有两位创始人，而不能是一位呢？除非你有创业经历，并且你独自工作很自在，否则你不会想一个人独自创业。你需要有人一起分享那种艰辛和兴奋，需要有人对任何问题提出反对意见。我们都会犯这样的错误：对自己认为绝对完美的想法过于执着，不知道悬崖勒马，等意识到这个想法行不通时，为时已晚。一位优秀的联合创始人会对你所有的想法提出质疑。这并不是一定要争谁是谁非，而是坦诚地考虑所有的可能性。

那么，如果反对意见很好，为什么我们不能有三位联合创始人呢？天眼成立初期，我们就有三位创始人，很快又加入了第四位，然后是我们的第一位员工，我们也曾考虑将其纳为创始人。

让我们先讨论一点题外话——到底什么是创始人？创始人在签署公司章程并将其发送至州政府时，是否需要在场？创始人是否需要第一个投资？创始人是不是第一位确定公司名称或设计图标的人？或者，创始人是不是先想到某些想法的人？他们要么是受过最高教育的人，要么是实践经验最丰富的人吗？

事实上，"创始人"一词指的是一个团队中的执行者，在进行一轮融资或雇用外部员工之前，他也是最初团队中开发核心技术的成员之一。这个显然是个笼统的定义，最终还是得由团队来决定谁才是创始人。

尽管创始人并没有一个明确的定义，但是将谁确定为创始人带来的后果是严重的。一开始，似乎每个人都很兴奋，只是想让世界变得更美好，所以他们不会太在意自己的头衔，但一旦你获得任何形式的成功或失败，这些态度就会改变。起初，由于我们的技术最初是由密歇根大学的一个学生团队开发的，这就带来了问题。当我们最初决定要成立公司的时候，大学里还有许多学生仍在研究该项目。很明显，我们团队中的一些人从一开始就参与了这个项目，所以这些人将成为公司的创始人。但是其他什么人应该参与进来，以及可以参与到什么程度却没有一个明确的规定。

为什么不应该有三个或更多的创始人？创业公司必须迅速做出决定。他们必须想出一个计划，执行，分析，再计划，然后再执行。所有这些都需要抑制自我，务实地思考问题。当有两位创始人时，你们可以都坐在房间里，讨论问题和各种解决方案，并迅速提出几个步骤，即使你们意见不统一。当有三位创始人时，无论什么情况，其中两位将会赞同一个决定，而第三位则被晾在一旁。被排除在外的人是谁可能会随着情况而变化，但是二对一这种做出决策的方法，不会让任何人感觉良好。还有一个风险就是，若两位创始人对各自的观点都坚持己见，争得面红耳赤，团队就不得不继续研究讨论。这种错误的决策方法正是我们团队早期所发生的事情。随着时间的推移，一些创始人离开了团队去从事其他感兴趣的事，最终，只留下两位创始人——我和我的搭档汤姆。当创始人变为两位时，我们立即感到团队协作性更好了。

一开始，我和汤姆努力想要打造一个扁平的组织。有人提醒我们，这种组织结构是行不通的，我们必须要有等级制度，但我们不希望公司里的其他人觉得他们对我们的成功贡献不大。结果，我们最终建立了一个相对扁平的组织——两位执行者创始人和其他团队成员。这种结构的好处是：员工知道在做出最终决定、寻求意见、不可避免地要求加薪时要去找谁。员工也都觉得这是我们共同的事业，每个人都很重要。这个结构对两位创始人有利，因为我们可以更快地做出决定，整个团队愿意跟着我们走。

不能立即将新员工提升至创始人的地位。事实上，公司成立后，不应该将任何人提升至创始人地位。这并不意味着你以后不能再雇用更多的高管，但必须尽可能晚一些。让员工觉得自己的贡献没有价值的最简单的方法之一就是在数年后雇用一名新员工，并立即将其地位提升至敬业的老员工之上。这种做法注定要带来不幸。

分享功劳，承担责难

基本上，对每一家创业公司来说，另一个挑战是正确认识成就和成功。没有艰苦努力的团队，就没有成功的创业公司。从历史上来看，所有的功劳都归为首席执行官，想想史蒂夫·乔布斯、埃隆·马斯克和比尔·盖茨。人们把他们公司的新产品都归功于他们，就好像他们是每一项新技术的发明者一样。别误会我的意思，他们的确做了很多了不起的事情，但如果没有那些出色的团队，他们什么也不是。

对于首次创业的人来说，这个问题更糟糕。首席执行官或创始人抢走了所有的功劳，因为是他们联系投资者，上台参加竞赛或参加大会，以及接受记者采访。对于创始人来说，自动获得所有的功劳非常容易。这一行为将很快使团队与创始人产生距离，因为团队没有看到他们的努力工作得到认可。如果你是创始人，请与你的团队共同分享功劳。相反，当整个团队搞砸的时候，你要承担所有的责难。当出差错时，不要将你的团队作为牺牲品，当众指责他们。这就是首席执行官的主要任务之一——分享功劳，承担责难。

在我们公司成立初期，我们也不太善于分享功劳，这是我一直在努力改进的东西。我总是想办法让我们的团队得到认可。毕竟，我们的团队是迄今为止我们所获得的成功的最大贡献者。如果只有我和汤姆在天眼工作，我们将一无所成。这是一个只有在团队感到沮丧，以及在很多情况下，因为看不到任何好转的希望，他们决定离开的时候，我们才会吸取的教训。创始人甚至可能没有意识到他们团队的不满，直到为时已晚。媒体会默认引用首席执行官的话，或认为所有功劳都是他的。首席执行官的职责就是确保这种情况不会发生。让你的团队去见记者，提名你的团队去得奖，想办法宣传他们的名字，哪怕是略微提一下，让全世界都知道他们出色的工作。

导师

我们的公司经历了很多困境——几乎所有的困境早期都有人提醒过我们，但被我们当作了耳旁风。我们强大的导师网络指导我们找到了解决方案。我们的首批导师是我们大学的两位教授。无论在我们是他们班新生的时候、作为研究生当他们助教的时候、成立了一个雄心勃勃的学生组织的时候，还是在我们最终创立了天眼的时候，他们始终相信我们。他们伴随着我们成长的每一步，为我们提供工作空间、资源、指导、资金和前所未有的支持。任何时候只要一出现问题，我们首先就会去找他们。在整个天眼成长过程中，我们有这样一个独一无二的机会与大学保持联系。

2014 年，另一个机会落入了我们的怀抱：我们被纳入由纽约的"科技之星"提供支持的 R/GA 加速器项目。科技之星是目前最知名的创业加速器之一，它的最大优点是拥有巨大的导师网络，他们都愿意帮助投资过的公司组建团队。我们急匆匆加入该项目，对未来一无所知。我们只知道一件事，那就是我们需要改进商业模式，专注于技术开发，并搞清楚如何改进我们的决策过程。在该项目中，我们的一位导师一度要求我们将商业蓝图画在白板上。由此产生的草图证明了我们实际上对自己的商业模式一无所知，这迫使我们不得不与团队进行了一些非常困难、耗时耗力的谈话。三位创始人和另外四位团队成员在科技之星进行对话，这极具挑战性。好消息是，我们都意识到必须找到一个解决方案，即使它违背我们的个人意愿，我们也都愿意去解决这个问题。另一位导师明确表示，我们的扁平化管理导致我们行动缓慢，因为我们永远无法坚定地决定公司的发展方向。这个反思是我们公司文化的一个重要转折点。在加入科技之星之后不久，我们的一位联合创始人决定选择其他的职业生涯机遇，只留下汤姆和我作为管理和决策者。不久之后，汤姆和我又获得了另一轮融资，随后我们唯一的伙伴和客户被一家大型能源公司收购了。这让我们有机会重组我们的团队，重新调整我们的使命，重新规划我们的未来。

重新聚焦和重建

2015 年早期，我们决定让领导层团队参加一个外出战略规划会议。我们请了一位外部导师，让他指导我们通过一个结构化流程，明确我们接下来要做什么，因为我们已经筹集到了额外的 275 万美元。结果呢？经过两天激烈的讨论，当我们感觉自己完全在浪费时间的时候，就会出现清晰的方向。

会后的几个月是有史以来最有效率、最激动人心、最令人印象深刻的几个月。我们终于意识到了一个有组织的、专注的、有动力的团队的重要性，这个团队的全体成员都朝着一个共同目标努力，而这个目标最终会使我们的客户受益。如果合伙人之间发生冲突，创始人和团队之间产生疑惑，以及执行团队缺乏决断力，成功是不可能的。虽然失去一位合伙人并不容易接受，但毫无疑问，今天的天眼仍然存在，就是因为决策者的数量减少到了两位。

找到完美的合伙人从来都不是件容易的事情。我和汤姆从来没有计划过要创业——这只是一种偶然。我们一起度过了多年的时光，作为彼此的朋友、同学、同事和老师。说共同创业等同于经营婚姻一点都不夸张。可能你和你的创业伙伴待在一起的时间要比和你的配偶待在一起的时间长。你们必须共同面对艰难的抉择，共渡顺境与逆境，一起出差，并找到让彼此专注且以个人成就为荣的方法，你们还必须共同管理一个团队。如果你们不能让团队成员专注于同一个方向，你们就会耗时耗钱，且一事无成。

我和汤姆对大多数问题的看法都是相反的。汤姆在花钱和寻找机遇方面更加保守。而我可能会批准放在我办公桌上的任何提议。我们通常能够找到最好的前进道路，一条不会分散我们的团队注意力，并且会让我们处于合理预算内的途径——从时间和金钱的角度来说都是如此。创业过程绝不是完美无缺的，但我们切身体会到的要比我们从书中学到的多得多，我们成功地使公司得以存活，我们的愿景得以实现。坚持不懈是任何创始人都应拥有的最重要的品质。如果你能够和一个（或多个）创始人排除万难，度过创立第一家公司并使之成长的痛苦时期，你就能找到让企业成功的方法。

怎样面对失败

"你们是一家软件公司！"

　　MVP，世界上大多数人都将这个字母组合与"最有价值的球员"（most valuable player）联系在一起，但我想说的是"最小化可行产品"（minimum viable product），这个词是由新时代的初创企业群体创造的。如果你还没有听过这个词，那么现在你将会不断地听到它，直到你再也忍受不了。我第一次在我们的初创公司孵化器听到MVP这三个字母时，我想："好吧，这听起来很简单。"第二次听到时，我退缩了。我不能忍受过度使用那些完全没有实质内容的流行词。成为MVP意味着什么？你获得MVP时，你的导师和投资者会给你反馈，通常你会觉得这是空洞的反馈——你会觉得这其实等于是在说："我不喜欢你们的产品，但我更愿意给你一个好听的反馈而不是直接告诉你。"虽然我们相信我们在打造一个MVP，但我们并没有真正接受这个概念。我们制造的是硬件——无人机，而我们认为MVP的流程主要是为作为服务的软件产品设计的，并不适用于我们。

　　"你们是个软件公司。"我们的第一批导师中有人说了这样的话，想给我们灌输这样的概念。那时我们刚创办公司，无人机只是小众爱好，尚未在市面大规模流通，而他就警告我们无人机硬件将会"商品化"（另一个初创公司永远不想听到的词），并建议我们利用好软件价值。软件易于复制，又方便以最低成本规模化，而且事实证明，多个行业中最有价值的部分都是软件。然而，当时我们并不清楚在没有无人机硬件的情况下，要如何为我们的软件赋予价值，毕竟无人机市场与手机市场不同。在手机市场中，我们可以单纯开发一个应用，让数百万人来下载，可在无人机市场中，没有无人机，我们的软件就毫无用武之地。

那么我们是怎么办的呢？我们继续从头设计全新无人机；制造了铝制模具，用于通过碳纤维接触成型工艺制作机身和桨叶保护罩；设计并制造了电路板；编写了飞行控制器程序、导航软件程序、可视化工具程序及通信协议。我们耗费大量时间进行"飞行测试"，但并没有先确认好自家的软件或硬件能否正常工作；我们花费无数小时调试参数，而那些参数甚至预设就是错的，也就基本意味着，无论怎么调试都没有用。我们日复一日，月复一月，徒然地寻找着 MVP，那简直是大海捞针，但我们不找出来誓不罢休。可我们没有意识到，我们当时在找的并不是一个 MVP，而是同时在找十种不同的 MVP。

重心是转变还是不转变

转变——又一个让我一听就觉得尴尬的创业热词。我们在向导师和创业孵化师学习的时候，他们再三告诉我们要考虑进行一次转变，并说优秀的初创公司时刻都在转变，其建议听起来就像是在说"初创公司要不断改变思路，直到走运地找到可安定下来的事物为止"。可我们创业并不是为了当企业家，而是因为喜欢那些小小的飞行设备，想要把这种新的创新科技带到行业中。如果把公司重心转移到完全不同的事物上，那么我们没有人还会有兴趣留下来。我们无法想象自己仅仅是软件公司，没有自己的无人机。

2013 年，距离公司创办不足一年，我们遭遇了首个大挫折。在考虑了多个我们觉得能凭借无人机技术获利的市场后，我们选择了桥梁检查作为公司的初始重心，着手在潜在客户和业内专家间开展调查，最终将目光投到密歇根交通部（Michigan Department of Transportation，MDOT）的若干办公室中。交通部听闻我们的技术十分兴奋，但无法直接给我们拨款，于是应它的要求，由我们提出建议方案，按交通部的拨款程序走。

那时我们尚未筹得任何资金，也发不出薪水，手上的资金仅够买开发第一个系统所需的零件，公司只是勉力维生而已。为了这笔补助金，我们耗费数月时间做准备，之后又花数月时间等结果。那笔补助金的金额为 15 万美元，能为我们争取两年的时间。我们那时觉得这是一大笔钱，有了它公司就能继续运营，其实我们并不知道，原来这笔钱连维持我们的生活都远远不够。

得到拨款结果的那刻我仍记忆犹新。那笔拨款是特地为我们的技术而设的，也是因为我们去寻求交通部支持才拨出的，然而居然花落别家。我的合伙人汤姆最先获知该消息，当时我还在给一个班上课，他过来找我，看起来十分沮丧。我们投注了所有精力去争取这笔拨款，结果竹篮打水一场空。当时公司几乎到了不支付薪水就无法运营的地步，眼前却没有任何获得资金的机会。

我们很确定，到了下一周，这次短暂的创业经历就要终结，而不会有任何人知道公司曾存在过。资金筹不到，一个产品也开发不出来，要是我们对这一切秘而不宣，着手找工作，那么我们没有遭受任何损失。

因祸得福

谁会想到首次挫折居然变成我们当时遇到的最美好的事？这是我在创办公司的过程中最大的收获之一——你永远也不知道成功会在哪里降临。保持抬头睁眼的姿势，去尝试每一件事吧。得知没有获得交通部拨款不久，一位顾问建议我们申请参加密歇根清洁能源企业挑战赛（Michigan Clean Energy Venture Challenge，CEVC），该竞赛为商业竞赛，由大学赞助，着眼点为清洁能源，奖金为 5 万美元。

我们都笑起来，完全不知道公司怎么就够格参加清洁能源竞赛了。顾问的建议是：转变重心，从检查桥梁改为检查风力涡轮机。反正检查桥梁这一重心只是随意而为，除了概念别无他物，所以不妨一变。于是，我们把宣讲稿里所有的桥梁照片改成了风力涡轮机的，并对风力市场进行了初步调查，为竞赛做好准备。

虽然在此之前，我们参加过一些小型商业竞赛，包括 2012 年的加速密歇根创新竞赛（Accelerate Michigan Innovation Competition）学生赛，从这里或那里赢了几万美元，但我们对公司仍没有很深刻的认识。这次比赛共两轮，分为半决赛和决赛，前十名公司可晋级决赛。我们连续五天不断地练习，根据多位导师给的关键反馈，疯狂地修改宣讲稿。到了竞赛当天，我们仍觉得远没有准备好。我们在短期内收集了风力领域的一些数据，我尽量全部记下来，并在竞赛那天进行了宣讲。我们的宣讲保留了其他领域的部分，包括桥梁在内，但简单地指出风力涡轮机是我们的滩头阵地，即公司起步的关键市场。出乎意料的是，评委们觉得我们这就够当"清洁能源"公司了，于是我们进入了决赛。

接下来，我们离开了那个坐着大概四十位观众和五位评委的小房间来到密歇根大学罗斯商学院（Ross School of Business at the University of Michigan），学院里的观众席都坐满了。我做了场精简些的宣讲，虽然自我感觉很不错，但也觉得不可能打败其他团队。比赛能走到这一步，我们已经很振奋了，尽管得不到交通部拨款是一大失败，但我们现在相信自己能在其他市场取得成功。若干小时后，我们鱼贯而出，回到观众席，听台上宣布获奖者。那时我们希望至少能赢得第三名，带着 1 万美元的支票离开——1万美元足以为我们再争取一到两个月的时间，以便我们想清楚究竟要如何筹得资金。

终于，颁奖典礼开始了。组织者先是感谢大家的参与，接着宣布最佳雏形奖、最具颠覆性奖、最佳团队奖、最佳转变奖、评委推荐奖等一些类别奖获奖者，总奖金 5000 美元。"最具颠覆性"和"最佳转变"，没有比这两个更让我厌恶的典型创业热词了。这些奖项几乎与我们努力的一切背道而驰，我甚至都不想赢得它们。随后，若干类别奖得以公布，我们仍不是赢家。再来是二等奖，奖金2万美元，我们还是没有赢。此时，我们已经有些沮丧了，以为自己只能被别人拍肩膀安慰，然后一无所获地离开。

最后，他们居然宣布天眼为一等奖获奖者，奖金5万美元！我们难以置信。他们给我们颁发了那种巨大的支票，上面还写着我们公司的名字，我们还在舞台上与所有人合了影。

我们从来没有一次性看到过这么多钱，完全不知道有了这笔钱要干什么好，也不知道未来会如何。这次将重心"转变"为检查风力涡轮机终于有所回报，接下来就得看我们能否真的将其落实。赢得比赛后，密歇根州资助我们前往芝加哥参加美国风能协会的会议，与风力领域的消费者和专家会面。我们基本上就只制作了一个粗糙的计算机辅助模型，但这并没有阻挡我们的步伐，我们开了个小摊位，开始进行各种会面，仿佛当年晚些时候就能推出产品似的。

经过这次会议，我们得以在该领域中建立合作关系，并一头扎进风力能源领域中。

继续出现的挫败

由于赢得了比赛，在风力领域建立了合作关系，2013年后期，我们得以从亲友处筹得60万美元的种子资金。这简直难以置信，但也可以说没有太大益处。一群完全没有经商经验的工程师居然化不可能为可能，筹得了足够的资金来组建团队、寻找仓库、购买充足的材料以打造一支小型无人机机队。我们从学校毕业，开始以微薄的数额自付薪酬，全职创业。缺乏资金是初创公司最大的困难之一，也往往是大多数初创企业失败的原因，然而我们居然设法筹得了一笔看似十分庞大的资金，得以埋头发展。

到此时，我们仍致力于制造无人机的每一个设备。我们的资金用于准备生产，打印更多电路板，购买昂贵的感应器来装备无人机。赢得这次商业比赛并成功筹资带来的问题是：它似乎证明了我们制造一切的努力是对的。我们的顾问仍在重申我们实际上是个软件公司，但我们拒绝接受，固执地制造并售卖无人机硬件。

许多个晚上，我们都待在单房仓库中熬夜，甚至是通宵。由于制作流程几乎每次都会变，所以我也数不清我浪费了多少成型碳纤维。我们发了疯似的编写、重写新飞行控制软件，急切地冲去做飞行测试。这个流程几乎就没有科学的地方。我们没有跟着理论走，而是一次又一次地进行着"猜一猜，验一验"的流程。随着时间的流逝，整个团队逐渐变得沮丧，投资者也开始问我们什么时候能赢利。

2014 年夏天，我们发现自己极有可能耗尽资金，却几乎一无所成。筹资伊始，我们就犯了个大错：没有在第一轮筹得更多资金，反而让一些投资者别投那么多钱，就因为我们想紧握自己的股份。事实证明，这是我们犯过最天真的错误之一，为此我们差点失去了公司。可见，当桌上有钱时，收着！

我们当时还在寻找其他资金来源，最终申请了美国国家科学基金会小企业创新研究计划（National Science Foundation Small Business Innovation Research）补助金。出乎意料的是，我们第一次申请就成功了，获得了 15 万美元，又赢得了一年的时间，得以继续开发自动飞行的感知设备。我们都很兴奋，觉得这笔补助金最起码能支付部分开销，争取些时间，以便我们继续思考如何筹得另一轮资金。不幸的是，这笔补助金并不完全贴合公司的终极商业计划，反而分散了我们的注意力。虽然总的来说，它的确赋予公司前进的牵引力，也的确帮助我们实现了最终筹资，但现在回头看，这笔补助金给我们带来的并不值其数额价值。

在这期间，中国无人机公司大疆（DJI）因精灵系列无人机易于飞行而知名，大受爱好者和产销者的欢迎，越来越多的无人机公司如雨后春笋般出现，提供房地产、摄影、运输甚至是检查等服务，全都配备着价值 1200 美元、易于飞行的大疆系统，而我们公司的系统离生产化尚远，自然无法供顾客使用。再者，我们的市场影响力已经在逐渐流失了。这些无人机爱好者通常都是非法飞行，除了收集好看的视频外也没做什么，但他们最起码是在做生意。某个周末，公司团队里的几个人决定弄清楚这些无人机的特别之处，于是买了一个大疆飞行控制器，接通控制器线路，用胶带将其绑在我们公司做好的一个定制机身上，进行飞行测试。同时，团队其他成员也准备好测试我们的定制控制器，我们设定好自己的定制无人机，花 30 分钟处理了一些代码漏洞，随后才尝试起飞。无人机盘旋而起，还算稳定，升离地面大概两米高，可无法做任何动作。而就在它旁边，另一架无人机有着一样的机身、发动机和负荷，只是绑在上面的控制器来自大疆，而我们无须做任何设定或调整，仅仅是接通发电机电源，令其起飞，它就能在场地里自如飞行。当下我们就清楚地意识到，既然现在有了如此优秀的控制器，我们已经没有必要再研发一个了。

对于工程师来说，要让其抛弃研究了数年的产品极其困难，因为他们在本能上就想与自己的发明和产品一直走下去。可我们不仅是工程师，也是创业者。作为创业者，就该看着产品自问："我们可以舍弃什么来尽早获得最小化可行产品呢？"但是，当时我们仍没有意识到要反思该问题。讨论过后，我们总算决定将定制飞行控制器舍弃掉，改用现成可用的控制器，并继续开发独属于我们产品的功能——自动飞行，于是我们离真正的 MVP 更近了一步！

短暂搬至纽约

在我们争取补助金，准备下一轮筹资时，我们奇迹般地被纽约市的科技之星项目接纳了。我们完全不知道会发生什么，也不知道对公司而言，科技之星项目是否合适，但鉴于公司资金就要耗尽，又尚未有明确的发展方向，加之我们想不出更好的计划，于是 2014 年 10 月初，我们的七位成员离开安娜堡，搬至曼哈顿区上东城的一个四室公寓中。

我们打点行李，叫了辆搬家卡车，从安娜堡驾驶十小时到达纽约市，到那才发现曼哈顿不适合用搬家卡车。我们习惯了可以容纳所有设备的大空间，可现在不得不挤进一间小小的公寓里。办公室也很小，还得和其他十个公司共享。这些变化迫使我们重新掂量什么才是真正有价值的，又有什么是可以舍弃的。

科技之星有一套非常严格的流程，我们得会见数十位导师，完善公司，破而后立。我们每天都会被问"你们在干什么"，"你们公司存在的意义是什么"，这促使我们批判性地思考，直面残酷的现实。意识到我们没有办法在短时间内赢利，于是团队内部出现了焦虑的情绪，大家意识到公司必须大刀阔斧地革新。没有什么可以在一夜之间改变，但导师们不断给予反馈，终于引导我们进行了一些大的变化。

搬到纽约的两周后，我和汤姆坐飞机回家，参与一年一度的加速密歇根创新竞赛，该赛一等奖奖金为 50 万美元。科技之星十分不赞成我们离开一周前往参赛，因为项目总共也就十五周，一周时间无比重要，但我们还是离开了。两年前，我们在创新竞赛学生赛上赢得了三等奖，如今我们很需要这笔钱，以便维持在纽约的生活开支，支付七个员工的薪资，并完成科技之星项目。

半决赛于周三举办。我宣讲了一个新的商业模式，而该模式仅仅是在一周前构想出来的：虽然我们还是会关注原先的市场，但多了一个更重要的重心——工业无人机防撞软件。我们的导师喜欢这次重心偏移，而且认为那是我们当时做过的最好的宣讲。

第二天早晨，我们发现自己跻身前十，需要在当天晚上进行宣讲，争取大奖，而且我们还注意到自己是本类别唯一一家公司，这意味着 2.5 万美元的类别奖基本是手到擒来了。想到这趟密歇根之旅能为我们赢得些资金，加之虽短暂离开了科技之星项目，但总算不至无功而返，因此我们十分兴奋。当天晚上，我登上讲台，宣讲了五分钟，比半决赛要短些，因为没有为这次宣讲投入太多心力，所以我得临场发挥一下，好在宣讲里的视频很有感染力，所以要发挥不难，再加上我几乎毫无压力，因为我们确信部分奖金已是囊中之物。

宣讲后三个小时，我们坐下来听结果。首先是类别奖，共八项，我们这一类在最后，可到了本该我们上台领 2.5 万美元奖金时，组织者居然宣布获奖者另有其人。这可能意味着什么？是我们的决赛宣讲太糟了，他们决定重新定义我们的类别？还是我们赢得了二等奖，能拿到 10 万美元奖金？我们焦虑地坐在座位里，听他们继续主持、抽奖券、感谢赞助商，终于，二等奖就要揭晓了。我和汤姆看着对方说："赢了二等奖，我们得做出高兴的样子，而不是因为拿不到一等奖而一脸沮丧。"毕竟，几分钟前我们才以为自己能拿到类别奖，可奖金也不过是二等奖的四分之一。击鼓声响起，"第二名……找租房（Cribspot）"。我永远也忘不了听到没有赢二等奖后汤姆的表情：他很震惊，在想我们有没有可能拿一等奖，可又不敢相信，还很犹豫，因为如果没有得到一等奖，我们就什么奖都没有了。

终于，那一刻到来了："一等奖获奖者是天眼！"那晚接下来发生了什么，我完全记不清了。我们赢得了 50 万美元，是当年的首个商业竞赛里赢得的十倍。这个数目足以让公司继续运营一整年。虽然我们还在冥思苦想自己在生产何物，要如何维持自己的生活，可我们已经找到了让评委印象深刻的办法，能够让他们注意到我们的设想。

我想我们是软件公司

科技之星项目进行到一半，我们终于摆脱了手头上几乎所有的制造工作，专注成为一家软件公司。

其实从一开始我们就知道自动飞行软件是自己最在乎的部分，但还是不确定要如何靠该软件创造价值。最初，我们想的办法是单纯销售无人机防撞软件给现有的无人机用户。我们把开发出来的部分软件分离开来，设计成附加软件，以便装备到无人机上，随后试着将其卖给一小群早期采用者。但由于要打造一种能轻易兼容任何型号的无人机产品，还要让所有人都能使用并不容易，所以不久之后计划就失败了。早期的试用效果也不好，我们收到了很多问题，都在咨询如何使用产品，于是我们意识到要彻底把软件和无人机整合起来。等到 2015 年 2 月，我们从科技之星毕业之时，计划已经有所改变，但我们仍没有什么头绪来确认前进的方向。

回到安娜堡不久，我们就失去了三名工程师，包括首席技术官，他们都意识到公司没有明确的构想。当时公司已经成立三年了，我们学到了许多，赢得了共计超过 70 万美元的奖金和补助金，也有了一批早期客户，完成了科技之星项目，解决了一轮筹资，扩大了团队，然而看起来，我们仍不知道要如何赢利，仍没有开发出 MVP。团队缩水后，汤姆和我凑到一起，思考如何继续前进。我们更大幅度地缩小产品重心范围，重写宣讲稿、策略及公司预测，明确 A 轮筹资是重中之重，确定我们要带着可达到的目标，通过 A 轮筹资来重扩团队。

2015 年 11 月，我们从本地风投家手中为 A 轮筹资筹得了 275 万美元资金，聘请了更多工程师，组建了第一支商务营销团队，并终于想出计划来实现真正的 MVP。我们将目光投到 2016 年于德国汉堡举行的欧洲风能协会（WindEurope）会议上，决定要开发软件并在该会议上实现首次风力涡轮机检查作业。于是，整个 2016 年，我们潜心实现该目标，拒绝了一切无助于我们提升能力实现目标的机会。自从公司创办以来，这是我们团队第一次百分百投入一个目标，落实计划，为之付出一切必要的努力。那一刻到来时，我们不仅相信演示能成功，而且在数周前就已经准备好了一切。2016 年 9 月 28 日，风力约 40 公里每小时，在一组风力领域的专家面前，我们进行了首场公共演示，实现了全自动风力涡轮机检查作业。终于，我们找到了自己的 MVP！

坚持与灵活

创办公司很艰难。毫无疑问，从一开始你就要面临重重困难，待在初创公司，失败是家常便饭。我们遭遇两次资金耗尽，失去了团队成员，打造了错误的产品，在遭到舍弃的产品上浪费了金钱，还因为产品不完善而惹得客户不快，尽管如此，我们还是找到了解决办法，一直走到了现在。我们团队有着超乎寻常且百折不挠的热情，我们坚持着，不懈奋斗着，甚至"明知不可为而为之"。哪怕公司就要失去继续前行的机会，我们仍没有觉得自己会走向失败。这在当时或许是好事，但如果我们愿意为了大成功接受小挫败，或许我们能更早找出 MVP。

致所有首次创业的人：要坚持，但也要保持开放的心胸。第一个解决方案往往不是能打入市场的方案。你会失败，而且会失败很多次，但最后你会从中汲取足够的教训并取得成功。在天眼，未来我们可能还会失败，但我们会更快意识到某一办法没有奏效。天眼终于得以成为成功的初创公司，我们克服了许多导致其他早期公司破产的困难，但我们还会继续从失败中吸取教训，以期走向更大的成功。

第 20 章　宣传推广

杰西卡·亨德里克斯·伊

——"勇敢系列"珠宝创始人

在网络化的时代，网络营销应该是再流行不过的话题了。尤其是在创业领域，几乎每个电商创业公司都需要网络媒体的支持。怎样在琳琅满目的网店中脱颖而出？和杰西卡交谈时，我认识到，要想脱颖而出，要有个性的网站推荐。原本以为，无论卖哪种商品，只要相关网红在其博客上一推荐，商品就会被一抢而空。其实不然，杰西卡认为，很多专攻某领域的小博主反而更能带动销售量。杰西卡还分享了自己创业过程中的很多酸甜苦辣。希望这最后一章可以继续启发我们一同追逐自己的创业之梦。

人物简介

杰西卡·亨德里克斯·伊（Jessica Hendricks Yee），勇敢系列（The Brave Collection）珠宝创始人，出生于巴黎，但从小在美国长大。虽不是生活在曼哈顿富人区，但因为母亲经营珠宝店的缘故，她从小便对时尚设计耳濡目染，年纪轻轻便已周游列国。她受到柬埔寨当地文化和精神的吸引，曾在那里给孩子们教授英语。她为柬埔寨充满魅力的多元文化着迷，同样为它残酷的历史感到心痛，如此一个信仰佛教的国家正在种族灭绝和人口贩卖的现实中重建家园。杰西卡将自己对珠宝的热爱和博爱精神联系到一起，决心成立一家珠宝公司，来赞美这一特别的国家，并与全世界勇敢的女性联系起来，最终创立了"勇敢系列"。"勇敢系列"是一家位于美国布鲁克林的珠宝公司，其产品则是由柬埔寨当地工匠按照公平贸易标准手工制作。该公司为柬埔寨女孩提供了就业机会，并且通过捐款帮助柬埔寨的女孩们，同时打击人口贩卖行为。

杰西卡与她的"勇敢系列"已经在 *Vogue* 杂志、*Glamour* 时尚周刊及微软全国广播公司节目（MSNBC）先后亮相。她被列入 2016 年《福布斯》零售和电子商务领域"30 位 30 岁以下青年才俊榜"，同时还作为 60 位年轻企业家之一受邀前往白宫，现场聆听了奥巴马总统鼓励支持新兴全球企业家的演讲。

如何管理公司

在柬埔寨，我们为工匠提供了就业机会，我们将东西方理念相结合，创造出一种现代化产品，进而弘扬独特的柬埔寨文化。柬埔寨虽然是一个面积不大的佛教国家，但却是吴哥窟的所在地。吴哥窟是一座遍布古老的佛教和印度教寺庙的神奇城市。柬埔寨人民不仅拥有十分丰富的设计和精神文化史，还拥有古老的文字，这些文字永远镶嵌在他们神圣庙宇的石壁上。然而，20 世纪 70 年代，内战和大屠杀摧毁了大部分当地文化，杀害了 1/3 的人口，其中 90% 为工匠。

如今的柬埔寨是世界上劳动力收入最低的国家，这里到处都是工厂，人们经常在奴隶般的状态下工作。今天的柬埔寨人坚强、坚韧而且勤劳，但他们的教育系统落后，其近代历史也残酷地限制着他们的创造性思维。要想找一份体面的工作十分困难，要想找一份工匠的工作更是难之又难。更困难的是找到一家充满创意的公司，制造出超越传统旅游纪念品的产品。

"勇敢系列"与柬埔寨的一个小型工匠团队合作，将其文化中最有意义的部分以可穿戴艺术的形式展现给全球消费者。到目前为止，它主要关注的是当地的佛教文字和图标。

从柬埔寨旅行回国后，我惊讶地发现，有许多博学、游历甚广的朋友在谈到人口贩卖和全球贫困这些可怕的问题时非常不安。另一些人认为，这些问题十分严重，他们必须做些什么，却不知从何开始。于是，我们利用"勇敢的手镯"，为人们提供了一种简单实惠的方式，将全球各地的工匠联系到一起，并且以一种可实现的、有积极意义的方式作为回报。

公司的生产故事对我们的品牌故事至关重要。人们购买我们珠宝的原因之一是我们为那些弱势或残疾的工匠提供了就业机会，因此，人们被我们的努力所打动。所有的工匠除了能获得月薪，还能获得医疗保险，而且我们还为他们的子女提供了教育补贴。我们的生产方法不仅限于技术，工匠是我们品牌故事的基因和灵魂，也是我们要向客户传达的价值观，即给所有人带来更美好的未来。

找到该生产团队的过程并不容易，要在纽约管理这个生产团队无疑更具挑战。那么，起初我是如何联系这个团队的呢？我是如何在时差为 11 个小时、相隔千里的地方，监控工匠生产的产品的质量呢？是毫不退却的热情与无限的耐心。

当我萌生创办"勇敢系列"的想法时，我还是一个刚毕业的大学生，没有资金，没有团队，也没海外生产经验。幸运的是，我有一些其他东西：我对自己想要创造的东西有着难以置信的清晰视野，我有寻求帮助的勇气，以及坚持不懈的毅力。

我想和一个公平交易的生产团队合作，他们制作的产品要合乎规范。于我而言，公平贸易生产对品牌故事极为重要，这不容商榷。我原本毫无头绪，于是我从零开始，打开电脑，搜索"柬埔寨公平贸易生产"。偶然间发现，中西部有一家小公司从柬埔寨进口篮子，这些篮子符合公平贸易的原则。在浏览它简单的网站时，一阵兴奋的情绪涌来，这是我的第一个线索。我拨通了电话，一个声音温柔的男士接听了电话。"你好！"我说，"我叫杰西卡，我想在柬埔寨生产珠宝，而且产品要符合规范，请问能提供一些建议吗？"

我很幸运能有机会和如此善良的人交流想法，他被我的真诚和梦想打动。他分享了一些寻找生产团队的经验，给了我几个在柬埔寨工作的联系人的信息。

这是我第一个心得：在寻找生产团队时，千万不能害羞，勇敢地和尽可能多的人交谈，这样他们才能慷慨地与你分享他们的见解。如果你找到的并非是你所在行业人，那再好不过，因为你就可以让对方消除竞争的顾虑，坦率地分享他们的经验。

拨打了几个电话之后，我带着一张名单回到了柬埔寨，并下定决心要把生产伙伴带回来。

我喜欢雇用需要工作的女性为我工作。不过，我很快意识到，我需要一个有经验的团队来确保适当沟通和质量控制。此外，我来柬埔寨怀揣的只是一个想法，而非带着一个正在蓬勃发展的企业，所以在尚未形成成熟的企业模式或收入来源之前，就向人们承诺提供就业岗位，似乎风险很大。我最不愿意做的便是做出无法兑现的承诺。

我发现了一个更好的选择，就是找一个规模较小的现有工匠团队，他们具备一定生产经验，只是缺乏打入全球市场的机会，我可以充分利用他们的才华和辛勤劳动。

到柬埔寨后，我首先约见了一位叫作西蒙娜的女士，她是那位篮子进口商向我推荐的。西蒙娜是一位在柬埔寨生活了十年的外国人，她不仅知道西方人在与东方工匠合作时会出现的漏洞和常见错误，还知道如何在不同工匠团体之间找到自己的运营方式。我很高兴能找到她，在接下来的几天我都和她在一起，跟随着她游遍整个柬埔寨，和一些潜在合伙工匠见面。

和不同的工匠合作社见面之后，我惊讶地发现，它们很少以团队的形式存在，而大多数是与西方的非营利组织或宗教组织有着紧密的联系。现存的大部分组织都有一间屋子作为工作室，里面有五到十名从事手工制作的女性。她们的薪水来自美国或欧洲的捐赠，这些地方请她们负责剪纸、折叠彩纸、做基本的珠饰等。在一天结束之时，她们将货物放在一个货架上。起初，她们试图出售自己的商品，但市场十分有限，她们最终还是放弃了，转而选择怀揣感激之心接受美国和欧洲的捐赠，将自己创造价值的渴望封存。

我对此失望至极！当然，海外的个人和机构向柬埔寨的妇女们提供资金是非常高尚的行为，但这种模式具有局限性，也没有可持续性。我的愿望是打造一种符合高端设计和高质量标准的产品，这些产品在市场上该是有竞争力的，而不是同情式购买。

和西蒙娜在一起的最后一天，我感到十分绝望。于是，她把我带到一幢小楼里，小楼的墙上装饰着漂亮的油画，不禁让人心生愉悦。我做了祷告，接着走进那间工作室。

进入工作室，我立刻被那些手工产品的精致细节所吸引。当我和那些春光满面的妇女打招呼时，我感受到一股温暖、热情的能量，尽管她们十分谦逊，但却带着一种自信和简单的优雅，似乎她们从精致的工作中获得了骄傲。合作社的负责人叫妮妮，她从拖地板的小妹晋升为这个团队的负责人，已经工作了 26 年。

我爱上了这个地方。我和在那里工作的女性私下保持着联系，从未中断，甚至在我回到美国之后，我仍旧通过邮件和 Skype 和她们保持往来。

这个团队与众不同。她们不缺技术，也不缺决心，她们缺少的是除了那些在工作室外徘徊着的背包客外，更为庞大、高端的顾客群。她们还缺少与现代设计和创新思维的接触，而这些，她们从未在国家教育系统中获得，她们只被要求死记硬背那些数据和事实，并未被鼓励具有打破陈规的思维方式。我相信，如果有机会，这些工匠能创造出在纽约售价 100 美元的作品，并且与顶级设计师比肩。她们可以做的远不止售价 5 美元的纪念品。

于是我有了第二个心得：当选择一个生产团队时，你是在选择最重要的生意合作伙伴，你会非常依赖它，也会受其伤害。你必须面对面地和他们交流，形成信任和互相尊重的纽带。问题一旦出现，那么之后会再次出现，接连不断。订单延误，质量参差，运营出现错误，如果要以一个团队来解决这些不可避免的问题，你就需要打造一个坚实的基础。

回到纽约后，我们花了大约六个月的时间使我们的产品达到令人满意的高品质，让我能将这些珠宝分享到朋友和家人之外的圈子。这六个月，每一天都是一场令人沮丧的艰苦战斗。如何让一个从未离开过柬埔寨的工匠理解曼哈顿顶级精品店对品质的一贯要求呢？起初，我遵循内心，对那些低于我期望的样本，依旧本能地给予表扬和报酬。然而，我很快意识到我需要采取一种更强硬的方式，要求她们严格保证产品质量，严格遵守交货期限。尽管对于那些已经竭尽全力的工匠们而言，我看上去十分冷酷无情，但这最终是我能做出的最有成效、最有力的行动。我们的话题转向了平等、解决问题，以及朝着共同目标努力，最终生产出了能够为自己代言的产品，为此，我们无比自豪。

我的第三个心得是：生产需有耐心。从开始创办公司到完成生产，这个过程比我预想的要长得多，但等待是值得的。我们共同面对挑战的过程加强了我们之间的沟通和信任，奠定了四年后仍然稳固的基础。

销售策略和市场策略

当我在纽约大学提斯克艺术学院就读时，我去了泰国教授英语，就在那时我萌生了创立"勇敢系列"珠宝的想法。我一生都在纽约生活，我深深着迷于不同人的不同生活方式、宗教信仰、价值观，以及如何能将当地智慧带回美国。

我在泰国度过了一个非常美好的夏天,我爱上了那里的温暖、那里的佛教人士,还有我教过的那些可爱的孩子们。夏末,我决定去柬埔寨的吴哥窟参观那里著名的寺庙。我曾读到过,吴哥窟是世界上最大的宗教纪念地,有一座古老的佛教和印度教圣塔,于是我想亲自去看看。

漫步在这些神奇的寺庙里,我意识到,柬埔寨人有着精湛的艺术和悠久的宗教历史,我对这美丽的文化肃然起敬。这种敬畏让我更难接受我所了解的柬埔寨历史:1975 年至 1979 年,柬埔寨遭到了大屠杀,1/3 的人口遭杀害,其中 90% 为工匠群体。

作为一个十几岁的少年,我在柬埔寨看到和我同龄甚至更小的女孩,她们排队站在酒吧和餐馆门口,等待主顾们购买。我曾经看见大批儿童卖淫的场景,这些场景在我回国后依旧历历在目。在此之前,我从未听说过人口贩卖,也不明白当时我眼中的场景是什么,我只知道这种感觉非凄苦。

回到纽约后,我阅读了一本名为《天空的另一半》(*Half the Sky: Turning Oppression into Opportunity for Women Worldwide*)的书,这本书由《纽约时报》的专栏作家尼古拉斯·克里斯托夫(Nicholas Kristof)和他的妻子伍洁芳(Sheryl WuDunn)所著。

阅读得越多,知道得越多,后来我便会在晚宴中向伙伴们吐露那些可怕的数据,比如:

> 你知道人口贩卖是一个价值数十亿美元的产业吗?它是世界上最大的犯罪交易!

如果人口贩卖是一种生意的话，那它在《财富》世界500强榜单上会超过耐克和施乐公司。

每15秒就有一个人被贩卖。

在跨大西洋奴隶贸易的高峰期，平均有8万名奴隶从非洲被带到美国新大陆。但现今，每年被贩卖的妇女和女孩从事性交易的人数是它的25倍。

可以想象，每当我告诉他们这些数据的时候，他们常常会两眼茫然，然后陷入尴尬的沉默，或者完全无法理解。我可以丢出一系列数据，但是我无法让他们和我一样感同身受。

我的母亲经营着一家很漂亮的珠宝商店。我从小在那长大，帮着照看商店，看着工匠亲手打造饰物，接着，这些饰物会每天佩戴在那些女性的身上。我开始思考，也许珠宝充当的就是一种触觉连接的角色，它们能够将我家乡的群体和我爱的柬埔寨群体联系起来。

我决定带着创办珠宝藏品的想法回到柬埔寨，这个想法可以给当地的人们提供就业机会，促进东西方文化的交流，还能将一部分收益捐赠出来，帮助女性，打击人口贩卖交易。

公司设计的第一个作品是一个以柬埔寨字母拼写成"勇敢"一词的手镯。我将样品带回纽约，梦想着可以销售几千个。在纽约，我梦想着开创与众不同的事业，而我们的第一个产品却无人问津。

作为一个大学生，只有一个存款数量不多的银行账户，那么，我是如何将个人热情转化成一个成熟企业的呢？我的第一条建议是：在为初创公司制定销售和营销策略时，一定要收起你的自负！从零开始创造品牌知名度和发展潜力十分困难，所以这就要求你必须谦虚、富有创造力、斗志昂扬，并且充满热情。

创业时，无论你的职业生涯处于何种阶段，从基层开始会为你创造诸多价值。我看到一些新进创业者，他们甚至尚未在其身边开展业务，就已经在担心无法获得一流的媒体资源和名人支持。在你从身边的朋友家人开始发展业务时，你或许会感到难为情，甚至会担心只有自己在庆祝，但你必须记住，这些都是爱你的人，他们希望你获得成功，他们知道你需要他们的帮助。

在我创办公司之初，我 23 岁，还只是一个生活在纽约东村的小姑娘。我没有资金进行市场营销，也没有客户资源。我需要的不仅仅是我个人的决心，我还需要一个群体。于是我找到了一个有我自己的朋友圈的地方——我的家乡。我决定在我长大的地方——曼哈顿市郊举办一个亲友派对。这个派对并非如我梦想中那般奢华，但它的效果远超我的想象。这是一个决定性的时刻，我将那些信任我的家人和朋友聚集到一起，谦恭地请求他们的支持。

起初，要请求朋友和家人拿出他们辛苦挣来的钱来支持我的产品，我感到十分难为情。而能让我鼓起勇气寻求身边群体帮助的人是我当时的男友，也就是我现在的丈夫。他说："不要把这看作是你朋友家人给予你的恩惠。你要将它看作是为他们提供了一个机会，让他们能够参与一个激动人心、具有重大影响力的项目，而且这个项目正因为他们的参与而蓬勃发展。你正在给予他们实现美国梦的机会。"

他是对的。卑躬屈膝地去请求别人帮助只能让你离目标更远，只有坦露你内心的真诚与热情，点燃身边人的希望，才能收获更多。它将发起一场运动，给你提供第一位最专业的品牌大使。

我的第一个发布会为我挣得了 5000 美元，这足以让我将第一批采购订单交予我的生产团队。因为这个派对，数百人戴上了我的产品，将我的品牌故事传播给其他朋友，创造了一个虽小但强有力的涟漪效应。

随着公司的不断发展，举办一些价格低廉但是效果明显的活动，成为我们营销策略的关键。我认识到，如果我斗志昂扬且富有创造力，那么，除了给关系网中的每一个人发邮件、打电话和发短信外，我只需要几百美元便能招来满满一屋子的潜在买家。倘若我愿意站在团队的立场上，向大家讲述我的愿景及其重要性，我会获得足够的用于创办公司的收入，并且吸引足够多的新客户，让他们在自己的朋友圈子传播我们的"勇敢系列"品牌，进而扩大客户群。这听上去简单，但你会惊讶地发现，很少有小品牌能利用这种草根方法获得发展动力。

借助基层活动获得品牌发展之后，我已经准备好将产品推向更大范围的群体，那便是媒体。当时只有为数不多的几家全国知名刊物，所以，让我的产品被其中任何一家刊登介绍便是关键。如今，媒体格局发生了翻天覆地的变化，只要有一部智能手机，你就能成为那个"影响者"，帮助某一品牌获取信誉、客户及资金。因为有太多人可以帮你宣传，要明确从哪里着手会有些困难。与其盲目结交朋友，倒不如着重建立几个稳固的关系群体。你需要关注你的目标编辑和影响者，他们的品位和价值观需与你的品牌一致，而且他们要真正信任你所从事的工作。

起初，能接触到任何一位编辑似乎都十分有吸引力。但有一个问题：要把通用的媒体联系人名单拿到手并非难事，任何一个有点"关系"的人都能拿到一张列有人名和邮箱地址的表单。结果呢？编辑们通常被各种邮件轰炸，那些邮件有时还是完全属于另一部门负责的广告。倘若他们一封一封看，或者把它们转发给相关同事，那这个杂志社恐怕要倒闭了，因为它的编辑根本无暇撰稿。

相反，收到一封内容体贴周到的手写信件，里面还装有一些漂亮的材料和简洁的宣传册，而且宣传册的内容和编辑们关注的故事特点吻合，这种情况则再理想不过了。事实上，如果你这样做，可以让编辑们的工作轻松一些，因为你帮他们做了一些工作——你正在将他们与自己的灵感相连接，帮助他们写出更有感染力的故事。

于我而言，我花了不少时间去结交那些我真正感兴趣的编辑和具有影响力的人，结交那些我个人聊得来的朋友，还有那些我们行业中已经领先的佼佼者。我所建立的这些关系虽然屈指可数，但它们确实对我的公司影响深远。

市场营销中需要注意的另一点与我们的直觉相反，那就是，某人拥有庞大的忠实追随者并不能说明他的粉丝也喜欢你。有一个很红的博主爱上了"勇敢系列"珠宝，她号召她庞大的粉丝群来支持我们的系列产品。我当时欣喜若狂！多好的一次机会！这样一来我们可以售出不少产品！

她发博推广的那一天，我等了又等，盯着那毫无动静的网站后台，偶尔只有一两个微不足道的订单出现。怎么会这样？她的粉丝喜欢的就是她的超时尚审美，然而最终却对我们这更前卫的设计不感兴趣。

将上面的例子与以下例子做个比较：过了几天，有一个小专栏记者发表了一篇有关我们产品的文章。老实说，我完全忘了有这么一件事，因为她的读者太少了。我很感激她的支持，但我并不指望因此增加任何销量。我还记得那一天，我开完会出来，结果发现在我开会的短短45分钟内，就堆积了几十个订单。我简直不敢相信！那么一个小小的专栏竟能带来如此之大的收益，为什么？

这个经验让我受益匪浅，我明白了选择适合目标人群的重要性。即使著名博主拥有庞大的追随者，她的粉丝也只是追随她带来的服装潮流，并非我们这种100美元以内的绿色时尚。而另一方面，那位小专栏作者虽然只拥有少量读者，但那些读者中有一些对妇女权益和可持续发展的时尚极有兴趣的人。那位记者的声誉和我们的品牌十分吻合，因此她的粉丝完全属于我们的目标群体。她的粉丝了解到我们的产品后十分激动，便立即来支持我们。

所以，不要被大名鼎鼎的人和刊物所迷惑，他们也许并不适合自己的产品。不要忽视那些小博客和影响力较小的人物，他们或许拥有一个忠实的粉丝群体，并且能转化成你的忠实客户。

最后，如何利用社交媒体这样的工具来向名人、记者及每一个人宣传你的品牌故事？关键是要明确你的服务宗旨、品牌价值观及品牌美学，还要分享你所坚持的营销策略，让他人能够以个人身份与你的品牌进行互动。要创造你的"品牌圣经"，首先要绘制如下图景。

> 你的品牌任务宗旨，用一句话概括。
>
> 你的品牌理念，用两段话完成。
>
> 你的目标客户——确认客户所有的价值观、关注的事物、渴望的事物及个人习惯，真正将客户的角色带入生活。
>
> 品牌价值——不仅要定义你是什么，还要确定你不是什么。（比如：志向远大，而不是唯利是图；神秘，但不隐晦。）
>
> 品牌定位——在销售区销售产品时，你想临近哪些品牌或与哪些品牌相联系。
>
> 品牌的视觉灵感——放开思路进行思考，灵感来源越多越好。制作一个能记录公司精神魅力及独特思维的情绪收集板。

在使用照片、字幕、评论和语言来描述品牌时需要强调以上"品牌圣经"。如此一来，你会为自己的品牌找到正确的目标群体，并且为你的产品创造出令人印象深刻的联系。

美国创业教父保罗·格雷厄姆曾经说过,"Make things people want",意思就是(成功的创业者需要)做人们想要的产品。两年前,我有创业的冲动,却不知如何下手。在硅谷时,我去参加了很多创投会议和聚会,发现很多人都有相似的困惑。我们都很想当一家公司的首席执行官,却又不知道应该怎样打造出一个解决大多数消费者痛点的产品。我们也不知道怎么创立公司,怎么融资,怎么找联合创始人,怎么宣传,怎么找会计,怎么找律师,甚至没想好创办什么公司。于是我采访了我身边的优秀创业者,记录下他们是怎么做的。

爱彼迎创始人布莱恩说过:"如果你想创造一个伟大的产品,只关注一个人,让这个人享受有史以来最棒的经历。"因此我决定做一个产品,主要消费对象就是我自己。我经常买书,会花费 15 美元买一本充满正能量的创业相关读物。我想要学的并非是在 20 年前已经开创伟业的成功大叔,而是我身边站在同一起跑线上的"90 后"创业精英。我要解决的问题就是像我一样迷茫的"90 后"怎样创业的问题,为像我这样不知如何下手的创业新手找到下手的方法。我希望有一本书可以告诉我，当我资金有限、时间有限、资源有限、经历有限时怎样一步步解决问题，成功创立公司。我创业的产品就是这本《硅谷精英的创业秘籍》，来自我在采访《福布斯》榜单上的成功年轻创业者时留下的笔记，希望它可以帮助创业的朋友少走些弯路。

人的一生是有限的，我希望帮助每一个创业者去实现自己的理想。也许你想做一个连锁咖啡店，也许你想创立下一个百度、今日头条、阿里巴巴、华为。我相信每一个年轻人都有实现自己梦想的机会，希望能够帮助每一个有梦想的年轻人节省一些时间，更快找到下手的方式，并了解硅谷创业者最新的创业模式和创业经历。所以我联系了诸多创业者，包括成功的独角兽公司的创始人和投资人，去学习他们的创业真经，汇总成笔记，并以故事的形式呈现，希望能够让你记住一些创业的方法，帮你站在别人的肩膀上更快地达到自己的目标。我希望这本书能够为你开启通往成功的第一扇门。

最后，我要感谢我的家人对我的支持。感谢中信出版社编辑们对我的指导。感谢大佬们为我的书作序及写推荐语。感谢作为读者的你在网上、书店、机场、别人桌上看到这本书，希望你用一杯咖啡的钱买下的这本书可以在未来帮你省下更多的花费。除了书中的 20 位朋友，我还要感谢我采访过的其他 140 位创业者，以及《福布斯》风投榜单上的投资大佬们、著名独角兽公司和上市公司的首席执行官们，感谢他们腾出宝贵的时间跟我分享他们的经验。

本书是我"成功的最后一把钥匙"系列丛书中的第一本。第二本 *How To Be a VC*（《怎样成为风投者》）英文版可以在亚马逊买到。如果您想了解更多这两本书的相关信息，可登录我的个人主页 HowToBeAVC.com。

希望在不久的将来，本书的读者能够创建下一个独角兽公司！

龚雅雯

2018 年于美国旧金山